PORTUGUÊS COMO LÍNGUA ESTRANGEIRA, DE HERANÇA E MATERNA: abordagens, contextos e práticas

Org.
Luis Gonçalves

AOTP – American Organization
of Teachers of Portuguese

Copyright © 2017 Boavista Press
All rights reserved.
ISBN: 0996051198
ISBN-13: 978-0996051194
Roosevelt, New Jersey

ÍNDICE

Introdução   7
Luis Gonçalves
Princeton University
American Organization of Teachers of Portuguese, President

PARTE I: Abordagens

Convergências e divergências entre ações oficiais e   11
formação do professor de português língua estrangeira
Maria Erotildes Moreira e Silva
Secretaria de Educação do Estado do Ceará, Brasil
Faculdade Vidal de Limoeiro do Norte, Brasil

Apesar da distância que nos separa, existe sempre a   27
tecnologia que nos une. O ensino do português língua
estrangeira
Paulo Castro Mendes
Universidade do Porto, Portugal

O binómio língua-cultura no processo de ensino-   39
aprendizagem de português língua estrangeira
Micaela Ramon
Universidade do Minho – Braga, Portugal

Abordagem intercultural de ensino-aprendizagem de   49
português língua estrangeira/língua não materna
Luana Moreira Reis
University of Pittsburgh, Estados Unidos da América

PARTE II: Contextos

Português língua de acolhimento: o ensino de aspectos culturais de segunda língua para imigrantes refugiados de diferentes níveis   65
Eliete Sampaio Farneda
CET Academic Programs – São Paulo, Brasil
Fabiana Hirae
Universidade de São Paulo, Brasil

Imigrantes haitianos na região do Vale do Taquari: a experiência de acadêmicos e professores voluntários no ensino de português como língua adicional   85
Grasiela Kieling Bublitz
Maristela Juchum
Universidade do Vale do Taquari – Univates, Brasil

Português como língua de herança: o papel da memória no uso de variantes fonéticas   95
Denise Barros Weiss
Universidade Federal de Juiz de Fora, Brasil

Materiais didáticos para o ensino de português como segunda língua para surdos: uma proposta para o nível básico   105
Giselli Mara da Silva
Angélica Beatriz Castro Guimarães
Universidade Federal de Minas Gerais, Brasil

As vogais do português entre aprendentes chineses e suas implicações no desenvolvimento de um programa de português   123
Adelina Castelo
Instituto Politécnico de Macau, China
Centro de Linguística da Universidade de Lisboa, Portugal
Rita Nazaré Santos
Centro de Linguística da Universidade de Lisboa, Portugal

A língua portuguesa aos pedaços no ensino médio: 137
paradoxos entre epistemologias e práticas docentes de
gramática, literatura e redação
Luana Alves Luterman
Universidade Estadual de Goiás – Câmpus Inhumas, Brasil
Eliane Marquez da Fonseca Fernandes
Agostinho Potenciano de Souza
Universidade Federal de Goiás, Brasil

PARTE III: Práticas

Resultados e erros decorrentes das práticas de ensino: 155
performance desproporcional entre aprendentes como
Português como Língua Segunda
Sandra Figueiredo
Universidade Autónoma de Lisboa, Lisbon Portugal
Margarida Alves Martins
ISPA – Instituto Universitário, Portugal.
Carlos Fernandes da Silva
Universidade de Aveiro, Portugal

Memória de aula: uma tentativa de subjetivação 175
Agostinho Potenciano de Souza
Universidade Federal de Goiás, Brasil
Fundação de Amparo à Pesquisa do Estado de Goiás, Brasil
Luana Alves Luterman
Universidade Estadual de Goiás, Câmpus Inhumas, Brasil

Rituais e problemas de leitura em língua portuguesa e 185
estrangeira entre alunos de letras
Valdenildo dos Santos
Universidade Federal de Mato Grosso do Sul,
Campus de Três Lagoas, Brasil

União de ideias: uma abordagem semântica dos 201
processos de coordenação e subordinação
Afrânio da Silva Garcia
Universidade do Estado do Rio de Janeiro, Brasil
Academia Brasileira de Filologia, Brasil

As culturas do grupo texto livre: um estudo de viés   213
etnográfico sob a ótica da complexidade
Carlos Henrique Silva de Castro
Universidade Federal dos Vales do Jequitinhonha e Mucuri, Brasil

Abordagens, métodos e técnicas de ensino do português   231
como segunda língua em escolas públicas do estado de
Goiás
Layane Rodrigues de Lima Santos
Universidade Federal de Goiás, Brasil
Universidade de Brasília, Brasil

INTRODUÇÃO

Este livro, *Português como língua estrangeira, de herança e materna: abordagens, contextos e práticas* reúne algumas das apresentações feitas durante o *V EMEP – Encontro Mundial sobre o Ensino de Português*. O EMEP é um evento anual exclusivamente dedicado ao ensino e tradução da língua portuguesa nos Estados Unidos e no mundo. Em 2016, pela quinta vez, instrutores e pesquisadores do ensino de português como língua estrangeira, de herança e materna reuniram-se, no âmbito do *V EMEP* organizado pela *AOTP – American Organization of Teachers of Portuguese*. Decorreu na University of California, Berkeley nos dias 19 e 20 de agosto.

O V EMEP não teve um tema geral, preferindo continuar como um fórum de discussão amplo que integra diversos domínios do ensino da língua portuguesa e promove um diálogo e intercâmbio entre eles. É nossa convicção que a partilha e intercâmbio de conhecimentos e ideias, na problematização de questões do ensino da língua portuguesa, beneficia do evidenciar de aspetos comuns ao ensino da mesma em diferentes contextos e para diversos públicos. Assim, neste encontro, participaram instrutores e pesquisadores do ensino comunitário, público e privado, do nível primário ao secundário e universitário, que debateram e confrontaram posições científicas, abordagens e metodologias pedagógicas e receberam retorno sobre melhores práticas e pesquisas em curso. Tivemos a participação enriquecedora de profissionais dos Estados Unidos, Brasil, Portugal, Canadá, França, China, Peru, Colômbia, Guiana, México, Egito, Uruguai, Dinamarca e Coreia do Sul, que gratificantemente contribuíram de forma franca e criativa para o bom andamento dos trabalhos e enriquecimento mútuo.

Tivemos duas palestrantes convidadas. No dia 19, a professora Célia Bianconi da Boston University, Massachusetts, e ela falou sobre o *STARTALK Portuguese Teacher Training program*, que organiza na sua universidade com grande sucesso. Já no dia 20, a professora Edleise Mendes da Universidade Federal da Bahia e Presidente da *SIPLE - Sociedade Internacional de Português Língua Estrangeira*, falou da língua portuguesa como uma língua pluricêntrica e as implicações para o ensino.

Além de reunir profissionais de todo o mundo e promover o trabalho colaborativo e cooperativo entre eles, o encontro teve ainda um espaço onde novos recursos e materiais foram apresentados por editores, instrutores e pesquisadores da área. O encontro teve palestras especializadas, mesas redondas e oficinas de trabalho sobre novas e inovadoras estratégias de ensino e aprendizagem de português.

A organização co EMEP é da responsabilidade da Direção da AOTP, que trabalhou com a dedicação e espírito de iniciativa próprios de quem trabalha com um sentido de missão. Assim que, agradeço profundamente à Anete Arslanian, Beatriz Cariello, Adriana Giovanini, Ana Paula Fabian Freire, Rodrigo Maia, Ana Clotilde Thomé Williams, Ana Lúcia Lico, Ismênia Sales de Souza, Ivian Destro, Célia Carmen Cordeiro e Lia Fernandes, sem a ajuda e comprometimento dos quais, o V EMEP não teria sido possível. Agradeço também a todos os colegas que generosamente se disponibilizaram para fazer parte da Comissão Científica e cujo trabalho muito apreciamos, uma vez que garantiram a qualidade de um evento que aceitou 37% das propostas que nos foram enviadas.

Em nome da AOTP, agradeço de forma especial o apoio e a simpática acolhida da professora Deolinda Adão da University of California, Berkeley, que desde o primeiro minuto acreditou e apostou na ideia de um EMEP na California e nos proporcionou as condições para que este evento se tornasse realidade. Agradeço ainda o apoio do Portuguese Studies Program da University of California, Berkeley, ao Center for Latin American Studies da University of Florida, e à Casa do Brasil no México.

Bem-haja,

Luis Gonçalves
American Organization of Teachers of Portuguese, President
Princeton University

PARTE I: Abordagens

CONVERGÊNCIAS E DIVERGÊNCIAS ENTRE AÇÕES OFICIAIS E FORMAÇÃO DO PROFESSOR DE PORTUGUÊS LÍNGUA ESTRANGEIRA

Maria Erotildes Moreira e Silva[1]
Secretaria de Educação do Estado do Ceará, Brasil
Faculdade Vidal de Limoeiro do Norte, Brasil

Introdução

O binômio universo político *versus* ação política integra a base da internacionalização de uma língua, desde que o homem, ao conquistar um território, o fez com a inserção do idioma do conquistador e de suas práticas culturais no universo conquistado. Nessa perspectiva, a ampliação de um território geolinguístico pode ocorrer de forma contundente, seja pela inserção política do idioma em diferentes esferas do espaço (a ser) conquistado, por diferentes vias, como o ensino, seja pela obrigatoriedade do uso da língua, através de leis e decretos.

Ao lançarmos nosso olhar para a língua portuguesa, percebemos que a internacionalização do idioma foi iniciada dentro dos dois parâmetros apresentados, quando retomamos as "trocas linguístico-culturais" realizadas entre jesuítas, soldados portugueses e nativos, nos anos de 1500, quando as naus lusitanas se apropriaram desse pedaço da América do Sul, conforme cantado no poema "Herança"[2] ou, no caso da inserção obrigatória do

---

[1] (*) Professora de Língua Portuguesa lotada na Secretaria de Educação do Estado do Ceará – SEDUC e docente na Faculdade Vidal de Limoeiro do Norte - FAVILI. Membro do grupo de pesquisa Políticas Linguísticas para a Internacionalização do Português (PLIP-UFC) e participante do projeto Política Linguística no Brasil: as práticas de pesquisa, as práticas de ensino e a agência dos professores (UFC-UFPB). Foi bolsista do Programa CAPES/PDSE – Processo 2956-13-6, na *Universidad de Granada* – Espanha, durante o Doutorado em Linguística (UFC), quando realizou as entrevistas presenciais que constituem o *corpus* desse artigo. E-mail: erotildesmoreira@hotmail.com

[2] "- Vamos brincar de Brasil?/Mas sou eu quem manda .../Quero morar numa casa grande!/Começou desse jeito a nossa história./Negro fez papel de sombra./E foram

português nesse espaço, através do *Diretório dos Índios*[3], impetrado pelo Marquês de Pombal, nos anos de 1700, quando a comunidade linguística, que integrava o Brasil, então colônia portuguesa, foi obrigada a enterrar suas línguas, por força de uma decisão política e unilateral que originou, historicamente, o monolinguismo responsável, em parte, pelo soterramento da diversidade linguística característica do país, à época.

Essas duas ações são uma amostra das relações entre o universo político e a ação política que perpassam quaisquer tipos de gestão linguística, dentro da perspectiva unilateral que se faz presente na evolução do português. No entanto, pesquisas em torno do tema demonstram que "não é só isso" e, outorgado, cientificamente, pela Linguística Aplicada Crítica (LAC) e pelos estudos em Política Linguística (PL), torna-se necessário um olhar acurado sobre os aspectos sociolinguísticos, políticos e ideológicos que perpassam uma língua, atestando que a PL situa as ações oficiais em torno de uma língua para além de uma medida implementada por uma lei, decreto ou parâmetro para a difusão e o ensino de um idioma.

A partir desses pressupostos, situamos nosso olhar em torno das interfaces entre a gestão da língua portuguesa e o ensino do português, na modalidade estrangeira (PLE, doravante), para compreendermos tais imbricações, no cenário internacional, a partir das expectativas de dois grupos envolvidos em ações políticas que fomentam a difusão do português, seja na gestão da língua, através de instituições criadas com o propósito de fortalecê-la, seja pela ação de professores que ensinam o idioma, em diferentes espaços políticos, mesmo que não tenham percebido a dimensão dessa ação, em torno do português.

Desse modo, nesse artigo, lançamos uma reflexão sobre as interfaces entre a gestão da língua portuguesa e o ensino do idioma, no cenário internacional, a partir de entrevistas, realizadas enquanto bolsista do Programa CAPES/PDSE, com gestores e professores que atuam em diferentes países,. Nossa escolha pelos dois grupos ocorreu em função de nossa crença na importância política desses agentes do processo de internacionalização do português.

Procuramos, em nossa análise, traçar um panorama das crenças e necessidades desses grupos, em relação às políticas destinadas à difusão do português, para identificar convergências e divergências entre as ações oficiais e responder a pergunta do "jabuti" de Bopp, no poema citado acima.

---

chegando soldados e frades/Trouxeram as leis e os Dez-Mandamentos/Jabuti perguntou: "- Ora, é só isso? (Raul Bopp, poeta modernista)"

[3] Diretório dos Índios: em 1755, sob as ordens de D. José I, rei de Portugal. Entre outras determinações, que tinham como objetivo o repovoamento do Brasil pelos índios, o decreto proibia o uso de outras línguas e exigia a língua portuguesa como único idioma a ser utilizado nas transações oficiais e comerciais com a Colônia, incluindo-se o ensino do idioma luso aos índios.

Questionamos, portanto, em que medida há espaço nas políticas oficiais para ações que atendam as necessidades de gestores e de professores de PLE, em um momento em que a internacionalização da língua portuguesa viveu um recrudescimento, provocado, principalmente, por interesses político-econômicos e sociais, oriundos de uma nova configuração mundial.

Tais mudanças fizeram nascer blocos econômicos em diferentes perspectivas, como o MERCOSUL[4], além do fortalecimento da Comunidade de Países de Língua Portuguesa (CPLP), para citar alguns exemplos que ilustram essa mudança geopolítica e poderiam contribuíram para ampliar o estatuto do português, enquanto segunda língua e/ou língua estrangeira.

Política Linguística e internacionalização do português

A Política Linguística (PL) costuma ser definida como um cabedal de intervenções que alteram o estatuto e a forma ou o *corpus* da língua, através de ferramentas de ensino, tais como os livros didáticos, dicionários e outros artefatos midiáticos (Calvet, 2007). Tais ações são implementadas por meio de um planejamento respaldado pelas relações de poder de um grupo, para assegurar determinado estatuto a uma ou mais línguas, por seus aspectos jurídicos, sociais, políticos e econômicos que, em um crescendo, podem fortalecer ou enfraquecer uma língua em relação à outra.

No entanto, esse conceito sofreu considerável evolução quando as engrenagens que regem a condução dessas alterações passaram a ser salientadas na elaboração e compreensão dessas ações. Dentre essas visões, destacamos Spolsky (2004) que ampliou o conceito de PL, quando defendeu que essa ação política se constitui a partir de três esferas interconectadas: a gestão da língua, as crenças ou ideologias sobre a língua e os discursos em torno e/ou através dela, que são sustentados por determinados grupos e as práticas ou ações realizadas sobre e com um idioma, implementadas por via oficial ou extraoficial, de acordo com as necessidades de uma dada comunidade linguística.

Segundo o autor, as políticas linguísticas advêm, portanto, de interfaces em torno de um comportamento linguístico e/ou das práticas de linguagem de um indivíduo ou grupo, segundo a ideologia ou crenças sobre a língua utilizada por esse grupo e, de modo explícito, são viabilizadas pela gestão formal da língua, através de decisões planejadas por um órgão autorizado (Spolsky, 2004, p. 217), com o objetivo de modificar o estatuto e a forma de um idioma.

No entanto, tais decisões são o resultado de uma engrenagem constituída,

---

[4] O MERCOSUL, como é conhecido o Mercado Comum do Sul, é uma zona de livre-comércio entre cinco países da América do Sul, formado originalmente pela Argentina, Brasil, Uruguai e Paraguai, que foi temporariamente afastado do bloco, em função de questões políticas, e adesão posterior da Venezuela, em 2012. Fonte: www.**mercosul**.gov.br/saiba-mais-sobre-o-**mercosul**. Acesso em junho de 2015.

por um lado, por interesses estratégicos e externos à língua, tais como as ações oficiais implementadas pelos países que integram a CPLP, como Brasil e Portugal e, por outro lado, por comportamentos, crenças e práticas, constituídos por grupos que atuam na gestão e no ensino-aprendizagem da língua.

Uma linguista israelense, Shohamy (2006), na trilha de Spolsky (2004), defende que, muitas vezes, esses aspectos não são considerados durante a elaboração das políticas linguísticas oficiais, por constituírem uma agenda oculta que pode fortalecer ou não essas ações, denominadas por elas de uma PL explícita ou oficial. Os dois autores chamam a atenção para a influência das representações e práticas sociolinguísticas em qualquer situação cujo foco seja uma mudança linguística - *in vivo* ou *in vitro*[5], na esteira do que preconizou Schiffman (2002), ao afirmar que a Política Linguística é fundamentada no comportamento, nas formas culturais, nos sistemas ideológicos e nas atitudes estereotipadas de uma comunidade acerca da(s) línguas ou associados a aspectos histórico-religiosos em torno de um determinado idioma[6].

A nosso ver, Schiffman (2002) e Spolsky (2004) ampliaram o conceito de Política Linguística, ao situarem essas intervenções a partir das relações sociohistóricas e culturais e definiram com mais precisão o objeto de estudo dessa ciência. Desse modo, uma ação oficial sobre um idioma, quando planejada ou analisada, deve compreender o resultado dessas variáveis sobre a língua, em um determinado contexto. No tocante à língua portuguesa, como um exemplo positivo dessa intercessão preconizada a partir das esferas postuladas por esses autores, podemos citar o lançamento do Vocabulário Ortográfico Comum da Língua Portuguesa (VOC)[7], em 2015.

Shohamy (2006), ao elencar as políticas oficiais como componentes

---

[5] Calvet (2007) identifica como mudanças *in vivo* quaisquer transformações no idioma de um país, quando são resultado de uma prática cotidiana e concretizadas por mudanças na estrutura linguística, como os pidgins, ou neologismos elaborados por usuários daquele idioma. As mudanças *in vitro* são intervenções oriundas de hipóteses sobre o estado geral da língua, analisadas e descritas por linguistas ou gestores de um idioma, para atender a determinadas situações, como a escolha de uma (nova) língua a ser usada por um país, a oficialização de um idioma em detrimento de outros, falados em uma mesma região ou a padronização de um idioma nos níveis gráfico, sintático e lexical com a difusão da forma estabelecida, através da educação e dos meios de comunicação.

[6] Tradução livre de "[...] language policy is ultimately grounded in linguistic culture, that is, the set of behaviours, assumptions, cultural forms, prejudices, folk believes systems, attitudes, stereotypes, ways of thinking about languages and religio-historical circumstances associated with a particular language" (SCHIFFMAN, 2002, p. 05).

[7] "O *VOC* é um instrumento exigido pelo Acordo Ortográfico da Língua Portuguesa assinado pelos países da CPLP em 1990 e já aplicado plenamente pelas instituições públicas e pela generalidade da imprensa no Brasil e em Portugal e gradualmente nos restantes países." Informação disponível em:
https://iilp.wordpress.com/2015/02/20/plataforma-do-voc-esta-o-ar/. Acesso em fevereiro de 2015.

explícitos de uma engrenagem e as práticas de uma comunidade linguística como elementos implícitos a essas políticas, sugere a existência de uma engrenagem que alimenta as relações entre linguagem e sociedade, conforme ilustramos no desenho a seguir, com base na visão da linguista israelense:

Diagrama 1 - Relações entre as políticas implícitas e explícitas:

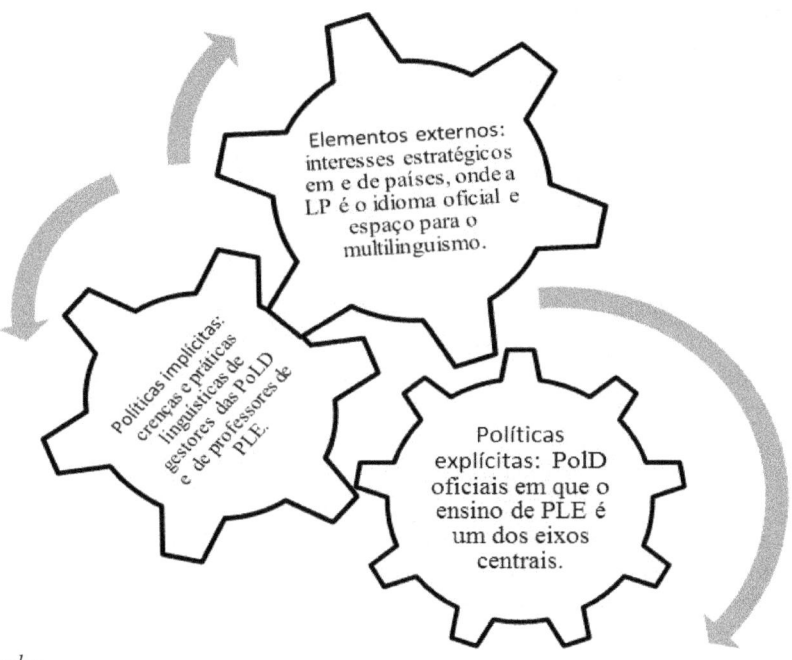

Legenda:
LP: língua portuguesa
PLE: português como língua estrangeira
PoLD = políticas linguísticas declaradas (BONACINA-POUGH, 2012): - leis e decretos que regulamentam a língua.
Fonte: criação nossa

Essa engrenagem traduz nossa visão sobre os eixos a serem considerados na elaboração, implementação e análise de uma PL voltada ao português, uma vez que o atual contexto econômico e as ideologias conflitantes em torno do idioma exigem que as ações oficiais considerem essas influências, visto que esse ajuste de interesses desvela um espaço a ser ocupado, através de práticas linguísticas explícitas e implícitas, em uma ação multilateral sobre a língua.

Com essa visão, a autora chama a atenção para aspectos intrínsecos às políticas linguísticas praticadas, que são encobertas pelas ações oficiais, em função de determinados interesses e deve ser um ponto fulcral no processo de internacionalização de um idioma, com vistas a seu fortalecimento, em diferentes âmbitos.

Por outro lado, tais práticas são modificadas em função de novas exigências político-econômicas e sociais, tais como a expansão do mercado linguístico, no dizer de Bourdieu (1996), que considera a valoração de uma língua em uma dimensão proporcional ao seu uso por uma determinada classe. Assim, a língua se transforma em capital linguístico que, por sua vez, é dominado por estruturas globais, em um circulo vicioso, em que a língua dominante apaga as demais, embora esteja subjugada a uma determinada situação socioeconômica e político-ideológica, a qual representa e é representada.

No caso do português, resta-nos avaliar tais ações, tendo como ponto de partida essas interseções, para compreender a razão desse(s) ocultamento(s), que, nas palavras da autora, são responsáveis por perpetuar ideologias hegemônicas e homogêneas, através de determinados mecanismos como a educação linguística monolíngue ou a eleição de determinados padrões, em detrimento das variantes linguísticas que constituem uma língua, por exemplo.

A autora propõe, assim, a elaboração e a análise de uma PL com base em seu tecido social ou na cultura linguística (Schiffman, 2002) de onde se originou, mas não descuida dos mecanismos responsáveis pela manifestação e reprodução de tais políticas, posto que são definidos pela influência de ideologias e de práticas linguísticas, sem isenção dos aspectos políticos que estão em sua gênese.

Shohamy (2006) ressalta, ainda, que não há clareza em relação ao poder desses mecanismos nas políticas linguísticas praticadas na sociedade contemporânea, em relação ao modo como os falantes percebem o valor social de uma língua, mas suas escolhas podem determinar as ideologias da população em relação à (des)valorização de um idioma e, se consideradas pelos legisladores, podem determinar algumas posturas quando da elaboração de mecanismos que interferem na gestão de uma PL, na percepção e no uso de um idioma.

Assim, acreditamos que o reconhecimento das necessidades e aspirações de grupos envolvidos com a difusão de uma língua podem fornecer elementos para a ampliação de ações oficiais e extraoficiais que, de fato e de direito, possam contribuir para o fortalecimento da língua portuguesa. Nessa perspectiva, apresentamos, a seguir, as convergências e divergências entre as ações oficiais e as crenças de profissionais responsáveis pelo fortalecimento e difusão do português, de modo explícito ou implícito.

A gestão da língua e o ensino de PLE: convergências e divergências:
Ao entrevistar gestores e professores sobre o processo de internacionalização do português, abordamos temas em que o ensino de PLE se tornou o eixo

central. Desse modo, os participantes desse estudo abordaram questões tais como os Programas de Leitorado[8], os exames de proficiência e, por extensão, a formação de professores e o material didático para PLE, tendo em vista que a internacionalização de um idioma pode ocorrer em diferentes vertentes, conforme sinalizado por um dos entrevistados:

> Vamos tratar de quatro pontos distintos e essenciais ao processo: o interesse de alunos de diferentes espaços, a avaliação da proficiência, a qualificação. Dentre as nossas ações, a menina dos olhos, hoje, é a Noruega e o interesse de pessoas de diferentes espaços no português (03G15a/PRT-Iof).[9]

A fala desse gestor, com quinze anos na área, revela campos de ação distintos que se coadunam em torno do ensino de PLE ou de Ensino de Português no Exterior (EPE), como designado pelo Estado lusitano, uma vez que, em Portugal, o PLE é o foco da ação em universidades estrangeiras e o EPE tem como campo de atuação o ensino do idioma, na Educação Básica, em diferentes países e diásporas, em uma clara assunção do valor estratégico da língua.

> [...] portanto, temos que ter a visão estratégica de perceber que em aprendendo português, há uma aprendizagem com objetivos estratégicos importantes nas relações entre países que não falam português e os que falam. O desenvolvimento que a China está a ter, em relação ao português, é um grande exemplo [...] Mas, voltando... é... àquela primeira das quatro ações – com licença, quero reforçar... é... – a que referimos no início: um quadro de referência para o ensino do português, que nós temos, ao qual tomamos como referência o interesse dos alunos que estão nas Diásporas e que, portanto, nos dá uma visão do português como PLH – é o QuaREPE – que já está no início de sua regulamentação no Ministério da Educação, em que assumimos como fator de crescimento a qualificação para o ensino e, com ele, também as provas de proficiência linguística (03G15a/PRT-Iof).

---

[8] O Programa de Leitorados pode ser definido como uma política linguística, que consiste no envio de professores a universidades estrangeiras para ensinar português e difundir a cultura lusitana ou a brasileira, além de formar professores com essa finalidade, de acordo com a linha de trabalho do país responsável pela seleção do profissional. Informações disponíveis em: http://redebrasilcultural.itamaraty.gov.br , no Brasil e www.instituto-camoes.pt., em Portugal. Acesso: junho de 2016.

[9] Os participantes do estudo foram selecionados por sua atuação na promoção internacional do português, como os gestores, que são linguistas convidados pelas instituições oficiais para contribuirem com esse processo, ou atuam no ensino de PLE, por escolha profissional, como os professores. Para apresentá-los ao longo da análise, criamos um código que traduz a ordem em que o participante foi entrevistado, a função do/a entrevistado/a, marcada pela letra (G) para gestor e (P) para professor, seguida do tempo em que atuam na área, do país onde a entrevista foi realizada e do tipo de instituição onde trabalham, no seguinte formato: 03G15a/PRT-Iof, indicando que um dos entrevistados foi o terceiro gestor a ser ouvido, cuja atuação na área está a completar quinze anos, em Portugal, em uma instituição oficial.

Porém, em depoimentos colhidos junto aos professores do PE no exterior, notamos um distanciamento entre a política estabelecida pelo Estado e o alcance dessas ações, principalmente em relação à ausência de material didático:

> [...] Relativamente ao material didático disponível na Universidade é... pra o português é um pouco escasso... há sempre algo a inovar... tanto a nível dos manuais didáticos, da língua mesmo, como as obras literárias disponíveis... tudo isso é importante... novas gramáticas... temos alguma coisa , mas penso que poderia ter muito mais. (02P02a/ESP-Iof).

Paradoxalmente, na Galiza as condições para aprender português são ótimas do ponto de vista do conhecimento passivo da língua de qualquer galego; porém as possibilidades de o ensinar na educação secundária são mesmo difíceis: apesar da procura crescente de parte do alunado, ainda não existem vagas para o professorado que, para o lecionar, deve superar numerosos entraves administrativos. No que diz respeito ao material didático e à formação, depende do interesse e empenho pessoal do docente ao ser escassa a oferta pública (12P14a-Iof).

Deixa a desejar, por isso há sempre a necessidade de didatizar materiais novos, principalmente para alunos do nível avançado (C1-2) (14P06a-Ipr).

No Brasil, pela via oficial, a difusão do português está a cargo da Rede Brasil Cultural, constituída por instituições com fins diversificados, como os Centros Culturais Brasileiros, os Núcleos de Estudos Brasileiros e um Programa de Leitorado, em uma ação que também congrega ensino e promoção da língua e cultura brasileiras, com características semelhantes a Portugal, quanto às funções do professor-leitor.

Essas convergências no *modus operandi* dos dois países revelam uma tendência observada no modo como a gestão da língua é administrada pelas duas nações: as ações são pautadas na divulgação da língua e da cultura de cada país, em um "Tratado de Tordesilhas" em que cada país promove suas variedades linguísticas.

Além disso, há o fato de serem tuteladas por Ministérios que atuam na esfera internacional, em um claro indicativo do interesse estratégico dos dois países em outros espaços em que o português tem uma mais-valia, embora tal intenção não seja explícita, principalmente pelo Brasil, que denomina essas ações de diplomacia cultural voltada a países com os quais o Brasil pretende estabelecer parcerias, em face da ampliação do mercado econômico e geopolítico que tem marcado as relações transcontinentais e transnacionais, nesse início de século.

A ação do Leitor brasileiro, de acordo com os depoimentos colhidos, é tão abrangente quanto a do Leitor português, principalmente, em relação à divulgação das manifestações culturais, ao mesmo tempo em que os professores sofrem a carência de material didático e de uma formação específica para PLE, tanto na esfera oficial quanto nas instituições privadas, conforme atestado nesses excertos:

> Sou Leitora do governo brasileiro [...] Quanto ao material didático na área é um grande problema, pois trabalho em uma ilha do Caribe anglófono e o material didático não chega a tempo para as aulas. Tentamos criar nosso próprio material com base em livros do Centro de Línguas da Universidade (39EV17a/USA--Iof).

> Aqui na Espanha é escasso. Eu acho que até o A1, A2, pode ter. No mais...a partir do B1, o material é pobre. Os exercícios não são desafiadores... o aluno... ele quer uma coisa inteligente... o aluno quer ir a mais... não quer ficar "meia boca". A pessoa que tá aprendendo português ele fala no mínimo dois idiomas e o PLE vai ser o terceiro, mais um. Então, ele quer ... eu acho que... é... são muitos níveis, mas um material completo como o QECR pede eu não vi ainda. Pode ser que exista, mas eu não conheço (04P04a/ESP-Ipr).

> Boa e precária, ao mesmo tempo. Muita demanda sem opção de material didático e professores sem capacitação, sem apoio do governo brasileiro para esta comunidade (34EV15a/PER-Ipr).

> As condições são insatisfatórias, o material didático é escasso e pouco interessante, embora haja muita procura para o aprendizado do idioma. São poucos os livros didáticos que estão estruturados conforme o Quadro Comum Europeu de Referência (35EV18a/ITL-Ipr)

Ao reportarem as dificuldades advindas da falta do material didático, os entrevistados reafirmaram a necessidade de uma linha de ação comum aos docentes que atuam na área, seja na esfera oficial ou na privada. Os professores entrevistados reconhecem a contribuição do Quadro Comum de Referência Europeu (QCRE), em relação aos parâmetros de avaliação da proficiência em português, em meio a tantas carências, embora reconheçam a necessidade de ajustes do instrumento, pela diversidade na interpretação dos níveis, além da adequação ao espaço geolinguístico, onde o idioma é ensinado:

> O Quadro ajuda... é uma referência. O Quadro conseguiu o que penso que se poderia fazer com a Língua Portuguesa... um quadro que todos seguimos, adotarmos. Podemos ... O professor pode não concordar com algumas coisas, mas temos aí umas referências, uns níveis, umas competências, uns objetivos. Isso seria bom, um nível, com referências... é isso que devemos fazer em relação ao português: uma referência comum, que todos respeitem... deve ser uma instituição e, por isto, o Instituto Internacional, onde estejam todos os países de Língua

Portuguesa, todos com a mesma responsabilidade...deveria ser uma instituição onde estivessem acadêmicos, linguistas, representantes de todos os países para que ninguém... nenhum sinta que está fora, um grupo de pessoas que deveria estar COEeso, com uma acreditação, com um nível, uma experiência... isso seria bom (01P20a/ESP-Iof).

Este Quadro pode nos servir de referência sim, como faz com o ensino de língua estrangeira em muitos países. É uma questão de adequação. Por exemplo, para atingir o nível A2 de PLE o aluno precise de capacidades diferentes do Alemão como língua estrangeira. É necessário que se defina primeiro as necessidades linguísticas relativas a cada uma das capacidades comunicativas pertinentes a cada nível (08P30a/DEU--Ipr).

Devem ser reforçados estes parâmetros já que alguns livros não definem quando tem sido atingido os diversos níveis de proficiencia d´acordo ao Quadro Comum de Referência. Essa é minha opinião (32EV03a/PER-Ipr).

[...] na Europa, o Quadro Comum europeu para ensino do PLE me parece bem eficiente. Não é uma realidade no continente americano, mas é um sistema bem organizado que poderia ser aproveitado aqui também (08EV05a-Iof).

Diniz (2012), identifica a falta de um alinhamento para as ações dos Leitorados brasileiros e traz à tona uma discussão acerca do assujeitamento do Leitor, um agente de uma política linguística, aos fatores sociais, econômicos e políticos que atuam sobre a língua, visto que as ações oficiais ocorrem em função de tais fatores e, ao mesmo tempo, estão à mercê de seus desdobramentos para se tornarem exequíveis e consistentes.

Desse modo, a falta de incentivo à elaboração e aquisição de material didático, a ausência de parâmetros de ação no tocante à promoção da língua e a disparidade dos provimentos recebidos pelos leitores podem resultar na subvalorização da língua ou, conforme defende o autor, no mascaramento das intenções do Estado brasileiro, em relação ao valor estratégico do português.

Para alguns entrevistados, falta uma ação mais uniforme, por parte da DPLP, na distribuição de recursos aos Postos de trabalho, de forma que as necessidades de cada espaço sejam atendidas de modo equânime e não em função do destaque que o país apresenta, em um determinado contexto:

O problema é que o Brasil aplica recursos em países cujo progresso está visível na mídia, onde os cantores e artistas famosos fazem shows. [...] No meu caso, quando vejo o site do Leitorado, vejo os incentivos para os Estados Unidos e posso garantir que é real porque já trabalhei com o ensino de PLE nos Estados Unidos e tínhamos tudo o que pedíamos para a embaixada. Por isso, mais uma vez volto a dizer que não há vontade política (39EV17a//USA-Iof).

Neste sentido, a semelhança entre os dois Leitorados fica diluída, visto que a divulgação cultural é o eixo central da ação brasileira, segundo a Divisão pela Promoção da Língua Portuguesa (DPLP), no Itamaraty, enquanto o IC tem como foco principal o ensino, seja em universidades e nos centros de língua, além da formação de professores e da avaliação da proficiência em português, realizada em dois instrumentos diferentes, de acordo com o público-alvo, conforme declarações de um gestor e de professores que atuam nos EUA e na Alemanha:

> [...] portanto, temos que ter a visão estratégica de perceber que em aprendendo português, há uma aprendizagem com objetivos estratégicos importantes nas relações entre países que não falam português e os que falam. O desenvolvimento que a China está a ter, em relação ao português, é um grande exemplo [...] Mas, voltando... é... àquela primeira das quatro ações – com licença, quero reforçar... é... – a que referimos no início: um quadro de referência para o ensino do português, que nós temos, ao qual tomamos como referência o interesse dos alunos que estão nas Diásporas e que, portanto, nos dá uma visão do português como PLH –é o QuaREPE – que já está no início de sua regulamentação no Ministério da Educação, em que assumimos como fator de crescimento a qualificação para o ensino e, com ele, também as provas de proficiência linguística (03G15a/PRT-Iof).

Percebe-se, na prática, que cada Leitor tem seu trabalho pulverizado em diferentes âmbitos, em função de uma política de trabalho estabelecida pela universidade-parceira ou pelo Estado, em que o ensino de um português pluricêntrico é inviabilizado, em uma ação que se movimenta no contra fluxo das percepções de gestores e professores que representam as políticas implícitas relacionadas ao português:

> [...] o português é língua oficial em vinte e seis organizações, mas em pelo menos a metade, o português não é devidamente ancorado em práticas de uso. [...] A hipótese é de que não podemos descuidar das organizações onde o português já é língua oficial (...) com um plano concreto para que a LP seja efetivamente usada, pois dará à língua sustentação para um voo mais alto. Veja o caso do Fórum de Macau: não é da CPLP, mas, especificamente, pela China – Região Administrativa Especial de Macau – mas que tem a preocupação em colocar a LP em evidência na Ásia e, certamente, o que tem sido feito por lá pode ser feito nas outras organizações (02G25a-Iof).

O que se poderia fazer? Penso que o primeiro pode ser o Instituto Internacional da Língua ou uma instituição deste tipo ... fizesse uma política global do ensino da língua, com um material geral para o ensino da língua, que não fosse o PE ou o PB, mas o Português e, conforme o nível, o aluno deveria conhecer mais sobre as diferenças, mas a língua é a mesma com essas indicações.... É, isso seria o primeiro: uma política conjunta, com uma instituição para o Português como língua única. E penso que todos ganhariam. Portugal, Brasil, ganhariam os africanos. Penso que haveria uma política uniforme, comum, dentre todos os países de LP (01P20a-Iof).

Paradoxalmente, na Galiza as condições para aprender português são ótimas do ponto de vista do cohecimento passivo da língua de qualquer galego; porém as possibilidades de o ensinar na educação secundária são mesmo difíceis: apesar da procura crescente de parte do alunado, ainda não existem vagas para o professorado que, para o lecionar, deve superar numerosos entraves administrativos. No que diz respeito ao material didático e à formação, depende do interesse e empenho pessoal do docente ao ser escassa a oferta pública. Apenas a proximidade física com Portugal, a internet e o trabalho de empresas privadas ou coletivos culturais aliviam as carências (12P14a-Iof).

Ainda falta muito material, se compararmos com o que encontramos no ensino de outras línguas, como o inglês, alemão e espanhol. Também acredito que os alunos não encontram com facilidade profissionais bem formados, com experiência didática de PLE, e acabam aprendendo com simples falantes nativos de Português, que na maioria das vezes não têm uma base linguística para oferecer (08P30a/DEU--Ipr).

Entre os professores convidados a tratar do tema, a formação assume um aspecto singular, em que a opção pela formação divide o grupo, denotando, de certa forma, a falta de uma visão estratégica da relevância do trabalho do professor de PLE, para o fortalecimento de um nicho no mercado de trabalho, conforme afirmou uma das entrevistadas, ao analisar as condições para o ensino de PLE, considerando a oferta e a procura:

Este é o meu quarto ano como professora de PLE e eu não dou conta. Na semana passada, vieram quatro ofertas de lugares diferentes... Então, uma professora recomenda... a escola te chama... Então, demanda tem. Mas os professores precisam ser um pouco mais vendedores, estratégicos... precisam saber negociar preço. Pelo menos 20 euros ou 15. Não é o euro. Tem demanda e os professores precisam ter mais estratégias de mercado, ter um preparo anterior (04P04a-Ipr).

Os grupos de entrevistados - *in loco* e *on line* - revelaram em seus depoimentos uma visão promissora desse mercado, ao mesmo tempo em que salientaram a importância da preparação do professor de PLE. Além disso, grande parte se ressente da falta de apoio oficial a suas demandas essenciais, como uma formação específica para PLE e seus desdobramentos:

[Em relação à formação] Nunca vi em minha vida. Inglês, sim. Mas LP, nunca. Já tentamos fazer reuniões... mas falta um coordenador acadêmico... se não há diretrizes, cada um faz como quiser. Vimos isso na reunião outro dia, na Casa do Brasil: o professor tem liberdade pra fazer o que quiser, mas ele faz assim porque não tem uma formação. Outro dia, em outra escola, vi uma preparação para inglês... no português não há e eu gostaria de participar de um trabalho assim (04P04a-Ipr).

Sim, uma formação específica seria ideal e, muito melhor se fosse considerada a nacionalidade do aluno-perfil, já que não é igual dar aulas a um hispano-falante e a um japonês, por exemplo. Acho importantíssimo o professor conhecer muito bem a língua do aluno-perfil, só assim ele pode compreender por que e como eles acabam fazendo suas confusões e só assim ele pode orientar de forma certeira. [...] Não há. Em 23 anos, esta é a primeira vez que algum organismo oficial se interessa pelo trabalho que eu desenvolvo. Eu podia até estar fazendo tudo errado e estaria fazendo sem o menor controle ou orientação. Cada vez que tentei obter ajuda didática, por exemplo, as ideias eram ultrapassadas e muito acadêmicas, fugindo completamente à realidade do meu aluno-perfil, fato que me obrigou a criar meu material – *Lengua Portuguesa para hispanohablantes* (07P23a-Ipr).

Em primeiro lugar, o professor deve falar corretamente e estar conectado aos acontecimentos atuais do Brasil e do mundo lusófono. Acho necessária esta formação, pois ter o português como língua materna ajuda, mas não é o suficiente (01EV15a-Iof).

Considero necessária a formação no ensino de PLNM ou PLE, visto que, o curso de Letras foca o ensino do Português língua maternal (09EV12a-Ipr).

Essas dimensões são retomadas por outros gestores, de modo mais abrangente, com foco tanto na forma como no estatuto da língua, em que fica patente a necessidade de uma coesão de forças entre os países que compartilham o uso do português, mesmo que atribuam estatutos distintos à língua, mas reconheçam o peso da língua, nos aspectos, políticos, sociais e ideológicos:

Tudo isto, eu estou dizendo, pra mostrar os indícios deste português do século XXI, um português para onde estamos nos encaminhando em que nós dividimos o preço, o custo da instrumentação linguística, (inaudível) que vai se tornando cada vez mais importante no eixo do letramento digital, nesta sociedade da informação, na sociedade do conhecimento. Nós não podemos mais prescindir de uma preparação do *corpus* da LP, de maneira a estarmos presentes na instrumentação contemporânea da internet, sem o que os nossos cidadãos terão sempre que buscar na biblioteca virtual, em que precisarão se valer de outra língua, para poder ter acesso ao conhecimento, porque não fomos capazes de municiá-lo, concretamente, com o que é necessário à vida contemporânea (02G25a-Iof).

Deste modo, retomando a engrenagem apresentada no início do capítulo, além da influência do contexto social e das ideologias que norteiam a elaboração das ações oficiais, convém considerar as políticas implícitas, aqui representadas nas concepções e práticas dos gestores e professores de PLE que atuam, prioritariamente, na divulgação da língua e da cultura lusitana, com vistas a sedimentar o português em sua configuração transcontinental.

Considerações finais

As afirmações colhidas entre os entrevistados denotam a necessidade premente de uma coesão de forças entre os países em que a língua portuguesa tem força aglutinadora para, em conjunto, desenvolverem uma PL que atenda aos gestores e professores, para além dos gabinetes. O foco dessas políticas linguísticas deve convergir para a ocupação de espaços, muitas vezes "esquecidos", no planejamento de ações oficiais tais como o ensino, a produção e o acesso ao material didático, reforçando a necessidade de uma visão estratégica sobre o peso do português, em uma sociedade globalizada.

Em meio a tantas exigências, as políticas implícitas, conforme a engrenagem acima, aparecem no contra fluxo das ações oficiais e, desse modo, podem funcionar como fator interveniente no processo de internacionalização de uma língua, uma vez que podem emperrar o processo ou contribuir para acelerar a mobilidade da engrenagem, por serem resultantes de fatores socioeconômicos, históricos e culturais que, por sua vez, interferem na elaboração, implementação e vitalidade das políticas linguísticas.

Por outro lado, os professores de PLE, mesmo alijados deste processo decisório, integram o rol de agentes dessas políticas estabelecidas ou declaradas, quando atuam em instituições oficiais ou em empresas privadas e, de modo implícito, quando são envolvidos pelas possibilidades que o mercado de línguas tem oferecido, seja na gestão da língua ou no ensino de PLE, em diferentes espaços, em uma ação conjunta entre a comunidade linguística, o Estado e os centros de formação de professores.

Bibliografia

Almeida Filho, José Carlos P. (org.) *Parâmetros atuais para o ensino de PLE: português: língua estrangeira.* Campinas, SP:Pontes, 2009.

_____. *Fundamentos de Abordagem e Formação no ensino de PLE e de Outras Línguas.* Campinas-SP: Pontes Editores, 2011.

Bonacina-Pough, Florence. Researching 'practiced language policies':
 Insights from Conversation Analysis. In: *Language Policy* – n.11,
 2012, p. 213-234.
Bourdieu, Pierre. *A economia das trocas linguísticas*. SP:EdUsp, 1996.
Calvet, Louis-Jean. *Sociolinguística: uma introdução crítica*. Trad.: Marcos
 Marcionilo. São Paulo: Parábola Editorial, 2002.
_____. *As políticas linguísticas*. Prefácio de Gilvan Muller. Trad. : Isabel
 Oliveira Duarte, Jonas Tenfen e Marcos Bagno. São Paulo: Parábola
 Editorial: IPOL. 2007.
Diniz, Leandro Rodrigues Alves. *Política linguística do Estado brasileiro na
 Contemporaneidade: a institucionalização de mecanismos de promoção da língua
 nacional no exterior*. Tese. Campinas:SP, 2012.
Schiffman, H. F. *Linguistic culture and language policy*. London/New York:
 Routledge, 2002.
Shohamy, E. *Language policy: hidden agendas and new approaches*. London/New
 York: Routledge, 2006.
Silva, Mário J. F. *Promoção da língua portuguesa no mundo: hipótese de modelo
 estratégico*. Tese de doutoramento em Estudos Portugueses. Lisboa :
 Universidade Aberta, 2005.
Spolsky, Bernard. *Language policy*. New York: Cambridge University Press,
 2004, pp. 250.
_____. *Language management*. New York: Cambridge University Press, 2009
 – pp. 308.

APESAR DA DISTÂNCIA QUE NOS SEPARA, EXISTE SEMPRE A TECNOLOGIA QUE NOS UNE. O ENSINO DO PORTUGUÊS LÍNGUA ESTRANGEIRA

Paulo Castro Mendes
Universidade do Porto, Portugal

Introdução

Este trabalho põe em evidência que existem diversas técnicas e recursos passíveis de serem utilizados numa aula de Língua e Cultura Portuguesas. É importante que um professor, perante uma situação desmotivante de falta de tecnologias e recursos tecnológicos, "não baixe os braços" e insista na procura de técnicas que cativem a aprendizagem dos alunos.

Desta forma, esta investigação, inicialmente, dá um ligeiro enfoque à importância do ensino, porquê que é importante ensinar as crianças, mas também quais os aspetos a ter em conta na aprendizagem do Português Língua Estrangeira.

Posteriormente, dá-se uma abordagem às Tecnologias e à Interculturalidade, que acaba por ser um tópico bastante importante, sobretudo numa época onde os jovens estão bastante enraizados nas tecnologias. Assim, surge a necessidade de apresentar o estudo de caso, aplicado nas salas de aula em Yvoir, Antuérpia e ULB, no ano letivo de 2015/2016, onde se recorreu às novas tecnologias, nomeadamente à plataforma *Skype*.

Através desta ferramenta, tornou-se possível os alunos comunicarem com pessoas de um dos Países da CPLP (Comunidade dos Países de Língua Portuguesa), neste caso em concreto, de Portugal e Brasil, sendo uma experiência interativa que canalizou o interesse dos alunos para a aula de Língua e Cultura Portuguesas, mas que também os ensinou a pensar nas diferenças existentes no mundo.

Esta foi uma atividade de sucesso para o Português Língua Estrangeira como se poderá comprovar.

O Ensino
A importância do ensino não é repentina, pois de acordo com José Carlos Libâneo (Libâneo, 1994), percebe-se que já com João Amós Comênio, havia a intenção de difundir o conhecimento a todos, havendo também o objetivo de criar princípios e regras de ensino.

Contudo, ao pensarmos no Ensino do Português Língua Estrangeira (PLE) na Bélgica, percebemos que é um ensino livre e facultativo, quase sempre procurado pelos emigrantes, que pretendem que os seus filhos tenham um elo de ligação à cultura dos pais, não só através da aprendizagem da língua, mas também da própria cultura.

O processo de ensino, seguindo a linha de pensamento de José Carlos (Libâneo, 1994), só é conseguido através de interação em várias atividades entre o professor e o aluno. Os objetivos principais consistem em assimilar saberes, mas também no desenvolvimento de aptidões que, por sua vez, desenvolvem as capacidades cognitivas dos alunos, como por exemplo: o pensamento independente, a observação, a análise, a síntese, entre outras.

Ao referirmo-nos à aprendizagem de uma Língua Estrangeira, neste caso o Português, é importante perceber que o desenvolver de aptidões também passa pelo desenvolvimento da oralidade. Quando nos referimos a trabalhar a oralidade não é apenas produzir uma leitura textual ou responder oralmente às perguntas do professor, é necessário haver uma interação oral. Daí surgir a experiência com o *Skype*, que permite criar um diálogo, onde se expõem diferentes pontos de vista.

Logicamente que esta interação oral também se consegue em sala de aula, com o próprio professor, e com os restantes alunos, mas a experiência do *Skype* permite trazer alguém fisicamente distante para dentro da sala de aula, o que, por sua vez, também é um aproximar à cultura e à língua.

Na verdade, aquilo que se ensina hoje, o modo como se ensina e o entusiamo demonstrado no que se ensina, tem repercussões claras no amanhã dos alunos que estão a aprender. Assim, se aquilo que o professor ensina pode ter tanto impacto no futuro dos alunos, é importante que se faça sempre da forma mais coerente, ambicionando ter melhores pessoas e melhores resultados.

Tecnologias e Interculturalidade
Com o desenvolvimento dos transportes e das Tecnologias da Informação e Comunicação, levados a cabo pelo processo de globalização, a circulação no mundo tornou-se mais fácil, levando a um encurtamento da distância. Deste modo, há uma compressão do espaço-tempo, em que notícias/informações, bens de consumo, marcas, entre outros, têm um efeito quase imediato sobre as pessoas. [Mendes, P., 2015]

Refira-se que, ao recuar meio século, se numa sala de aula da Bélgica houvesse a pretensão de comunicar com alguém que estivesse em Portugal, por exemplo, isso só seria possível através de um telefonema ou de troca de correspondência. Contudo, se fosse por via telefónica, para além de ser bastante dispendioso, não era possível ver a pessoa na realidade, pelo menos com a facilidade que existe na atualidade. Caso fosse por correspondência, também não sendo possível ver a pessoa em tempo real, tinha ainda a desvantagem de mediar muito tempo até ser obtida uma resposta, sendo que muitas vezes a resposta nunca chegava devido a extravio da correspondência. [Mendes, P., 2015]

Se observarmos o mundo hoje, e o tentarmos comparar com o mundo de há vinte anos atrás, apercebemo-nos que as mudanças são várias e percetíveis a diferentes níveis. Ao pensarmos na evolução das Tecnologias da Informação e Comunicação, é possível detetar uma evolução alucinante que se manifestou no dia-a-dia das pessoas, seja através do uso do telemóvel, computador, internet, ou até mesmo dos canais de televisão.

Desta forma e tendo em conta este novo contexto tecnológico mundial, é possível aliar o desenvolvimento dos meios de comunicação e da tecnologia à aproximação entre pessoas e até mesmo grupos sociais pertencentes a culturas antigamente afastadas quer do ponto de vista físico, quer cultural. [Aguiar, A., 2010]

No entanto, importa ressalvar que, para além de aproximar pessoas de culturas diferentes, as tecnologias também permitem aproximar pessoas da mesma cultura que, por circunstâncias de vida, se encontram a viver num espaço físico diferente, alheio ao seu país de origem ou ao país de origem dos seus pais.

Atualmente, várias características culturais são passíveis de ser observadas em sala de aula, sendo que este fator se torna possível devido a dois aspetos: um deles diz respeito à chegada de pessoas das mais variadas culturas, aos diferentes países, possibilitando a oportunidade de uma sala de aula ser partilhada por alunos de culturas diferentes, o que permite a diversidade cultural. Por outro lado, e recorrendo novamente à evolução das novas tecnologias, muitas características podem ser observadas ou discutidas através do intercâmbio cultural que determinadas plataformas oferecem, como por exemplo o *Skype*, que permite que uma pessoa, ainda que num espaço físico diferente, possa entrar na sala de aula e comunicar com os alunos, seja ela da mesma cultura ou não. [Mendes, P., 2015]

No processo ensino-aprendizagem, a partilha deste tipo de informações torna-se crucial. Se os alunos estiverem a comunicar com alguém da mesma cultura, tal permite-lhes aproximarem-se dos seus traços culturais, de certo modo, "matar as saudades" das férias de verão, por ser essa a época na qual a maioria dos emigrantes portugueses regressa a Portugal. Isto é possível através do diálogo, proporcionado pela utilização do *Skype*, onde os alunos podem partilhar as suas experiências e vivências com alguém da mesma cultura.

Se estivermos a falar de alguém com uma cultura diferente, a utilização do *Skype* permite aos alunos perceberem a diversidade cultural existente no mundo, respeitando as diferenças e reduzindo as divergências. Em suma, ambas as hipóteses permitem ter um conhecimento aprofundado e privilegiado sobre determinados conteúdos temáticos.

Por tal, percebe-se que o *Skype*, num futuro próximo, pode tornar-se numa potencialidade relevante na educação. Pois, não só permite que esta diversidade cultural chegue à sala de aula, quer através da língua, da forma de vestir, do partilhar de determinadas informações, técnicas ou costumes concretos do país do interveniente, como também possibilita que os recetores partilhem as suas experiências, tornando-os ativos no processo ensino-aprendizagem, revelando-se fundamental numa aula de Português Língua Estrangeira, pondo-se em prática a oralidade.

Estudo de Caso

O ensino deve-se fazer acompanhar das mudanças tecnológicas para que não fique desfasado dos interesses dos estudantes, cada vez mais vocacionados para as novas tecnologias. Hoje em dia, de acordo com Mendes (Mendes, P; 2015, pp.16), existem vários recursos e ferramentas digitais que podem revelar-se fulcrais para o ensino, como por exemplo: "o *Skype* (conversação/videochamadas), o *Easel* (infografias/produção de esquemas), o *Prezi* e o *Emaze* (programas de realização de apresentações), o *Kahoot* (quizz online), entre tantas outras...". Valendo-se destes programas ou ferramentas, o professor consegue acompanhar a evolução da era digital, cativando o interesse dos alunos.

Neste sentido, no ano letivo de 2015/2016 foram aplicadas quatro experiências com a plataforma *Skype*, na aula de Língua e Cultura Portuguesas, em três instituições diferentes, situadas na Bélgica: a Ecole Notre Dame Bonne Garde, em Yvoir; a Stedelijk Technish School, em Antuérpia; e a ULB – Université Libre de Bruxelles, em Bruxelas.

Fazendo uma breve caraterização de cada uma delas, a Ecole Notre Dame Bonne Garde, era uma escola situada no pequeno município de Yvoir, distrito de Dinant, província de Namur. Era uma escola primária, que cedia o espaço para as aulas de Português, ministradas aos filhos dos emigrantes portugueses daquela região, que frequentavam as aulas como atividade extracurricular, no final da componente letiva belga.

Em termos de recursos tecnológicos, possuía alguns computadores, contudo, nenhum deles se encontrava nas salas onde eram lecionadas as aulas de Português. Para além disso, não existia qualquer tipo de projetor que permitisse projetar vídeos, imagens ou videochamadas, e a internet também era inexistente.

Relativamente à Stedelijk Technish School, era uma escola técnica situada na província de Antuérpia. Esta escola também cedia o seu espaço para aprendizagem da Língua Portuguesa, aos filhos dos emigrantes portugueses, angolanos e brasileiros daquela região, no final da componente letiva belga.

Em termos de recursos, esta escola possuía computadores e projetores nas salas onde era ministrado o curso de Português, contudo, nenhum dos instrumentos se encontrava operacional. Existia internet, mas a sua fraca velocidade não permitia o uso de qualquer ferramenta.

Por fim, a ULB – Université Libre de Bruxelles encontrava-se na província de Bruxelas, e o curso de Português era ministrado a três adultos, de três nacionalidades diferentes: italiana, espanhola e romena, que no final do seu horário laboral, vinham ao curso de Português.

Dentro da ULB, a secção do Português tinha um pequeno espaço, com duas pequenas salas, compostas com livros, VHS's e DVD's, uma televisão com *DVD player e VHS player*. Numa das duas salas, era ministrado o curso de Português, contudo, não estava equipada, nem com computador, nem com projetor, e a internet só era acessível a quem possuísse dados para aderir à rede EUDOROM.

Desta forma, atendendo aos recursos disponíveis nas três escolas, percebe-se que seria muito complicado desenvolver atividades com o *Skype*, visto que não existiam computadores nem projetores que permitissem projetar a imagem do interveniente, nem internet que permitisse o uso desta atividade.

Neste sentido, para "dar asas" a uma atividade desta envergadura, foi necessário subscrever um tarifário para o telemóvel que oferecesse tráfego suficiente para navegar na internet, foi necessário comprar uma *webcam* e, bem assim, fazer-me acompanhar sempre do meu computador portátil.

Assim, para duas das atividades com *Skype*, recorreu-se a um primeiro método, onde foi necessário usar o meu computador pessoal, a *webcam* e o telemóvel com internet, a qual era partilhada com o computador através do HOTSPOT (lugar onde a rede wi-fi é acessível).

Para as outras duas experiências, devido ao número reduzido de alunos, privilegiou-se um segundo método, onde foi usado unicamente o meu telemóvel pessoal, que possuía a plataforma *Skype* instalada.

Relativamente aos intervenientes escolhidos, foram amigos com os quais havia contactado durante a minha aventura enquanto estudante Erasmus no passado, familiares e ex-alunos meus de história e geografia, que já tinham realizado estas atividades enquanto recetores e mostraram novamente interesse na atividade mas desta vez enquanto intervenientes.

Desde o princípio, existia o conhecimento da Plataforma "*Skype in Classroom*", que, sem dúvida, é uma excelente alternativa para todos aqueles professores que não têm contactos no exterior. Contudo, neste caso pessoal, devido à existência de contactos no exterior, prezaram-se as ligações por *videochamadas* com pessoas com as quais existia um certo grau de confiança, o que, por sua vez, também tem algumas vantagens. [Mendes, P., 2015]

A primeira experiência ocorreu no dia vinte e três de fevereiro de dois mil e dezasseis, onde foi usado o primeiro método, ou seja, a plataforma *Skype* previamente criada para esta tarefa, a *Webcam* e o meu telemóvel, que partilhava internet através do *hotspot* com o meu computador.

Por esta altura, o tema a ser estudado pelo grupo com o qual trabalhava era a apresentação: Unidade 1-"Olá Amigos!". A turma, neste caso, era composta por três alunos, dois rapazes e uma rapariga. Contudo, dado o tema que estava a ser estudado, e de acordo com a outra professora Maria Franquelina Jurze, chegamos à conclusão que poderíamos estender a atividade a outro grupo que tinha aulas à mesma hora. Assim, esta primeira atividade contou com 9 alunos, quatro rapazes e cinco raparigas.

A interveniente foi a Matilde Alves, uma ex-aluna minha da escola Dr. Joaquim Gomes Ferreira Alves, em Valadares, Vila Nova de Gaia, na disciplina de História.

A Matilde apresentou-se ao grupo, disse o curso que estudava, onde vivia, qual o estilo de música que ouvia, que curso pretendia estudar na universidade. Falou também das suas expetativas no futuro, e do que mais gosta dentro da cultura portuguesa, desde a gastronomia à arte, passando pela música e pela literatura.

Posteriormente, cada aluno fez uma breve apresentação pessoal, quais os seus objetivos para o futuro e o porquê de estudarem português.

Depois ainda houve um espaço para perguntas e diálogo, no qual a Matilde incentivou ao estudo da Língua Portuguesa, uma vez que é uma língua em ascensão.

Esta foi uma atividade de sucesso, na qual os alunos se mostraram interessados em repetir mais atividades deste género.

Desta forma, já perto do final do ano, a vinte e um de junho de dois mil e dezasseis, na mesma escola, voltou-se a repetir uma atividade com o *Skype*, mas desta vez como apenas foi realizada para o grupo de três alunos (dois rapazes e uma rapariga), privilegiou-se o segundo método, no qual apenas foi utilizado o meu telemóvel pessoal, com acesso à aplicação *Skype*.

Desta vez, não se alargou a atividade ao outro grupo, pois o objetivo era realizar uma avaliação final acerca do tema relacionado com as rotinas de jovens espalhados pelo mundo e estilos de alimentação nas diferentes refeições: Unidade 7-"Jovens de todo o Mundo". O interveniente escolhido para esta atividade foi o meu irmão Daniel Mendes, visto estar na mesma faixa etária que os alunos em questão.

Ele começou por se apresentar, referindo onde estudava, que disciplinas tinha, e depois falou das suas rotinas diárias, as horas a que acordava para apanhar o autocarro para ir para a escola, a que horas terminava, referindo também os dias em que tinha a sua atividade extracurricular, neste caso específico, o futebol. Para além disto, referiu o que comia ao pequeno-almoço, almoço, lanche e jantar, abordando assim o tema das refeições e da alimentação.

Após a sua apresentação, os três alunos em questão também se apresentaram e falaram das suas rotinas diárias, referindo também o que comiam nas diferentes refeições ao longo do dia. Desta forma, foi-me possível avaliar a oralidade e o uso do vocabulário aprendido ao longo da unidade didática.

Após a conclusão da *videochamada*, proporcionei algumas questões previamente realizadas por mim acerca da apresentação do Daniel, sendo assim também possível avaliar a interpretação e a escrita.

Esta resultou numa atividade de sucesso para os alunos, onde os três atingiram o nível positivo.

Relativamente à Stedelijk Technish School, em Antuérpia, realizou-se uma experiência a vinte e nove de abril de dois mil e dezasseis, que também privilegiou o primeiro método, ou seja, a plataforma *Skype*, a *webcam* e o telemóvel, o qual partilhava internet através do *hotspot*, com o computador.

Inicialmente, a atividade seria realizada apenas com o meu grupo composto por cinco alunos, neste caso, dois rapazes e três raparigas. No entanto, em acordo com a professora do outro grupo de português: Maria Franquelina Jurze, decidimos estender a atividade, incluindo mais três alunos, dois rapazes e uma rapariga. Desta forma, a atividade foi realizada com oito alunos, quatro rapazes e quatro raparigas.

O interveniente foi o Diogo Pinheiro, um ex-aluno meu da escola Dr. Joaquim Gomes Ferreira Alves, em Valadares, Vila Nova de Gaia, na disciplina de História.

Neste caso, pelo facto do Diogo estar no secundário a seguir a vertente de Humanidades, onde Geografia e História são duas disciplinas específicas daquele currículo, pareceu-me a pessoa indicada para falar do feriado português que ocorre todos os anos no dia 25 de abril.

A atividade realizou-se no dia vinte e nove de abril de dois mil e dezasseis, uma vez que as aulas de português destes grupos ocorriam unicamente à sexta-feira.

O Diogo, que podemos observar na figura 1, começou por se apresentar e por perguntar se alguém sabia o porquê de ser feriado no dia 25 de abril. Ninguém lhe soube responder. Então o interveniente começou por explicar como se vivia em Portugal antes de 1974, em que as escolas não eram mistas, que Portugal era um país onde prevalecia a pobreza, e onde nem a coca-cola era permitida, ele soube canalizar muito bem a atenção dos recetores. Logo de seguida, explicou como se chegou à revolução dos cravos, explicando a importância do dia 25 de abril de 1974 em Portugal, que marcou a liberdade de um país, que prevaleceu durante vários anos sob censura a todos os níveis.

No final, houve espaço para diálogo, e dois alunos de Antuérpia, que eram gémeos colocaram várias questões, até porque durante a apresentação do Diogo chegaram à conclusão que o pai já lhes havia contado algumas histórias daquela época, apenas não tinham associado o dia ao acontecimento. Foi uma atividade bastante importante para o conhecimento da cultura portuguesa e importante para os estudantes, pois revelou-se bastante diferente daquilo a que eles estavam habituados.

Figura 1: Diogo Pinheiro durante a sua intervenção

Por fim, a última atividade ocorreu na Université Libre de Bruxelles – ULB, aqui privilegiou-se a utilização do segundo método, onde apenas se recorreu ao meu telefone pessoal que possuía a aplicação do *Skype*.

Neste curso de Português, o objetivo era abordar a História e a Cultura portuguesas. Desta forma, no início do semestre, eu elaborei um programa, aprovado pela minha coordenadora, onde destaquei os pontos fulcrais da história e cultura de Portugal, desde a formação do Condado Portucalense até à atualidade, passando pelos descobrimentos.

Assim, quando chegou a aula acerca dos descobrimentos, achei pertinente colocar os alunos em contacto com o meu amigo Fredson Carneiro, que conheci durante o programa Erasmus. Neste tema, penso que é importante não falar apenas na ótica do colonizador, mas mostrar também como os outros povos viram a nossa chegada às suas terras. Foi, neste sentido, que o Fredson entrou à conversa com os meus alunos, dando a sua versão da história.

Revelou-se um momento muito rico para os alunos, pois puderam estar em contacto com uma versão oral do português um pouco diferente daquela que estavam habituados, sem contar que em termos históricos saíram enriquecidos, pois puderam ouvir duas versões acerca do mesmo acontecimento.

Normalmente, a turma era composta por três alunos, dois rapazes e uma rapariga, mas nesta aula apenas compareceram os dois rapazes, como podemos comprovar na figura 2, onde podemos ver os dois alunos e eu à conversa com Fredson Carneiro.

Figura 2- Fredson à conversa com os alunos da ULB

Análise de Dados

Para a recolha de dados, fui realizando inquéritos com as diferentes turmas, onde perguntava quais os aspetos positivos, quais os aspetos negativos, o que é que eles mudavam, e se gostavam de voltar a repetir uma experiência deste género.

Pelo facto das amostras não serem muito grandes, resolvi agrupar todas as respostas recolhidas nos inquéritos e realizar uma análise SWOT, ou seja, Forças (Strengths), Fraquezas (Weaknesses), Oportunidades (Opportunities) e Ameaças (Threats).

Desta forma, tendo em conta a figura 3, percebemos que as principais forças da utilização do *Skype*, de acordo com as respostas dos alunos são: o uso da tecnologia em sala de aula, onde muitos alunos destacaram o facto de nunca terem realizado nada deste género nas salas de aula belgas, mas também o facto de ser um recurso motivador, dinâmico, divertido, real, original, atrativo, inovador e criativo, sendo estes alguns dos adjetivos frequentemente utilizados pelos alunos inquiridos. Para além disto, destacaram o facto de poderem praticar a oralidade, mas também realçaram a organização da apresentação do interveniente, pois era notória a preparação prévia dos intervenientes, o que também os deixava mais à vontade para falarem com os alunos.

Como principal ameaça, destacou-se, embora não fossem todos os alunos, a rapidez na exposição do interveniente, e aqui, penso que é pelo facto de os intervenientes serem nativos da Língua Portuguesa, e por isso não se aperceberem da rapidez do discurso. Como oportunidades, podemos destacar, de acordo com as respostas dos inquiridos, a possibilidade de conhecimento de outras culturas, e aqui importa mencionar que os alunos que deram esta resposta foram os da ULB, que tiveram uma experiência intercontinental. Para além disso, destacou-se a possibilidade de contacto com outros países e com pessoas da terra natal que, por sua vez, aumenta o interesse e atenção na aprendizagem da Língua Portuguesa, possibilitando a aprendizagem de diferentes pormenores, conduzindo ao aumento da cultura geral.

Por fim, apoiando-me nas respostas dos alunos, retiro como principais ameaças, o facto de atividades destes género serem confundidas com lazer, sobretudo, pelo facto de muitos alunos terem classificado a atividade como divertida. No entanto, nas quatro experiências efetuadas, os alunos levaram muito a sério a atividade desenvolvida.

Destaco ainda a dificuldade de, por vezes, falhar o entendimento de alguma palavra, visto que os intervenientes são nativos e os recetores aprendiam português como segunda língua, sendo aqui o papel do professor fundamental para esclarecer qualquer dúvida.

Por último, no tocante aos recursos técnicos e à internet, neste caso específico, conseguiu-se dar a volta à situação, contudo, como já havia mencionado no presente artigo, as tecnologias também falham e é importante que o professor tenha isso em consideração.

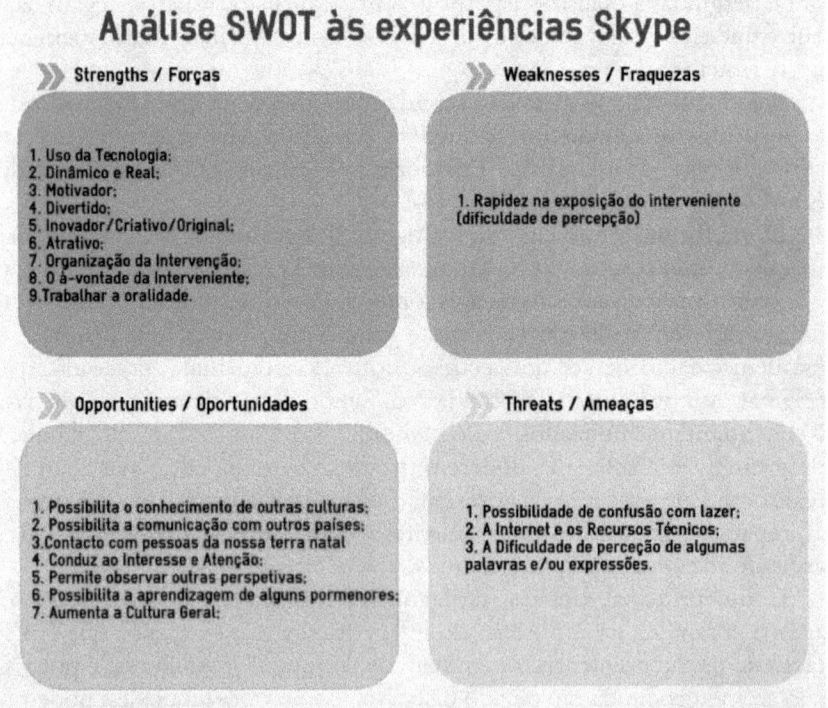

Figura 3: Análise SWOT

Considerações finais

Podemos concluir que, apesar do pioneirismo desta atividade, ela tem uma recetividade bastante positiva por parte dos alunos. A troca de experiências, o diálogo, a possibilidade de contactar com alguém diferente e sair da rotina da aula são algumas das vantagens de atividades deste género.

É lógico que, como em tudo na vida, existe um risco associado. A tecnologia também falha e é preciso estarmos precavidos para este tipo de situações, para que tenhamos o maior sucesso possível quando realizamos uma atividade com o *Skype*.

Apesar das Tecnologias da Informação e Comunicação terem chegado a uma percentagem bastante elevada de escolas nos países desenvolvidos, podemos comprovar, com este artigo, que ainda existem escolas onde a tecnologia ainda é praticamente inexistente, o que dificulta as atividades que carecem do uso de recursos tecnológicos e internet. No entanto, e tal como é apresentado no presente artigo, é possível dar a volta à situação quando existe força de vontade, oferecendo aos alunos experiências inesquecíveis.

Em modo conclusivo, importa ainda realçar que este tipo de atividades pode ser realizado em qualquer disciplina do currículo escolar, contudo, nas línguas estrangeiras, seja o português ou uma outra, revela-se um recurso fundamental, permitindo aos alunos colocarem em prática a oralidade de uma forma inovadora, divertida e didática.

Bibliografia

Aguiar, A. (2010). *A Educação Intercultural no entendimento da Diversidade na sala de aula de Língua Estrangeira*. Porto: Faculdade de Letras da Universidade do Porto.

Alves, A. P., Gomes, M.J. (2007). *E. Portefólios: um estudo de caso no ensino da Matemática*. Braga: Universidade do Minho.

Correia, A. M., Mesquita, A. (2013). *Mestrados e Doutoramentos*. Porto: Vida Económica – Editorial, SA.

Domingos, C., Lemos, J., Canavilhas, T. (2009). *Geografia C. 12º ano*. Lisboa: Plátano Editora.

Fernandes, J. L. (2009). *Cityscapes – símbolos, dinâmicas e apropriações da paisagem cultural urbana*. Coimbra: Máthesis.

Leite, M.F.(2011). *O Ensino-Aprendizagem da Cultura em PLE: contributos para uma educação intercultural*. Porto: Faculdade de Letras da Universidade do Porto.

Libâneo, J.C.(1994), Didática. (Coleção Magistério. 2º grau. Série formação do professor). São Paulo: Cortez.

Macário, C. (2012). *Materiais Reais Audovisuais na Internet: Potencializadores de oportunidades de aprendizagem*. Porto: Faculdade de Letras da Universidade do Porto.

Matos, F. (2011). *O Skype como ferramenta de interacção e colaboração no ensino e aprendizagem de línguas estrangeiras em teletandem.* Lisboa.

Mendes, P., Nossa, P., Fernandes, P., Herdeiro, S. (2012). *Cidades, Criatividade(s) e Sustentabilidade(s): Como a Globalização influencia a alteração dos espaços urbanos.* (2.ª edição) Guimarães: UMGEO Departamento de Geografia da Universidade do Minho.

Mendes, P.(2015); *Olá! Hello! Hola! Salut! Ciao! E o longe se faz mais perto – as tecnologias ao serviço da interculturalidade,* Faculdade de Letras da Universidade do Porto.

Rodrigues, P. (2013). *Multiculturalismo: a diversidade cultural na escola.* Lisboa: Escola Superior de Educação João de Deus.

Sitman, R. (1998). *Divagaciones de un internauta: Algunas reflexiones sobre el uso o el abuso del internet.* Madrid: Espéculo: Revista de Estudios Literarios Universidad Complutense de Madrid.

Waters, M. (1999). *Globalização.* Oeiras: Celta Editora.

O BINÓMIO LÍNGUA-CULTURA NO PROCESSO DE ENSINO-APRENDIZAGEM DE PORTUGUÊS LÍNGUA ESTRANGEIRA

Micaela Ramon
Universidade do Minho – Braga, Portugal

As relações entre língua e cultura: uma história de implicações mútuas
Constitui um lugar-comum e uma crença amplamente partilhada considerar que os conceitos de língua e de cultura mantêm entre si uma relação de dependência mútua. Tem-se comummente por certo que todas as línguas são portadoras/criadoras de cultura da mesma forma que todas as culturas se refletem e influenciam uma dada língua natural. Ou seja, as línguas são vistas não apenas como um mero sistema de signos, mas também como instrumentos de interação social, de estruturação do pensamento e de construção da identidade dos indivíduos e dos grupos nas relações que mantêm entre si e com o mundo circundante.

As ligações de imbricação entre língua e cultura podem ser resumidas, a partir da clássica perspetiva antropológica de Lévi-Strauss (1958), por meio de três asserções fundamentais:
- a língua é produto da cultura (por isso evolui e se adapta constantemente a novos contextos que se traduzem, por exemplo, através da criação de neologismos);
- a língua é uma manifestação da cultura (tal como as crenças, os costumes, as instituições, etc.);
- a cultura expressa-se através da língua (já que por meio das palavras se pode exprimir tudo aquilo que concerne às artes, à literatura, aos comportamentos, às normas, às convenções, etc.).

Transpondo esta crença para o contexto do ensino-aprendizagem de línguas, nomeadamente de línguas estrangeiras, tal equivale a dizer que a aula de língua não é apenas um espaço de transmissão/aprendizagem de conhecimentos linguísticos, mas se afigura também como o entorno privilegiado para o contacto com a(s) cultura(s) veiculada(s) numa dada língua-alvo; cumulativamente, do professor de línguas espera-se não só que tenha sólidos conhecimentos sobre o sistema linguístico do idioma que ensina, mas que domine com igual perícia as convenções e os referentes da(s) cultura(s) que a esse idioma se associa(m) ou nele se traduz(em).

O binómio língua-cultura na história das metodologias de ensino-aprendizagem de LE

Este pressuposto não é novo. Muito pelo contrário. Uma rápida pesquisa com vista a fazer uma resenha da evolução dos principais métodos de ensino de línguas estrangeiras permite facilmente constatar esta relação de implicação e interdependência entre língua e cultura, a qual, porém, sendo constante na sua essência, tem sido objeto de diversas modificações em termos operativos.

Tradicionalmente, os dois elementos tendiam a ser considerados a abordados de forma independente: o ensino da língua precedia o ensino da cultura e o grau de prestígio acordado a cada uma destas componentes foi-se alterando ao longo dos tempos. Assim, se os métodos mais tradicionais, vulgarmente conhecidos como métodos gramática-tradução, tendiam a hipostasiar a cultura, considerando-a o objetivo último da ação do professor de línguas estrangeiras, as quais eram aprendidas precisamente como ferramentas que permitiam o acesso ao património cultural produzido na língua-alvo; os métodos ditos diretos ou naturais, fortemente marcados pelas teorias estruturalistas, deslocaram o foco da sua atenção para o estudo da língua (entendida como sistema), considerando a cultura como uma espécie de acessório ou adorno, sendo esta tratada como um acrescento ou um "bónus". Em ambos os casos, língua e cultura eram entendidas como conteúdos e o cerne da ação do professor incidia essencialmente sobre a transmissão desses conteúdos, descurando-se o desenvolvimento das competências/habilidades dos alunos para atuarem em contextos reais de uso em que tais conteúdos pudessem ser aplicados.

Lourdes Miquel López refere-se ao tratamento dado à componente cultural pelos métodos tradicionais e estruturalistas resumindo-o em três pontos:
> visión estereotipada de la cultura, entendida como datos invertebrados que los estudantes deberán simplemente acopiar; - total descontextualización de todos los elementos que integraban los materiales y, por ende, la prática docente; - absoluta desconexión entre los objetivos de lengua y los elementos culturales. (512)

O advento das metodologias comunicativas veio alterar substancialmente esta perspetiva. Desenvolvidas a partir dos trabalhos de Hymes (1972), a quem se deve o conceito de "competência comunicativa", depois complementados pelos estudos de Canale (1983) que permitiram tomar em consideração também a designada "competência discursiva" (i.e., o modo como gramática e significado se conjugam na criação de textos de diferentes géneros), as metodologias comunicativas passaram a conceber a língua como um instrumento de comunicação através do qual os falantes agem verbalmente. Esta atuação pressupõe tanto o conhecimento das convenções linguísticas como das convenções socioculturais e contextuais que permitem ao utilizador adequar as suas produções às diversas situações de uso com que se depara.

Deste modo, os estudantes de línguas estrangeiras, para serem competentes no manejo da língua-alvo, devem não só aprender como funciona essa língua (competência linguística) e como a devem usar segundo as normas sociais em vigor (competência sociolinguística), mas também como criar enunciados adequados aos objetivos comunicativos específicos (competência pragmática). Isto constitui um enorme desafio tanto para o estudante como para o professor: se o primeiro, quando se acerca de uma língua estrangeira, desconhece que aspeto formal dar às suas emissões, como formalizar linguisticamente as suas intenções comunicativas, que expectativas têm os seus interlocutores e que rituais de comunicação deve respeitar; é ao segundo que cabe a difícil tarefa não só de lhe facultar os instrumentos que permitam conhecer o sistema linguístico-cultural da língua-alvo, como também de o fazer de forma contextualizada e significativa para o aluno.

A centralidade da "competência comunicativa" no processo de ensino-aprendizagem de LE

O conceito de competência comunicativa é hoje absolutamente central para a didática das línguas estrangeiras. Sem deixar de considerar o conhecimento da própria língua indispensável para que o falante possa produzir e entender um número infinito de orações, a competência comunicativa pressupõe também o saber necessário para selecionar, de entre as formas linguísticas possíveis, as mais adequadas a cada situação concreta. É este tipo de conhecimento que permite aos utilizadores de uma dada língua decidir, por exemplo, como se dirigir a um desconhecido, quando formular uma pergunta direta, como e quando aceitar/rejeitar uma oferta, que dizer para felicitar alguém ou para reagir a um elogio, como expressar compreensão pelo sofrimento alheio, etc.

Os falantes nativos possuem um conhecimento implícito de tais convenções que lhes permite respeitá-las ou, pelo contrário, ignorá-las de forma consciente e com um propósito específico. No caso dos falantes estrangeiros, tal conhecimento não está garantido, sendo frequente a ocorrência de erros de inadequação motivados pelo desconhecimento de algum aspeto da competência cultural na língua-alvo. Isto equivale a dizer que a competência comunicativa engloba não somente competências de natureza puramente linguística mas também outras de natureza cultural, as quais não são menos importantes do que as primeiras; muito pelo contrário.

Ter como objetivo o desenvolvimento da competência comunicativa dos seus alunos põe o professor de língua estrangeira perante a necessidade de fazer uma abordagem da língua centrada nas condições de uso de cada elemento linguístico. Este tipo de abordagem, por sua vez, assenta em duas premissas fundamentais: a intenção do falante e o contexto, pois comunicar não é mais do que emitir e compreender mensagens que ocorrem em contextos intencionalmente marcados.

Assim, este novo enfoque da didática das línguas estrangeiras coloca ao professor o desafio de ser capaz de veicular conhecimento linguístico a partir de contextos de uso o que, indiscutivelmente, pressupõe um novo conceito de cultura.

A polissemia do conceito de cultura

Todavia, convém refletir sobre o que se entende por cultura, visto tratar-se de um termo particularmente polissémico. Em termos simplistas, pode definir-se a cultura por oposição à natureza, ou seja, pode considerar-se que tudo o que implica intervenção ou transformação humana é cultura. Procurando refinar um pouco mais esta definição, pode propor-se uma subcategorização do termo distinguindo entre três subtipos de cultura: a "cultura essencial", a "cultura legitimada" e a "cultura epidérmica" (Miquel, 2004).

A "cultura essencial" engloba "todo el conocimiento que permite hacer un uso efectivo y adecuado del lenguage. Ahí están las creencias y presuposiciones, los modos pautados de actuación, los juicios, los saberes que comparte la sociedad, las reglas sobre qué se puede decir y no decir y cómo decir las cosas" (561). Trata-se da cultura do quotidiano, em que todos os membros de uma dada comunidade vivem mergulhados e que lhes talha o(s) contexto(s). A "cultura legitimada", por seu lado, é a chamada "cultura culta", ou seja, enciclopédica, erudita, resultante de um processo de seleção operado por instâncias de legitimação que, num determinado momento e tendo em conta padrões estéticos e valores específicos, determinam que produtos podem ou não ser considerados cultura. A "cultura legitimada" é, pois, uma cultura canónica que é percepcionada como herança patrimonial. Por último, a "cultura epidérmica" refere-se a "usos y costumbres que defieren del estánder cultural" (517). Esta é uma cultura marginal ou excêntrica (no sentido etimológico dos termos) e, por isso mesmo, pouco estável por ser fortemente circunstancial e efémera.

Qualquer uma destas três aceções de cultura pode ser objeto de tratamento em contexto de aula de língua estrangeira. No entanto, apenas os elementos que constituem a "cultura essencial" são genericamente partilhados pelos falantes de um dado idioma, independentemente das suas idiossincrasias próprias (género, idade, classe social, grau de escolarização, etc.), o que lhes permite assumir comportamentos coletivos que definem a sua identidade grupal: os portugueses, os brasileiros, os americanos partilham um conjunto de características das suas respetivas "culturas essências" específicas que permitem defini-los como tal, ainda que tais características correspondam a abstrações generalizantes que não coincidem plena e absolutamente em nenhum dos indivíduos singulares pertencentes a cada um desses grupos. Inversamente, nem a "cultura legitimada" nem a "cultura epidérmica" gozam deste estatuto de transversalidade: a primeira é apanágio de certos grupos privilegiados que, por circunstâncias várias, lhe podem estar mais ou menos expostos; quanto à segunda, está associada a epifenómenos de moda que, na maior parte dos casos, não resistem ao poder do tempo.

Daqui decorre que o professor pode ocupar-se de aspetos destes dois tipos de culturas de franja, caso os públicos específicos com que trabalha assim o justifiquem ou exijam (por exemplo, se trabalhar com alunos adolescentes, pode explorar aspetos da cultura própria dessa faixa etária, mantendo-se porém consciente da volatilidade que a caracteriza e que rapidamente a torna desatualizada; da mesma forma, se o seu público-alvo for constituído por estudantes com manifesto interesse pelo campo das artes, pode igualmente deter-se em questões relacionadas com a literatura, ou a música, ou o cinema, etc.). Contudo, aquilo que não pode ignorar é a atenção que deve dar aos aspetos da "cultura essencial", pois é o seu conhecimento que permitirá aos alunos atuarem adequadamente na língua-alvo.

As dimensões da "cultura essencial" e suas implicações didáticas
Como pode, pois, o conhecimento (ou a ausência dele) das componentes da "cultura essencial" condicionar o uso eficaz de uma língua estrangeira e determinar assim o alcance da competência comunicativa do falante?

Partindo das aportações da antropologia, da sociolinguística e da etnografia, podem-se identificar como unidades de análise das diferentes culturas as seguintes componentes: os símbolos, as crenças, os modos de classificação, as pressuposições e as atuações. Por questões de facilidade metodológica, estas componentes podem ser isoladas. Porém, deve ter-se presente que elas não se manifestam atomisticamente; pelo contrário, confluem com maior ou menor intensidade em qualquer interação comunicativa.

Assim, com o objetivo de procurar dar resposta à questão antes formulada, apresentamos e comentamos de seguida alguns fragmentos de intercâmbios comunicativos extraídos de situações autênticas passíveis de ocorrer na vida quotidiana, no universo da língua portuguesa. Atente-se nos seguintes enunciados:

Situação 1
1) Queres beber alguma coisa? Um café, uma cerveja?
2) Cerveja? A esta hora da manhã? Posso aceitar um café, mas só se fores fazer para ti.

Situação 2
1) Podemos tratar-nos por tu, já que vamos trabalhar juntos?

Situação 3
1) Esta é a amiga de que te falei. É uma investigadora óptima e tem conseguido grandes financiamentos. 2) Bem, não é tanto assim. O meu sucesso deve-se muito à equipa.

Situação 4
1) Temos de combinar qualquer coisa um dia destes.

Situação 5
1) Queres vir jantar à minha casa? 2) Gostava muito, mas se calhar não vai dar porque trabalho até tarde.

Situação 6
1) Parabéns! Então casaste? 2) Casei.

Todos os exemplos apresentados têm por base pressupostos de natureza cultural que determinam os comportamentos linguísticos dos interlocutores, condicionando consequentemente a seleção que estes fazem das formas linguísticas. Assim:
- pressupõe-se que determinado tipo de bebidas só se consome num dado momento do dia e que faz parte das regras de educação condicionar a aceitação de uma oferta ao facto de quem oferece também usufruir dela (situação 1);
- existem várias formas de tratamento que devem adequar-se ao tipo de relacionamento entre os indivíduos (situação 2);
- espera-se que quem é elogiado desvalorize o elogio que lhe é feito (situação 3);
- entende-se que uma proposta vaga não tem intenção real de ser realizada (situação 4);
- não é considerado polido recusar diretamente um convite e é suposto que quem o rejeita dê explicações sobre o motivo da recusa (situação 5);
- felicita-se aqueles que casam e não basta confirmar ou infirmar um facto da vida pessoal; o interlocutor esperará maiores explanações sobre tal facto (situação 6).

Porém, nenhuma das pressuposições explicitadas corresponde a regras universais passíveis de serem implícita e automaticamente partilháveis por todos os falantes. Usuários de outras línguas (e até mesmo falantes do português oriundos de outras geografias fora de Portugal) podem não partilhar convenções similares e, portanto, as suas interações verbais em situações idênticas às referidas serão necessariamente diferentes tanto em termos do desempenho linguístico como das expectativas dos interlocutores.

Ensinar uma língua numa perspetiva comunicativa implica, pois, ensinar também uma série de práticas sociais e transmitir aos alunos um conjunto de valores culturais dominantes. A não observância deste princípio limita as hipóteses de o aluno vir a tornar-se verdadeiramente competente na língua-alvo, diminuindo-lhe também as possibilidades de aceitação e de integração na comunidade de falantes nativos que tendem, aliás, a manifestar um grau de tolerância para com as falhas de adequação aos contextos culturais inversamente proporcional à proficiência linguística do falante de língua estrangeira.

Não queremos com isto defender que o aprendente de uma língua estrangeira deva prescindir da sua própria identidade linguístico-cultural, sentindo-se forçado a mimetizar o comportamento do falante nativo em todas as circunstâncias. Torna-se contudo desejável que lhe seja facultada pelo professor o máximo de informação possível para que ele, de uma forma consciente, decida se pretende respeitar ou transgredir as convenções da cultura-alvo, sendo um agente ativo num processo constante de interpretação e de transação de informação com vista à criação de significados compartilhados.

No contexto atual de ensino de línguas estrangeiras espera-se do professor que aja como um antropólogo-observador-mediador, capaz de identificar e tornar visíveis os implícitos culturais, promovendo o conhecimento, a aceitação e (idealmente) a valorização da diferença, ou seja, espera-se que o professor contribua para desenvolver uma efetiva competência comunicativa dos seus alunos.

Se, no passado, o requisito para ensinar uma língua estrangeira era que o professor tivesse sólidos conhecimentos da fonética, da morfologia, da sintaxe, do léxico da língua-alvo e que fosse fluente no idioma, hoje tem-se por certo que tais competências não bastam, tornando-se necessário acrescentar o conhecimento da cultura do outro e a habilidade para mediar entre a(s) cultura(s) do(s) aluno(s) e a cultura-alvo, permitindo assim a verdadeira comunicação intercultural.

Considerações finais
No estado presente da investigação sobre o ensino-aprendizagem de línguas estrangeiras dá-se por adquirido que o mero conhecimento do código linguístico do interlocutor não garante a proficiência do aluno. Para que a eficácia da comunicação se verifique devem-se considerar igualmente os aspetos culturais, nomeadamente da designada "cultura essencial" que se caracteriza pelo conjunto de variáveis psicológicas que definem o comportamento e o modo de pensar de uma dada sociedade, com influência

direta nas práticas linguísticas.

Os aprendentes de uma língua estrangeira desconhecem as estruturas gramaticais e lexicais da língua-alvo da mesma forma que ignoram as convenções socioculturais de uso. Ensinar uma língua desvinculando-a do todo cultural em que ela se manifesta não é mais do que dar a conhecer um sistema abstrato, vazio de sentido e, em definitivo, inadequado para a comunicação.

Em conclusão, é importante insistir na inseparabilidade do binómio língua-cultura. A componente cultural é tão fundamental para o aprimoramento da competência comunicativa como a componente linguística. Por isso, os elementos culturais não devem ser objeto de tratamento isolado, sendo colocados numa secção à parte dos materiais didáticos ou das práticas dos professores, mas antes fazer parte integrante e plena de todas as interações didáticas, quer seja de forma explícita, quer implícita.

Só uma tal abordagem se mostra apta a responder aos desafios colocados pela sociedade multiculturalista atual onde o desenvolvimento das competências interculturais se afigura como um imperativo não apenas pedagógico-didático mas igualmente ético-moral.

Bibliografia

Aguirre, A. (ed.). *Cultura e identidade cultural.* Barcelona: Ediciones Bárdenas, 1997.

Almeida Filho, J. C. P. *Dimensões comunicativas no ensino de línguas.* Campinas: Pontes, 1993.

Beacco, J.C. *Les Dimensions Culturelles des Enseignements de Langue.* Paris: Hachette Livre, 2000

Canale, M. "From Communicative Competence to Communicative Language Pedagogy" *in* T. Richards e R. W. Schmidt (eds.), *Language and Communication.* Londres: Longman, 1983.

Galisson, R. "Quel statut revendiquer pour les cultures en milieu institutionnel?" *in* R. Galisson e C. Puren, *La Formation en questions.* Paris: Clé International, 1999.

Hymes, D.H. "Acerca de la competencia comunicativa" *in* Llobera et al., *Competencia comunicativa. Documentos básicos en la enseñanza de lenguas extranjeras.* Madrid: Edelsa, 1971.

Kramsch, C. *Context and Culture in Language Teaching.* Oxford: Oxford University Press, 1996.

Miquel, L. López. "La Subcompetência Sociocultural" *in* J. S. Lobato e, I.S. Gargallo (dir.), *Vademécum para la formación de profesores. Enseñar español como L2/LE.* Madrid: SGEL, 2004.

Ortiz, S. e Alonso, G. "Las competências del aprendiente y el professor" *in La Formación del Profesor de Español. Innovación y reto.* Barcelona:

Difusión, 2015.
Serrani, S. *Discurso e cultura na aula de língua.* Campinas: Pontes, 2005.
Scollon, N. e Scollon, S.W. *Intercultural Communication.* Blackwell Publishing Ltd, 2003.
Zarate, G. *Représentations de l'Étranger et Didactique des Langues.* Paris: Didier, 2006.

ABORDAGEM INTERCULTURAL DE ENSINO-APRENDIZAGEM DE PORTUGUÊS LÍNGUA ESTRANGEIRA/LÍNGUA NÃO MATERNA

Luana Moreira Reis
University of Pittsburgh, Estados Unidos sa América

> O conceito é sempre uma intervenção no mundo, seja para conservá-lo, seja para mudá-lo.
> Deleuze

Introdução

O conceito de língua tem sido revisitado ao longo da história e levantado discussões acerca de sua relação com as práticas de ensino-aprendizagem. As ressignificações do termo afetam as expectativas de como um curso de línguas deve se configurar, que tipo de atividades e medidas avaliativas devem ser adotadas, se o foco será na exatidão gramatical e na troca de informações ou em um melhor entendimento de aspectos sociais, econômicos, culturais e históricos para o desenvolvimento de uma postura crítica e reflexiva.

Não é nossa intenção discutir amplamente o percurso histórico das concepções de língua e sim convidar os professores de línguas, em especial os professores de PLE-PLNM, a refletir sobre o que ensinam, como ensinam e sobre as expectativas de aprendizagem que desejam alcançar. Desejamos inspirar os colegas de profissão a desafiar crenças arraigadas sobre ensino de língua para que possamos manter aquilo que consideramos efetivo e descontinuar o que percebemos que não atende às necessidades do contexto educacional contemporâneo. Ao mesmo tempo, pretendemos instigar a reflexão sobre as nossas ações como professores de línguas para mantê-las e/ ou ressignificá-las. Que possamos a partir do diálogo e da socialização de ideias alcançar horizontes talvez ainda não vislumbrados.

Nosso objetivo é discutir estratégias que possam contribuir para o desenvolvimento profissional e pessoal dos estudantes de modo que eles possam agir como sábios e efetivos cidadãos de um mundo onde culturas e sociedades mudam mais rapidamente do que nunca antes na história. Complexidade e mudança são palavras que fundamentam a sociedade contemporânea. Desse modo, teorias e práticas relacionadas ao processo de ensino-aprendizagem estão sempre sujeitas a questionamentos e mudanças. Como bem sugere Freire (1996, p. 43-44),

> A prática docente crítica, implicante do pensar certo, envolve o movimento dinâmico, dialético entre o fazer e o pensar sobre o fazer. [...] Por isso é que, na formação permanente dos professores, o momento fundamental é o da reflexão crítica sobre a prática. É pensando criticamente a prática de hoje ou de ontem que se pode melhorar a próxima prática. O próprio discurso teórico, necessário à reflexão crítica, tem de ser tal modo concreto que quase se confunde com a prática.

Com relação às concepções de língua, em *Marxismo e Filosofia da Linguagem*, Bakhtin (2006) apresenta duas tendências/orientações no que concerne a delimitação da linguagem como objeto de estudo. São denominadas de "subjetivismo idealista" e "objetivismo abstrato". A primeira se interessa pelo ato de fala, considerado como criação individual semelhante à criação artística. A língua, segundo essa perspectiva, é atividade, em que os sujeitos falantes exercem uma influência ativa e participante. A segunda, tendo como principal representante Ferdinand de Saussure, se interessa pelo sistema linguístico (fonético, gramatical e lexical) considerado imutável ao qual o indivíduo deve se adequar sem uma participação reflexiva. O que existe então é o certo e o errado, a norma e a transgressão. A ideia de língua como sistema de signos arbitrários, fechado, independente das relações individuais. Cabe então a essa perspectiva estudar os fenômenos internos do sistema, suas possíveis combinações, relações e normas de adequação sem considerar a atuação do sujeito falante nesse sistema de formas. A língua, portanto, é um produto pronto e acabado.

Observamos, assim, que tais tendências caminham em direções opostas no que concerne às metodologias e abordagens adotadas e que a depender da concepção de língua que o professor adota, seu posicionamento em relação ao processo de ensino-aprendizagem de línguas muda inteiramente. A concepção de língua como sistema arbitrário, imutável, fechado não considera as experiências de mundo concreto e subjetivo do falante no ato de interação, o que limita a sua ação comunicativa para responder de forma adequada às situações de uso da língua. Percebe-se que as diferentes formas de conceber língua exercem uma influência direta na metodologia utilizada para o estudo e ensino desse fenômeno. Ou seja, é uma reação em cadeia que direciona todo o processo de ensino-aprendizagem. No que se refere aos posicionamentos adotados pelo profissional de ensino de línguas, consideramos importante, antes de tudo, uma reflexão sobre as concepções de língua que tais profissionais adotam e daí, então, perceber a coerência ou incoerência de tais concepções com suas práticas pedagógicas.

O professor, como ser social – vivendo num mundo complexo – não pode isentar-se do envolvimento com outros, através do compartilhamento de experiências de ensino-aprendizagem em contextos diversos, para o aperfeiçoamento de seu fazer docente. Estamos num processo contínuo de ser e deixar-de-ser, e é esse processo que faz avançar as discussões na área de ensino-aprendizagem de línguas.

A noção de língua-cultura e interculturalidade no contexto de ensino-aprendizagem de línguas

As necessidades comunicativas dos aprendizes de PLE-PLNM no contexto contemporâneo demandam uma abordagem de ensino-aprendizagem capaz de instigar os estudantes a interagir de maneira eficaz e adequada nos diversos espaços pluriculturais. Quando se trata do ensino de língua portuguesa é importante que tal ensino não se resuma ao ensino de nomenclaturas e classificações gramaticais com atividades rotinizantes e exercícios mecânicos tendo por objetivo apenas a fixação de estruturas gramaticais. Consideramos, a título de exemplo, que uma abordagem tradicional de base estruturalista (a qual acredita ser a língua uma entidade fixa a ser meticulosamente analisada) é extremamente limitada no que diz respeito a possibilitar oportunidades aos estudantes para ser, estar e agir na língua-cultura alvo. Concordamos com Rajagopalan (2003, p. 25-26) quando ele afirma que:

> Os nossos conceitos básicos relativos à linguagem foram em grande parte herdados do século XIX, quando imperava o lema 'Uma nação, uma língua, uma cultura'. Previsivelmente eles estão se mostrando cada vez mais incapazes de corresponder à realidade vivida neste novo milênio, realidade marcada de forma acentuada por novos fenômenos e tendências irreversíveis como a globalização e a interação entre culturas, com consequências diretas sobre a vida e o comportamento cotidiano dos povos, inclusive no que diz respeito a hábitos e costumes linguísticos.

Professores que acreditam que aprender língua significa aprender um sistema pronto e acabado colocam o estudo de gramática e vocabulário como o objetivo principal do processo de ensino-aprendizagem. O relato de Lewis Carroll sobre o diálogo de Alice com o Rato na obra *Alice no País das Maravilhas*, serve como um exemplo que pode ajudar a perceber as limitações sofridas por estudantes que tiveram uma formação com base apenas em estudos de formas linguísticas. Segue o diálogo:

> [...] - Ó Rato, ó Rato, você sabe como sair dessa lagoa? – perguntou ela. Estou muito cansada de ficar nadando! Ó Rato! (Alice achava que essa era a melhor maneira de se falar com ratos. Ela nunca havia feito isso antes, mas lembrava-se de ter visto certa vez, na Gramática Latina de seu irmão, um arranjo de palavras assim: rato, de um rato, para um rato, um

rato, ó rato!)
O Rato a olhou com curiosidade, pareceu piscar-lhe um dos seus olhinhos, mas não disse nada. [...]
Ela então voltou a tentar, pronunciando a primeira frase da sua cartilha de francês:
- Où est ma chatte? (Onde está minha gata?)
O Rato deu um pulo repentino na água e pareceu se arrepiar todo de terror.
- Oh, me desculpe – disse Alice rapidamente, com medo de ter magoado o pobre animal. – Eu esqueci completamente que você não gosta de gatos...
- Não gosto de gatos! – gritou o Rato, com voz irritada. – Você gostaria de gatos se fosse eu? [...] (Carrol, 2009, p. 27-28)

Alice, ao deparar-se com um contexto de interação com um habitante de um país ainda desconhecido para ela, não conseguiu estabelecer uma comunicação efetiva. Faltou a Alice naquele momento a competência intercultural, ou seja, "um conjunto de habilidades e características cognitivas, afetivas e comportamentais que apoiam a interação eficaz e adequada em uma variedade de contextos culturais. "[10] (Bennet, 2011, p.4)

Alice, apesar de testar possibilidades e usar estratégias, não conseguiu relativizar seus valores, crenças, sentimentos e comportamentos e ver a perspectiva do outro naquela ocasião. O conhecimento linguístico-gramatical que possuía não garantiu uma comunicação bem-sucedida, não lhe permitiu desenvolver um relacionamento com a diversidade de identidades sociais que estavam em interação naquele contexto de comunicação. A falta de sensibilidade à cultura do outro gerou uma situação de conflito e confronto. Alice estava consciente da diferença evidente entre os dois seres em interação, mas foi incapaz de demonstrar através do seu comportamento um conjunto de habilidades e atitudes que promovessem e estimulassem o entendimento mútuo. A compreensão linguística não foi suficiente para a negociação e a produção de significados.

Segundo Byram, juntamente com Gribkova e Starkey (2002), os componentes da competência intercultural incluem: conhecimento, habilidades e atitudes, complementados pelos valores que a pessoa tem por causa do seu pertencimento a uma variedade de grupos sociais. Estes valores são parte das identidades sociais do indivíduo. O conhecimento (*savoirs*) compreende entender grupos sociais e seus produtos e práticas tanto de seu próprio país quanto do país do interlocutor, inclui também conhecer processos gerais de interação social e individual. As habilidades subdividem-

---

[10] Intercultural competence is a set of cognitive, affective, and behavioral skills and characteristics that supports effective and appropriate interaction in a variety of cultural contexts. (Tradução nossa).

se em: habilidades de interpretação e relação (*savoir comprendre*), habilidades de descoberta e interação (*savoir apprendre/faire*) e habilidade de avaliar criticamente as práticas e produtos de seu próprio país e cultura bem como de países e culturas de outros (*savoirs'engager*). Entre as atitudes interculturais (*savoir être*) são mencionadas a curiosidade e a abertura, a prontidão para descontinuar crenças sobre outras culturas e sobre si mesmo, a habilidade de 'descentralizar', ou seja, estar disposto a relativizar seus próprios valores, crenças e comportamentos. Isto posto, percebemos que o desenvolvimento da competência intercultural vai além do reconhecimento das diferenças culturais, envolve ação, esforço e mudança.

A 'dimensão intercultural' no ensino de línguas tem a intenção de desenvolver falantes ou mediadores interculturais que sejam capazes de envolver-se com identidades múltiplas e complexas e evitar os estereótipos que percebem alguém como uma identidade única. Baseia-se em perceber o interlocutor como um indivíduo com qualidades a serem descobertas em vez de um representante de uma identidade atribuída externamente. Comunicação intercultural é comunicação com base no respeito aos indivíduos e na igualdade de direitos humanos como a base democrática para a interação social. (Byram; Gribkova; Starkey, 2002, p.5)[11]

Kramsch (2010) ainda traz à tona a questão da dimensão simbólica da competência intercultural. Segundo a autora, tal concepção de competência intercultural "exige uma abordagem de pesquisa e ensino que é baseada em discurso, historicamente fundamentada, esteticamente sensível, e que leva em conta o real e os mundos virtuais e imaginários em que vivemos." [12] Nesse sentido, a noção de *terceira cultura* defendida por Kramsch (2010) é compreendida como um processo simbólico de construção de significados que enxerga além das dualidades das línguas nacionais (L1-L2) e culturas nacionais (C1-C2). Dito de outro modo, mais do que um lugar, um espaço, a *terceira cultura* é um processo de produção de sentidos. Partindo desse pressuposto, cultura é entendida como discurso e construção de significados.

A competência intercultural promove o empoderamento à medida que instiga os aprendizes a serem sujeitos capazes de andar com propriedade em contextos nacionais e/ou internacionais e a se apropriar da língua-cultura

---

[11] The 'intercultural dimension' in language teaching aims to develop learners as intercultural speakers or mediators who are able to engage with complexity and multiple identities and to avoid the stereotyping which accompanies perceiving someone through a single identity. It is based on perceiving the interlocutor as an individual whose qualities are to be discovered, rather than as a representative of an externally ascribed identity. Intercultural communication is communication on the basis of respect for individuals and equality of human rights as the democratic basis for social interaction. (Tradução nossa).

[12] The symbolic dimension of intercultural competence calls for an approach to research and teaching that is discourse-based, historically grounded, aesthetically sensitive, and that takes into account the actual, the imagined and the virtual worlds in which we live. (Tradução nossa).

estrangeira e torná-la sua. Segundo Rajagopalan (2003, p.70) "O importante em todo esse processo é jamais abrir mão do nosso direito e dever no que tange à nossa 'autoestima'. É preciso dominar a língua estrangeira, fazer com que ela se torne parte da nossa própria personalidade; e jamais permitir que ela nos domine. " Um processo de desestrangeirização a exemplo do que acontece no texto literário de João Gomes de Sá (2010), em que o cordelista reconstrói a história de Alice no País das Maravilhas e se apropria dela. O autor insere características nordestinas ao texto, ressignificando a vida dos personagens e também os cenários. A versão em cordel da história de Alice no País das Maravilhas é uma integração do internacional e do local, em que personagens e cenários de um clássico da literatura universal se transmutam em elementos da cultura nordestina brasileira.

    Transporto com muito gosto
    Para o cordel brasileiro
    História de encantamento,
    Famosa no mundo inteiro,
    Lewis Carroll é o autor,
    Pois foi ele, meu leitor,
    Quem a redigiu primeiro.

    O País das Maravilhas
    Tem aqui nova versão.
    O verso metrificado
    Da popular tradição
    Apresenta como Alice
    Vence o tédio e a mesmice
    Com muita imaginação. (SÁ, 2010, p.10)

Sendo assim, a língua funciona como força criadora de um processo de reconstrução de significados. Conforme pontua Almeida Filho (1993, p.12), a língua:

> [...] é de fato estrangeira, mas que se **desestrangeiriza** ao longo do tempo de que se dispõe para aprendê-la. Essa nova língua pode ser tida em melhor perspectiva como uma língua que também constrói o seu aprendiz e em algum momento no futuro vai não só ser falada com propósitos autênticos pelo aprendiz, mas também 'falar esse mesmo aprendiz', revelando índices da sua identidade e das significações próprias do sistema dessa língua-alvo. (Grifo do autor)

Deste modo, entendemos que a competência intercultural envolve mais do que tolerância e empatia diante das diferenças, inclui um processo de compreensão da diversidade de mundos discursivos múltiplos, mutáveis e, por vezes, conflituosos. É ir além dos significados aparentes de palavras e ações. O falante interculturalmente competente preocupa-se não apenas em usar palavras e expressões apropriadas, mas atenta para questões relacionadas a práticas discursivas, tais como: quem é o enunciador? Para quem fala? Como fala? Com que interesses? A que discursos anteriores ele (a) faz referência? etc. Kramsch (2010, p.356) afirma que:

> Enquanto competência comunicativa era baseada em uma suposição de entendimento com base em metas e interesses comuns, a competência intercultural pressupõe uma falta de compreensão devido a subjetividades e historicidades divergentes. Ao definir cultura como discurso, estamos olhando para o indivíduo interculturalmente competente como um eu simbólico que é constituído por sistemas simbólicos, como a linguagem, bem como por sistemas de pensamento e seu poder simbólico.[13]

A narrativa de Alice também traz à tona a questão das identidades múltiplas e complexas. Diz o relato: "Deixe-me ver: será que eu era a mesma quando acordei hoje de manhã? Quase consigo me lembrar de ter me sentido um pouco diferente...Mas, se não sou a mesma, a questão seguinte é: Quem sou eu neste mundo? Ahá! Eis um grande mistério! " (CARROL, 2009, p.24-25). As mudanças sofridas por Alice no desenrolar da história exemplificam a pluralidade de identidades possíveis de serem assumidas a depender do contexto social em que se está inserido. Desenvolver a competência intercultural também envolve o conhecimento de si mesmo e redefinições de sua própria identidade.

> A identidade plenamente unificada, completa, segura e coerente é uma fantasia. Ao invés disso, à medida que os sistemas de significação e representação cultural se multiplicam, somos confrontados por uma multiplicidade desconcertante e cambiante de identidades possíveis, com cada uma das quais poderíamos nos identificar – ao menos temporariamente. (Hall, 2005, p.13)

Assim sendo, o reconhecimento do papel da diversidade de identidades sociais em interação e a disposição e abertura para descontinuar crenças sobre si mesmo e sobre outros podem contribuir para a redução de estereótipos e a construção de relações significativas. Não podemos mais viver à sombra do complexo de Gabriela[14], que percebe o indivíduo como uma identidade única. As muitas particularidades da vida individual e em sociedade nos desafiam a mobilizar uma amplitude de perspectivas que podem resultar em recriações da nossa identidade.

---

[13]While communicative competence was based on an assumption of understanding based on common goals and common interests, intercultural competence presupposes a lack of understanding due to divergent subjectivities and historicities. By defining culture as discourse, we are looking at the interculturally competent individual as a symbolic self that is constituted by symbolic systems like language, as well as by systems of thought and their symbolic power.(Tradução nossa)

[14]Popularmente conhecido pelo refrão da música, *Modinha para Gabriela*, do compositor baiano Dorival Caymmi que diz "Eu nasci assim, eu cresci assim, vou ser sempre assim, Gabriela!".

Dimensão intercultural de ensino de línguas

A perspectiva intercultural é uma dimensão orientadora importante na elaboração de cursos, planejamentos, seleção e desenvolvimento de atividades e nos processos de avaliação. Consideramos de suma importância entender as novas responsabilidades e habilidades que esta perspectiva requer do professor de PLE-PLNM bem como dos autores de materiais e recursos didáticos desta área.

Acreditamos que tudo que o professor é e faz deve estar coerente com a abordagem que decide adotar, que ele não pode apenas seguir sua trajetória de ensino sem originalidade ou se apoiar nos livros-texto que lhe são oferecidos destituídos de uma capacidade reflexiva e decisória e sem força criativa. Defendemos uma concepção de língua não separada do sujeito, do outro e do mundo. Língua é o que nos une ou nos separa do universo ao nosso redor. É o que nos permite ser humanos em sua forma mais completa à medida que dialogamos conosco e com os outros e tentamos entender e nos fazer entendidos.

> Através de um movimento incessante de reflexão-ação é que poderemos reavivar a nossa prática, incorporando o sentido da língua que ensinamos como dimensão complexa do humano, a qual extrapola o círculo fechado do sistema de formas e regras, para assentar-se naquilo que nos faz humanos: ser e estar socialmente no mundo. (Mendes, 2007, p. 138)

Cabe aqui também uma reflexão e uma explicação do que estamos entendendo por cultura, já que diante da ampla e complexa significação do termo precisamos encontrar aquela que se afina com a perspectiva adotada em nossa pesquisa. Cultura não é um conjunto de informações. Cultura é sopro de vida, é ação, é mover-se no mundo e com ele, é mover o mundo, é (re) construção de significados. O que pretendemos, portanto, através de uma abordagem intercultural de ensino-aprendizagem de línguas não é ensinar informações sobre outro país, ou estabelecer meras comparações, mas proporcionar experiências de vida em uma multiplicidade de expressões e materializações possíveis da língua. Embora o termo cultura suscite a possibilidade de interpretações variadas, o empregamos aqui conforme a seguinte perspectiva:

> a cultura significa a dimensão mais ampla da experiência humana, ou seja, ela é o produto de tudo o que sentimos, fazemos e produzimos ao vivermos em sociedade, o que incluiu as nossas crenças, tradições, práticas, artefatos, mas não só isso. Isto é, ela é também toda a rede simbólica de interpretação do mundo que nos cerca e de nós mesmos. Por isso mesmo, ela é heterogênea, mutável e flexível, transformando-se e sendo transformada pelas forças internas de mudança e também pela influência do contato com outras redes simbólicas, com outras culturas. (Mendes, 2012, p. 369)

Contudo, ainda percebemos a atualidade das palavras de Byram, Gribkova e Starkey (2002, p.5)

> O conceito de cultura tem mudado no decorrer do tempo de uma ênfase em literatura, artes e filosofia para cultura como uma forma compartilhada de vida, mas a ideia de imitar o falante nativo não mudou e consequentemente os falantes nativos são considerados especialistas e modelos, e os professores que são falantes nativos são considerados melhores do que não-nativos.

Dessa forma, um contexto de ensino-aprendizagem intercultural não envolve simplesmente aprender coisas novas sobre diferentes culturas, aprender informações linguístico-culturais, mas tornar-se um estudante, uma pessoa diferente. Envolve ser uma pessoa mais adaptável e com um melhor entendimento de si mesmo. Não podemos nos esquecer, a partir do momento que entramos em uma sala de aula, de que somos seres humanos complexos interagindo com outros seres humanos também complexos. De acordo com Mendes (2008, p. 64), "uma abordagem de ensino intercultural deve, desse modo, fornecer a professores e alunos o ambiente necessário para que as experiências de ensinar e aprender sejam também experiências de exploração, de análise, de observação crítica de pessoas, situações e ações."

Neste sentido, Scarino juntamente com Liddicoat (2009, p. 21) ressaltam que:

> Aprender a ser intercultural envolve muito mais do que simplesmente conhecer outra cultura: envolve entender como a cultura molda a percepção que a pessoa tem de si mesmo, do mundo e do relacionamento com outros. Os aprendizes precisam se familiarizar com a forma como eles podem se envolver pessoalmente com a diversidade linguístico-cultural.[15]

Todas as salas de aula são heterogêneas à medida que são compostas por pessoas com identidades múltiplas e complexas ainda que falem o mesmo idioma; são constituídas de sujeitos com diferentes crenças, estilos de aprendizagem, necessidades, interesses, preferências, objetivos, motivações e vontades. O professor, portanto, precisa ter uma postura sensível às culturas dos sujeitos em interação em sala de aula, uma abertura para as diferentes formas e práticas culturais. Torna-se necessário ver os estudantes como sujeitos em constante processo de construção e reconstrução de identidades e, assim, abrir espaço para as particularidades e necessidades apresentadas. À vista disso, os materiais de ensino de PLE-PLNM não podem ser estanques, isolados das necessidades reais de sala de aula e da vida. Precisamos mais e

---

[15]Learning to be intercultural involves much more than just knowing about another culture: it involves learning to understand how one's own culture shapes perceptions of oneself, of the world, and of our relationship with others. Learners need to become familiar with how they can personally engage with linguistic and cultural diversity. (Tradução nossa).

mais desenvolver materiais que sejam flexíveis e com possibilidades de adaptação a uma diversidade de contextos possíveis de modo a contribuir para uma melhor aprendizagem.

Considerações finais

O contexto educacional contemporâneo exige um constante processo de acompanhamento, avaliação e oferta de aportes inovadores e transformadores das ações que desenvolvemos cotidianamente na pedagogia de línguas. Que seja possível remodelar, transformar, criticar, construir e desenvolver processos com vistas à transformação das formas de ensinar e aprender línguas-culturas.

> As culturas são processos em constante renovação e fluxo, que se mesclam e hibridizam a todo tempo e que dizem respeito a diferentes dimensões da vida humana, social, política e econômica. Nesse sentido, há culturas dentro de culturas, histórias dentro de histórias, vidas dentro de vidas. (Mendes, 2012, p. 359)

Agir interculturalmente é, portanto, sair da nossa zona de conforto, mergulhar no desconhecido, ser e deixar-de-ser. Um processo contínuo de construção, desconstrução e reconstrução dos elementos que constituem a nossa identidade. Dessa maneira, percebemos que o desenvolvimento da competência intercultural envolve ação, movimento, deslocamento e descentralização. Não é apenas um encontro entre culturas, é o diálogo entre elas, diálogo este que promove mudanças pessoais e também em vários setores da sociedade. "Entendemos intercultura como os espaços e processos de encontro-confronto dialógico entre as várias culturas, que podem produzir transformações e descontruir hierarquias. " (Azibeiro, 2003, p. 93). Uma sala de aula e/ou um material didático intercultural deve, portanto, proporcionar oportunidades de posicionamento crítico sobre uma diversidade de assuntos, sensibilizar os estudantes para a cultura do outro e não apenas estabelecer comparações entre situações e contextos diversos.

> Se a competência intercultural é a capacidade de refletir criticamente ou analiticamente sobre os sistemas simbólicos que usamos para fazer sentido, somos levados a reinterpretar a aprendizagem de línguas estrangeiras não como um modo de comunicação entre culturas, mas como a aquisição de uma mentalidade simbólica que confira tanta importância à subjetividade e a historicidade da experiência como às convenções sociais e as expectativas culturais de qualquer comunidade estável de falantes.[16](Kramsch, 2010)

---

[16] If intercultural competence is the ability to reflect critically or analytically on the symbolic systems we use to make meaning, we are led to reinterpret the learning of foreign languages as not gaining a mode of communication across cultures, but more as acquiring a symbolic mentality that grants as much importance to subjectivity and the historicity of experience as to the social conventions and the cultural expectations of any one stable community of

É preciso promover a reflexão acerca dos elementos da própria cultura e da cultura do outro, e, dessa forma, ampliar o nosso universo cultural. Os professores não são mestres absolutos. Sendo assim, é importante motivar os estudantes a refletir e agir de acordo com o uso de suas próprias faculdades perceptivas e de raciocínio, considerando que através de experiências reais de vivência e interação, pelo acesso, pela busca e pela troca de ideias eles terão a oportunidade de mostrar a sua postura crítica sobre uma variedade de assuntos.

Atuar no espaço fluido do *inter* não significa não assumir nenhuma posição. Ao contrário, pressupõe entender que qualquer declaração de neutralidade já implica tomar partido do mais forte. No encontro/confronto intercultural, quando os sujeitos em relação admitem e buscam decididamente compreender a pluralidade de suas concepções e de seus referenciais culturais, aumentam as possibilidades de superar os dispositivos de sujeição e de exclusão dos divergentes e dos diferentes. Nessa situação, a tomada de posição não se dá por qualquer predeterminação, mas a partir da acolhida, da reflexão, do compromisso. (Azibeiro, 2003, p.97)

Embora a noção de interculturalidade não seja novidade, a discussão acerca desse tema tem florescido em décadas recentes na área de ensino-aprendizagem de línguas, resultando em vários projetos de pesquisa e publicações sobre o tópico. Contudo, a interculturalidade ainda não tem sido integrada no processo de ensino-aprendizagem de línguas nem ao menos na elaboração de materiais didáticos. Apesar de muitos autores afirmarem em seus prefácios a adoção de uma perspectiva intercultural de ensino, observamos uma discordância entre o discurso e a prática de elaboração das atividades. A título de exemplo, a Dissertação de Mestrado de Paiva (2010), intitulada *Perspectivas (inter) culturais em séries didáticas de Português Língua Estrangeira*, faz uma análise de propostas de atividades de quatro séries didáticas para o ensino de PLE (Avenida Brasil 1 e 2, Diálogo Brasil e Estação Brasil). A autora empreendeu uma investigação a respeito da dissonância entre a afirmação da adoção de uma perspectiva intercultural e as atividades apresentadas nos materiais. Segundo a pesquisadora, apesar do discurso recorrente sobre a interculturalidade, o perfil de proposta de menor ocorrência nas séries didáticas analisadas foi o sensibilizador.

Diversas definições de competência intercultural têm sido dadas por pesquisadores ao redor do mundo. Muitas dessas definições, porém, apenas levam em consideração o aspecto do "encontro entre culturas" e também de uma maneira restrita ao contexto de ensino-aprendizagem de LE e/ou L2.

Contudo, interagimos diariamente com pessoas muito diferentes em nosso próprio contexto linguístico-cultural, encontramos uma diversidade de

---

speakers. (Tradução nossa)

culturas em diálogo visto que estamos nos relacionando com indivíduos com uma multiplicidade de identidades. Sendo assim, dialogamos entre culturas (formas simbólicas de expressões de individualidade e criatividade) no âmbito de uso da nossa língua-mãe, sem nem mesmo precisar sair para um lugar estrangeiro. O encontro entre diferentes culturas é inevitável, mas o diálogo efetivo entre elas depende de esforço e ação dos interlocutores.

Uma abordagem intercultural de ensino-aprendizagem de PLE-PLNM almeja o desenvolvimento de uma melhor compreensão de si mesmo e de sua realidade cultural e a sensibilização diante da cultura de outros. Dessa forma, favorece a valorização das diferentes identidades culturais de língua portuguesa, promovendo o diálogo e uma familiarização que podem resultar em atitudes de tolerância e aproximação. Estudantes e professores têm a oportunidade de produzir relações e conhecimentos acerca das diferentes visões do português, e, assim, movimentar-se sem maiores dificuldades entre as variedades.

Bibliografia

Almeida Filho, José Carlos Paes de. *Dimensões comunicativas no ensino de línguas.* Campinas, SP: Editora Pontes, 1993.

Azibeiro, Nadir Esperança. Educação Intercultural e complexidade: desafios emergentes a partir das relações em comunidades populares. In: Fleuri, Reinaldo Matias (org.) *Educação Intercultural: mediações necessárias.* 2003.

Bakhtin, M. *Marxismo e filosofia da linguagem: problemas fundamentais do método sociológico da linguagem.* 12. ed. São Paulo: Hucitec, 2006.

Bennet, Janet. Developing Intercultural competence for International Education Faculty and Staff. AIEA Conference Workshop. February 20-23, San Francisco, CA, USA. Association of International Education Administrators. 2011. Disponível em: <http://www.intercultural.org/documents/competence_handouts.pdf> Acesso em Março de 2014.

Byram, M.; Gribkova, B.; Starkey, H. Developing the intercultural dimension in *language teaching: A practical introduction for teachers.* Strasbourg: Conselho da Europa, 2002.

Carrol, Lewis. *Alice no país das maravilhas.* Tradução: Nicolau Sevcenko. São Paulo: Cosac Naify, 2009.

Freire, Paulo. *Pedagogia da Autonomia: saberes necessários à prática educativa.* Rio de Janeiro: Paz e Terra, 1996.

Hall, S. *A identidade cultural na pós-modernidade.* Tradução Tomaz Tadeu Silva, Guaracira Lopes Louro. 10.ed. Rio de Janeiro: DP&A, 2005.

Kramsch, Claire. *The symbolic dimensions of the intercultural.* Cambridge University Press 2010.

Mendes, Edleise. A perspectiva intercultural no ensino de línguas: Uma relação "entre-culturas". In: ALVAREZ, Maria Luisa Ortiz; SILVA, Kleber Aparecido da (Org.) *Linguística Aplicada: múltiplos olhares*. Brasília/DF: UnB; Campinas, SP: Pontes Editores, 2007.

_____. Aprender a ser e a viver com o outro: materiais didáticos interculturais para o ensino de português LE/L2. In: Scheyerl, D. C. M. (Org.); Siqueira, D. S. P. (Org.). *Materiais didáticos para o ensino de línguas na contemporaneidade: contestações e proposições*. Salvador: EDUFBA, 2012.

Paiva, Aline Fraiha. *Perspectivas (inter) culturais em séries didáticas de português língua estrangeira*. Dissertação de Mestrado. São Paulo: UFSCar, 2010.

Rajagopalan, Kanavillil. *Por uma linguística crítica: linguagem, identidade e questão ética*. São Paulo: Parábola Editorial, 2003.

Sá, João Gomes de. *Alice no País das Maravilhas (em cordel)*. São Paulo: Nova Alexandria, 2010.

Scarino, Angela; Liddicoat, Anthony J. *Teaching and Learning Languages: A Guide*. Australia, Curriculum Corporation, 2009.

PARTE II: Contextos

PORTUGUÊS LÍNGUA DE ACOLHIMENTO: O ENSINO DE ASPECTOS CULTURAIS DE SEGUNDA LÍNGUA PARA IMIGRANTES REFUGIADOS DE DIFERENTES NÍVEIS

Eliete Sampaio Farneda
CET Academic Programs – São Paulo, Brasil
Fabiana Hirae
Universidade de São Paulo, Brasil

Introdução

A situação crítica sócio-política que diversos países vêm enfrentando nas últimas décadas tem impelido famílias inteiras a deixarem seus países de origem em busca de novas oportunidades. Esta busca aumenta o crescimento imigratório nas mais diversas partes do mundo. No Brasil, este fenômeno não é diferente, pois o país é mundialmente conhecido pela diversidade étnica que o compõe e que existe desde a época da colonização. Contudo, vale atentar para o grande número de pessoas que saem de seus países, em situação de risco por causa de guerras, pobreza, repressão política e religiosa, catástrofes e que pedem refúgio no Brasil e/ou em outros países. Esses refugiados deixam para trás suas famílias, seus bens, seus ideais e buscam nos países que se propõem a acolhê-los uma situação humanitária de respeito e dignidade. De acordo com dados do Alto Comissariado das Nações Unidas para Refugiados (ACNUR), o crescimento do número de pessoas deslocadas entre 2005 e 2014 foi alarmante. O quadro estatístico abaixo[17] mostra a oscilação e o crescimento numérico de refugiados no mundo.

---

[17] Grafico retirado da página da ACNUR.
http://www.acnur.org/t3/portugues/recursos/estatisticas/ acessado em 20/09/2015.

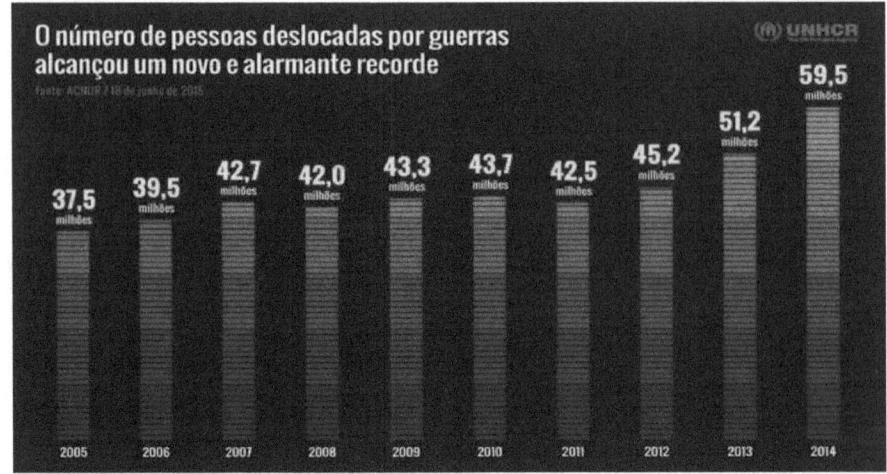
Quadro I – Crescimento numérico de refugiados no mundo

Mediante à crise que muitos países vêm enfrentando ao longo dos tempos, o Brasil mantém um acordo internacional com as Nações Unidas em defesa dos direitos humanos e disponibiliza recursos para que o refugiado seja acolhido.

A lei brasileira de refúgio criou o Comitê Nacional para os Refugiados (CONARE), um órgão interministerial presidido pelo Ministério da Justiça e que lida principalmente com a formulação de políticas para refugiados no país, com a elegibilidade, mas também com a integração local de refugiados. A lei garante documentos básicos aos refugiados, incluindo documento de identificação e de trabalho, além da liberdade de movimento no território nacional e de outros direitos civis (ACNUR, 2015).

Segundo o CONARE, o ACNUR elaborou uma estatística que mostra a continuidade do fortalecimento da proteção ao refugiado no Brasil no período entre 2010 e 2014. No gráfico estatístico o número de pedidos de refúgio subiu de 566 para 5.882. Até outubro de 2014, já foram contabizados mais 8.302 pedidos sem levar em conta os Haitianos, cerca de 39.000, que chegaram ao Brasil desde o terremoto de 2010. Esses tiveram os seus pedidos de refúgio encaminhados ao Conselho Nacional de Imigração (CNIg), o qual emitiu vistos de residência permanente por razões humanitárias. O gráfico abaixo[18] mostra o número de pedidos de refúgio no período de 2010 a 2014.

---

[18] Gráfico elaborado a partir das informações obtidas no site da CONARE em: - acessado em: http://www.acnur.org/portugues/recursos/estatisticas/dados-sobre-refugio-no-brasil/
Acessado em: 15/09/2015

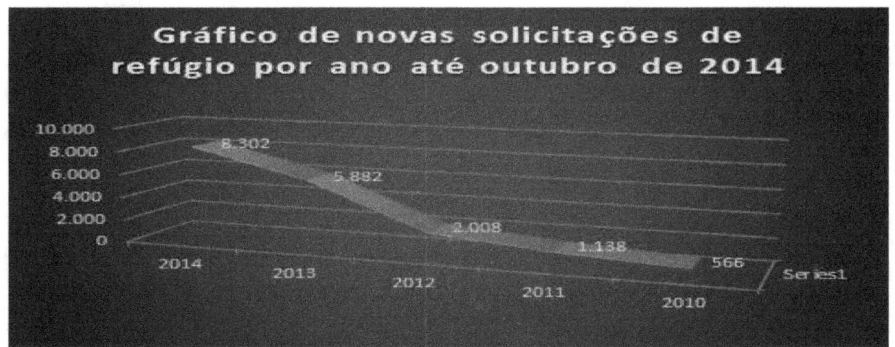

Quadro II – Novas solicitações de refúgio em números

Embora o número de reconhecimento de refugiados pelo CONARE tenha aumentado, também houve o aumento de entrada de refugiados no país. No ano de 2010, o número de refugiados reconhecidos pelo CONARE foi de 150, porém em 2014 este número aumentou para 2.032. Mesmo com o aumento de concessões de refúgio nota-se, como já mencionado anteriormente, que a população de refugiados no Brasil cresceu aceleradamente.

A população de refugiados aumentou sensivelmente entre os anos de 2013 e 2014 passando de 4.975 para 7.262. Esse aumento provavelmente desacelerou o processo de concessões de solicitação de refúgio aumentando o tempo de espera por documentos e distanciando a oportunidade de emprego e educação.

No quadro a seguir, observa-se as principais nacionalidades que solicitaram refúgio no Brasil[19] até o ano de 2016:

Quadro III – Nacionalidades solicitantes de refúgio

Em 2009, os refugiados que chegavam ao Brasil eram originários da

---

[19] Gráfico elaborado a partir das informações obtidas no site da CONARE em: acessado em: http://www.acnur.org/portugues/recursos/estatisticas/dados-sobre-refugio-no-brasil/ Acessado em: 10/05/2016.

Colômbia, do Afeganistão, do Iraque, da Somália, de Myanmar e da República Democrática do Congo (O ESTRANGEIRO, 2010). Atualmente, a demanda é muito maior. Os refugiados que chegaram ao Brasil entre 2010 e 2016 são da Síria, Angola, Colômbia, República Democrática do Congo, Líbano, Libéria, Iraque, Palestina, Bolívia e Serra Leoa.

Desde 2011, mais de 30 mil refugiados entraram no Brasil em busca de novas oportunidades. O relatório do ACNUR "Mid-Year Trends, 2014" mostra que o número de deslocados mundiais em 2014 foi de 5,5 milhões de pessoas, dos quais 1,4 milhão pessoas cruzaram as fronteiras internacionais. Além desta informação, o relatório também mostra que o ACNUR ajudou, no ano de 2014, cerca de 46,3 milhões de pessoas contabilizando 3,4 milhões a mais que em 2013. É constatado pelo relatório que os sírios são a maior população de refugiados, representando 23% do total de refugiados do mundo.

Os dados atuais para o número de refugiados e/ou solicitantes de refúgio no Brasil[20] estão no quadro IV:

Quadro IV – Reconhecimento de refúgio em números

Pode-se perceber pelo exposto nas páginas anteriores, que o Brasil possui um crescente número de pedidos de refúgio nas últimas décadas. Muitos deste pedidos foram concedidos e permitiram que os acolhidos pudessem usufruir de certa autonomia na busca por emprego e escolaridade. Outros, por sua vez, ainda estão em fase de aprovação e procuram maior assistência nas organizações encarregadas de encaminhá-los aos cursos de Língua e Cultura Brasileiras existentes em diversos locais da cidade de São Paulo e/ou em outros estados com o intuito de dar ao migrante refugiado[21] a condição

---

[20] Gráfico elaborado a partir das informações obtidas no site da CONARE em: http://www.acnur.org/portugues/recursos/estatisticas/dados-sobre-refugio-no-brasil/ - acessado em: 10/05/2016
[21] Refugiado (conceito dado conforme CONARE)
LEI No 9.474, DE 22 DE JULHO DE 1997
TÍTULO I - Dos Aspectos Caracterizadores

de entender e de se fazer entender na língua do país de acolhimento como única maneira de inseri-lo na nova sociedade.

A elaboração de aulas para diferentes níveis de aprendentes, especificamente em situação de refúgio, tendo como norteador o conhecimento e o controle do filtro afetivo é de grande importância no processo de ensino/aprendizagem de língua portuguesa como Língua de Acolhimento, pois é através do controle da ansiedade e do empenho em desenvolver atividades motivadoras que se fará despertar no aprendente um sentimento de segurança e pertencimento durante o processo de aprendizagem.

O conceito de Língua de Acolhimento, segundo Grosso (74), está ligado ao contexto migratório em que os aprendentes são, em geral, adultos que estudam a língua-alvo por questões de sobrevivência urgentes e no qual a Língua de Acolhimento tem que ser o elo de interação afetivo como primeira forma de integração para a cidadania.

Esse sentimento de segurança e pertencimento consequentemente aumentará a interação dentro e fora do ambiente escolar e acelerará a integração social tão importante para a sobrevivência no país de acolhimento.

Para que o processo de aprendizado e inclusão social seja eficaz faz-se necessário o entendimento das diferentes classes de imigrantes e das diferenças existentes entre o ensino de L2/LE e o de Língua de Acolhimento, doravante citada como LAc[22]. Da mesma forma, faz-se necessário o conhecimento do conceito da Hipótese do Filtro Afetivo (Krashen, 1987) e das implicações do mesmo no desenvolvimento do processo de ensino/aprendizagem. O controle do filtro afetivo deve ser visto pelo professor como uma estratégia que norteará suas expectativas e também as dos estudantes em questão.

Imigrantes voluntários e involuntários

Os imigrantes podem ser divididos em duas classes. A primeira, a qual

---

CAPÍTULO I - Do Conceito, da Extensão e da Exclusão
SEÇÃO I - Do Conceito
Artigo 1o - Será reconhecido como refugiado todo indivíduo que:
I - devido a fundados temores de perseguição por motivos de raça, religião, nacionalidade, grupo social ou opiniões políticas encontre-se fora de seu país de nacionalidade e não possa ou não queira acolher-se à proteção de tal país;
II - não tendo nacionalidade e estando fora do país onde antes teve sua residência habitual, não possa ou não queira regressar a ele, em função das circunstâncias descritas no inciso anterior;
III - devido a grave e generalizada violação de direitos humanos, é obrigado a deixar seu país de nacionalidade para buscar refúgio em outro país.
[22] Adotou-se para esta pesquisa a sigla PLAc- Português Língua de Acolhimento, ou LAc - Língua de Acolhimento, para diferenciar das siglas PLA- Português Língua Adicional e/ou LA - Língua Adicional.

chamaremos de imigrantes voluntários, refere-se àqueles que deixam o seu país de origem por vontade própria e por tempo determinado ou permanente. De acordo com Mármora (72), as saídas voluntárias caracterizam-se por uma tomada de decisão em função das vantagens oferecidas pelo lugar de destino, mesmo que o imigrante não esteja na obrigação de deixar o seu país de origem. Essa classe pode subdividir-se em quatro categorias de acordo com o motivo de saída, as quais classificamos abaixo:
1. Turismo;
2. Estudo;
3. Trabalho especializado (empresas, indústrias, escolas e/ou universidades);
4. Busca por melhor condição de vida.

A segunda, a qual chamaremos de imigrantes involuntários[23], foco deste trabalho, refere-se àquele que deixa o seu país de origem sem perspectiva de retorno. Essa classe é também denominada por Mármora (72) como migração forçada e que pode subdividir-se em três categorias de acordo com o evento que causou o abandono da terra natal.

Migration has not always been voluntary [...] Africans were imported to the New World as involuntary migrants. [...] Further throughout history, wars have created refugees who had to flee their home areas (e.g. refugees of the civil wars in West Africa, Angola, Congo and Sudan today). (Myers-Scotton 32)

Do ponto de vista desta pesquisa, a subdivisão pode ser:
1. Catástrofes naturais;
2. Perseguições de cunho religioso, político, étnico e por outro motivo que implique em violação dos direitos humanos;
3. Guerras.

A "situação de refúgio" não é considerada para os imigrantes advindos de um país que sofreu uma catástrofe natural[24], como é o caso dos Haitianos que recebem um visto denominado "visto humantário".

Há no Brasil uma crescente dinâmica imigratória internacional. Esta dinâmica de estabelecimento imigratório implica não somente na adaptação à nova cultura e no aprendizado da língua-alvo, mas também no respeito aos direitos e valores étnicos dos povos que se somaram às culturas já existentes no Brasil. O ensino de Português como Segunda Língua (PL2), de Português Língua Estrangeira (PLE) e de Português como Língua de Acolhimento (PLAc) são essenciais para a inserção social desses imigrantes, sejam eles voluntários ou involuntários.

As diferenças e similaridades no ensino de LE, L2 e LAC
A língua é vista acima de tudo como um instrumento de comunicação.

---

[23] O termo refugiado será substituído pelo termo imigrante(s) involuntário(s)
[24] O terremoto ocorrido no interior do Haiti, em 12 de Janeiro de 2010.

Segundo Almeida Filho (2005), as línguas são classificadas de acordo com seu contexto de ensino e uso. O estudioso afirma que a L2 (Língua Segunda) e a LE (Língua Estrangeira) são línguas não-maternas e se diferenciam pelo nível de contato que possuem com outra(s) língua(s). Na L2 o contato com a L1 (Língua Primeira ou Materna) é estreito, sobrepondo-a por exercer maior influência social; já a LE é aprendida em outra cultura e em outro país, não exercendo assim muita interferência na comunicação da L1.

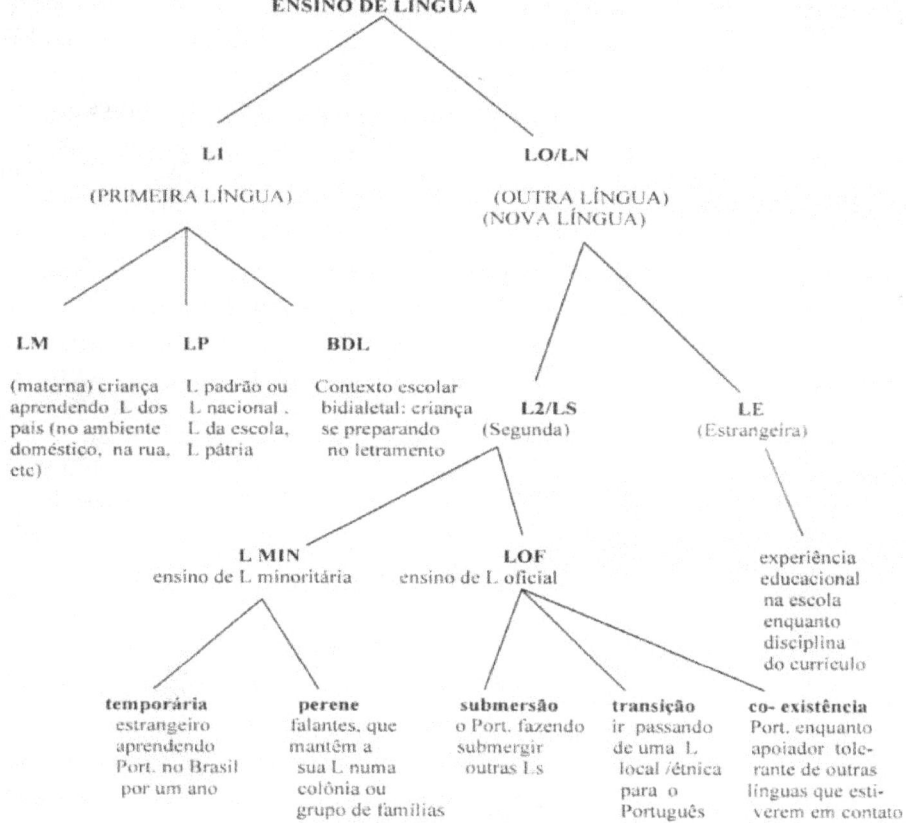

Fig. 1 - Reprodução gráfica de como se apresentam os três grandes contextos de ensino e uso das línguas.

Embora na representação gráfica do contexto de ensino de línguas de Almeida Filho (2005) não conste a subárea Língua de Acolhimento é possível afirmar que o ensino de LE/L2 e LAc pode ter a mesma abordagem, porém o que os diferencia no processo de aprendizagem é o objetivo comunicativo. Percebe-se que o ensino de LAc difere do de LE e L2 por priorizar a hipótese do filtro afetivo.

[...] Krashen, referido por Almeida Filho (20), introduz entre outras hipóteses a do filtro afetivo. O filtro se constitui em configurações específicas de motivações, fatores de personalidade e atitudes de identificação ou rejeição da cultura, que aninha a língua-alvo.

Deve-se considerar que a situação de entrada no país por imigrantes involuntários é diferente da dos imigrantes voluntários que entram para trabalhar em multinacionais, em instituições de ensino, para o turismo ou até mesmo para o estudo.

O ensino de português como língua estrangeira (PLE) no Brasil tem apresentado um crescente movimento nas últimas décadas, com a criação de cursos de PLE em escolas de idiomas e de cursos de extensão à comunidade acadêmica nas universidades. Os primeiros, contudo, voltam-se, majoritariamente, a um público de trabalhadores de grandes empresas e suas famílias; já os últimos prestam um serviço para alunos intercambistas e professores visitantes que, via de regra, permanecem de um a dois anos no Brasil. (Amado, 2013)

Os imigrantes involuntários saem de seus países de origem por encontrarem-se em condições de risco. Eles chegam ao país de acolhimento com um elevado nível de ansiedade, insegurança e baixa autoestima. Todas essas variáveis, se não forem trabalhadas adequadamente, podem desmotivar o aprendente durante o processo de aprendizagem da língua-alvo, gerando um clima de desesperança e inibição. Assim sendo, o curso de PLAc tem suas próprias características, pois é voltado ao desenvolvimento de habilidades específicas e suficientes para que o aprendente possa mobilizar-se, agir na sociedade do país de acolhimento, inserir-se no mercado de trabalho, dando a ele voz para agir, identificar-se e encarar os desafios cotidianos na nova terra.

Nesta perspectiva, facultar ao indivíduo migrante o conhecimento da língua do país onde agora se encontra é uma responsabilidade da sociedade de acolhimento, no sentido do desenvolvimento de um sentimento de segurança na relação que estabelece com os outros, na expressão de si (do que pensa, do que sente, do que deseja, do que discorda…) e na compreensão dos outros, porque o direito à igualdade e à cidadania passa necessariamente pelo domínio da língua e da cultura que lhe está subjacente, nos diferentes contextos sociais, nas diversas relações interpessoais que aí se estabelecem, nas diferentes intencionalidades da acção linguística e não linguística. (Grosso, Tavares e Tavares, 2009)

Dessa maneira, as aulas de PLAc devem não somente enfocar a língua/cultura, mas também dar ênfase à diversidade presente promovendo o diálogo intercultural, que fará da sala de aula o lugar onde as culturas se encontram, onde os problemas são comparados/compartilhados e as soluções sugeridas e discutidas, (re)construindo o entendimento das culturas envolvidas no processo de aprendizagem e formando o que Kramsch (1993), citado por Farneda e Nédio (31), denomina de "terceiro lugar".

O diálogo intercultural propiciará uma abordagem intercultural que privilegiará a interação, a tolerância e auxiliará o indivíduo a identificar-se como cidadão, relembrando, comparando e até mesmo criticando seus direitos e deveres no país de origem e no país de acolhimento.

Na língua de acolhimento são privilegiadas áreas de promoção de conhecimento sociocultural, o saber profissional, a consciência intercultural, as relações interpessoais, bem como partilha de saberes, favorecendo a interajuda e ultrapassando estereótipos pela interação e pelo diálogo intercultural. (Conselho da Europa, 2001), citado por Grosso (73).

A ampliação de sua visão de mundo reforçará os seus conhecimentos prévios, a manutenção de sua identidade e o aumento de sua auto-estima auxiliando-o nas questões referentes ao campo de trabalho e à esfera sócio-educacional.

O papel do professor e as implicações no ensino de PLAC

Para que a inserção do imigrante involuntário no mercado de trabalho seja bem sucedida faz-se necessário o estudo do perfil do profissional envolvido no processo de ensino desses aprendentes.

Para Parejo (2004) referido por Grosso, Tavares e Tavares (7), afirma que no contexto de acolhimento, o critério de análise de necessidades de comunicação deste público dificilmente pode ser separado da situação socio-económica, cultural e política do país que o integra; assim, a aprendizagem da língua faz parte de um processo que ultrapassa o seu conhecimento formal, revelando-se também de particular importância o papel do formador ou ensinante. Este, além de continuar a ser mediador cultural, deverá accionar estratégias que motivem este público para o compromisso com um projecto de aprendizagem individual ligado às diferentes realidades (laboral, social, económica, política...) com que tem de lidar. Trata-se de uma área específica do ensino/aprendizagem das línguas em que é imperativo reavaliar os conteúdos dos materiais em função das características do público-aprendente e torná-los úteis à realidade social vivenciada, diversificando percursos, multiplicando as fases da reavaliação das necessidades de comunicação e das motivações conducentes a tomadas de decisão para a resolução de problemas concretos.

Em geral, os envolvidos no ensino de PLAc são voluntários de diversas áreas profissionais, alguns pesquisadores, estudantes e até mesmo donas de casa, os quais contam com o auxílio de entidades religiosas e/ou filantrópicas que acolhem os imigrantes involuntários. O grande desafio é filtrar os saberes que esses voluntários envolvidos no processo de ensino de PLAc têm e relacioná-los com o fazer pedagógico. Essa é uma tarefa um tanto difícil, uma vez que, os envolvidos podem vir de áreas de formação muito diversificadas (matemática, história, geografia, contabilidade...) ou até mesmo sem qualquer formação profissional ou acadêmica.

É de vital importância que os voluntários tenham consciência dos processos migratórios, das leis e regulamentos desses processos e, que acima de tudo, conheçam o significado do termo "refugiado", denominado nesta pesquisa como imigrante involuntátio. Essa tomada de consciência auxiliará no entendimento do papel do professor como mediador do conhecimento e permitirá que o filtro afetivo do voluntário envolvido no processo de ensino seja também controlado.

O controle do filtro afetivo do moderador deve ser medido e controlado, pois assim como o estudante vem com um nível alto de ansiedade para aprender o idioma, o professor/moderador também traz um nível elevado de ansiedade para passar o conteúdo, para ensinar e obter resultados rápidos. Esse nível elevado de ansiedade pode fazer com que o professor, enquanto moderador do conhecimento, escolha conteúdos inadequados esquecendo-se que o seu aprendente já possui uma bagagem linguístico-cultural que deve ser valorizada e utilizada no espaço em que a aprendizagem é (re)construída. Como exemplo, pode-se ilustrar esta afirmação com gráficos que mostram o grau de escolaridade; profissões exercidas no país de origem e proficiência em outros idiomas de uma amostra de estudantes de PLAc da cidade de São Paulo.

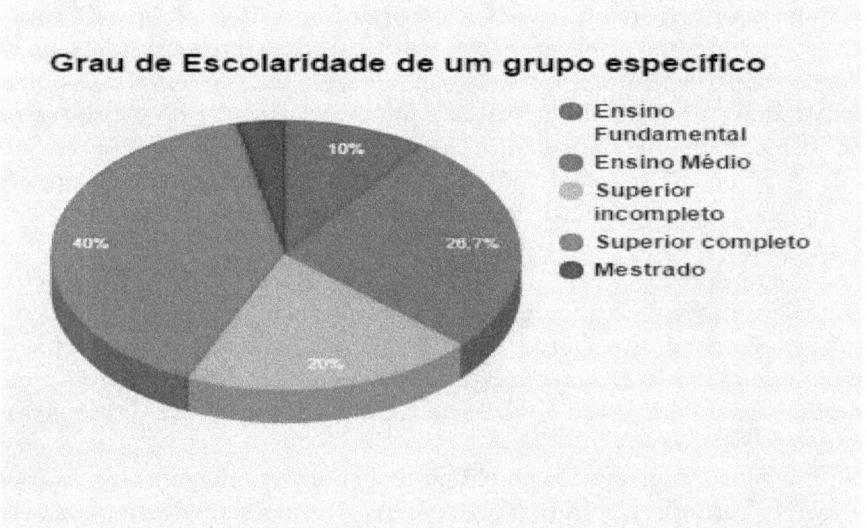

Gráfico I - Amostra do grau de descolaridade de um grupo específico de estudantes de PLAc

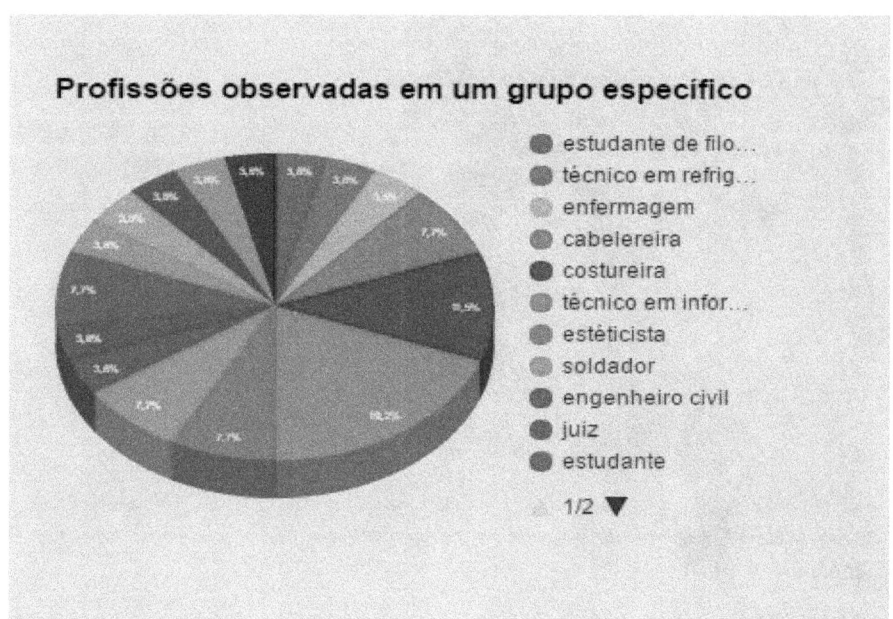

Gráfico IIa - *Amostra de profissões exercidas no país de origem de um grupo específico de estudantes de PLAc.*

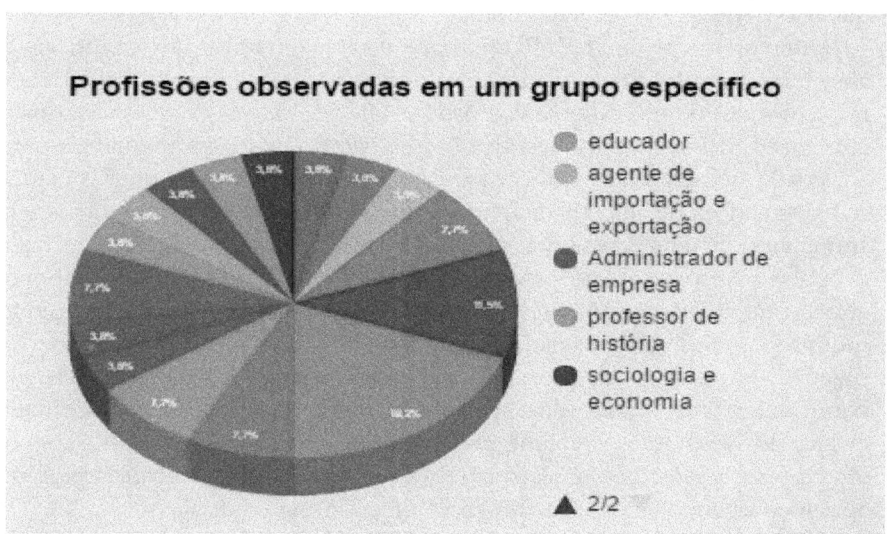

Gráfico IIb - *Amostra de profissões exercidas no país de origem de um grupo específico de estudantes de PLAc.*

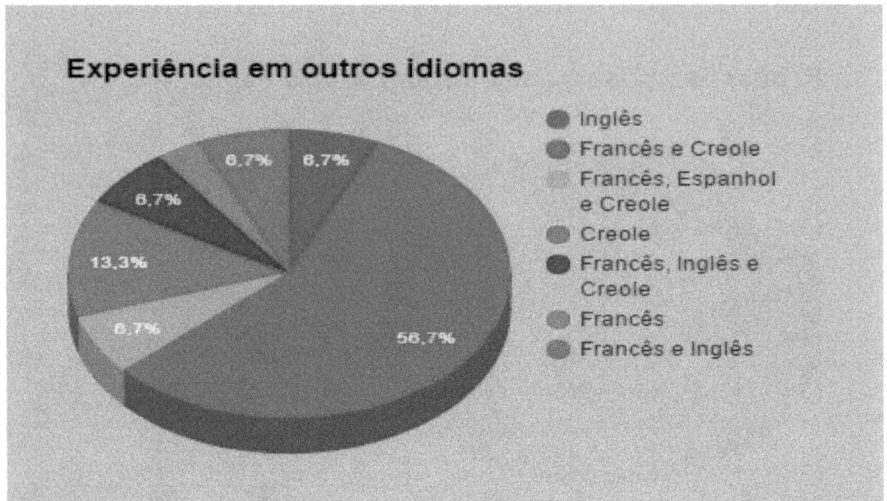

Gráfico III - Amostra de experiência em outros idiomas de um grupo específico de estudantes de PLAc.

Conhecer estas variantes é de extrema importância para que o professor/mediador possa elaborar os conteúdos de suas aulas, pois este saberá que seus aprendentes possuem um grau de conhecimento linguístico que não pode ser considerado nulo.

Diferentemente de PLE/PL2 em que alguns conteúdos são superficiais e alienantes, em PLAc o mediador deve buscar a verossimilhança das relações homem-mundo utilizando-se dos dados colhidos através de questionários e entrevistas, deve também incentivar a inclusão do imigrante involuntário na sociedade aumentando sua confiança, possibilitando uma nova postura transformadora de sua realidade, evitando o isolamento dos indivíduos e o surgimento de uma subcultura oprimida e à parte da sociedade.

Cabe ao professor, no papel de moderador do conhecimento, elaborar aulas com objetivos atraentes e diversificados para que o aprendiz fique motivado a fazer as atividades ou tarefas e a interagir para cumprir os objetivos propostos. É, portanto, necessário reafirmar a importância do controle do filtro afetivo dos professores/mediadores que se propõem ao ensino dos imigrantes involuntários, para que os mesmos possam elaborar atividades e tarefas comunicativas motivadoras e de real relevância para os aprendentes envolvidos neste processo de ensino-aprendizagem.

[...] A língua é utilizada para o desempenho das atividades e cumprimento da tarefa, preocupando-se com a realidade e com dados linguísticos autênticos. Ao promover o cumprimento de tarefa comunicativa em sala de aula, o professor exerce, também, o papel de mediador entre o seu conhecimento a ser compartilhado, entre o material que traz aspectos sociais, políticos e culturais do país da língua-alvo e a bagagem linguístico-

cultural dos estudantes. (Farneda & Futer 93)
Embora cada professor/mediador saiba de sua função na mediação do conhecimento, há a necessidade constante de repensar a prática pedagógica, reconhecendo que cada segmento de ensino é único assim como o é cada aprendente. Faz-se necessário conhecer ou revisar as teorias do ensino de língua/cultura, para que os professores e pesquisadores envolvidos nesse processo tenham sua visão sobre cultura renovada e voltada para o aspecto humanitário do ensino.

"(...) jamais doar-lhe conteúdos que pouco ou nada tenham a ver com seus anseios, com suas dúvidas, com suas esperanças, com seus temores. Conteúdos que às vezes, aumentam estes temores. Temores de consciência oprimida. Nosso papel não é falar ao povo sobre a nossa visão do mundo, ou tentar impô-la a ele, mas dialogar com ele sobre a sua e a nossa." (Freire, P, 1983)

A participação deste profissional do ensino em palestras, encontros, congressos entre outros é muito importante para a elaboração de materiais de pesquisa, de materiais de aprendizagem, de troca de informações, de contato com novas metodologias e para que haja, no futuro, maior reconhecimento e afirmação da área de estudo de Língua Portuguesa como Língua de Acolhimento.

Atividades, tarefas e temas motivadores
Os imigrantes involuntários devem ser motivados a identificarem-se com o grupo social de maneira integrativa. Essa integração deve ser multilateral, isto é, as culturas acolhidas e a cultura acolhedora devem ser igualmente valorizadas. Essa integração pode ser feita através de atividades que tenham como tarefa final a elaboração de projetos interculturais. Esses projetos podem dar aos aprendentes a oportunidade de divulgar sua cultura, suas habilidades pessoais e profissionais ampliando sua visão sobre as semelhanças e diferenças entre a sua cultura e a do outro motivando-os a continuar estudando.

Mendes (53-57), citada por Farneda e Nédio (17), sugere o pensar em cultura no sentido amplo, com sujeitos atuantes e críticos, para que haja mudança no modo de perceber não somente o processo de ensino/aprendizagem, mas também o entorno deste processo. A autora considera o contexto sociocultural e deixa claro que língua e cultura são indissociáveis.

Kramsch (60), como refere Farneda e Nédio (17), afirma que através da relação da língua com a cultura e o discurso, os aprendizes descobrem o seu eu no encontro com o outro. A visão de si mesmo no outro, a possibilidade de ser o sujeito de uma ação reforça a identidade do indivíduo. Assim como a língua, a cultura deve sempre estar presente na sala de aula e fora dela.

A identidade de um indivíduo se constrói na língua e através dela. Isso significa que o indivíduo não tem a mesma identidade fixa anterior e fora da língua. Além disso, a construção da identidade de um indivíduo na língua e através dela depende do fato de a própria língua em si ser uma atividade em evolução e vice-versa. Em outras palavras, as identidades da língua e do indivíduo tem implicações mútuas. Isso significa que, por sua vez, as identidades em questão estão sempre em estado de fluxo (Rajagopalan 41-42), citado por Farneda e Nédio (18).

De acordo com as variáveis afetivas de Krashen (1987), se os aprendentes estiverem motivados, confiantes e com baixa ansiedade tenderão a ser bem sucedidos no processo de aquisição de outra língua. O conhecimento, a consciência e a compreensão das semelhanças e diferenças entre o mundo do eu e o mundo do outro promovem uma conscientização intercultural da diversidade regional e social dos mundos que cohabitam a sala de aula, permitindo que o aprendente tenha noção da grande variedade de culturas que existem para além da sua e da do outro, possibilitando o desenvolvimento de uma educação intercultural

Educação intercultural é o caminho para incutir nos cidadãos sentimentos de preocupaçao com o racismo e a xenofobia, com o repúdio de preconceitos, com a procura de respeito e preservação das línguas maternas, evitando que se manifeste e desenvolva a tendência para o etnocentrismo[...] (Lopes-Cardoso, 2008) citado por Leal & Sanches (148).

Ao pensar-se em projetos interculturais, leva-se em conta o conteúdo das atividades que serão desenvolvidas e seu objetivo para a complementação de uma tarefa final. As atividades e tarefas, em uma sala de aula de LE variarão de acordo com o nível dos estudantes, porém em uma sala de aula em que os aprendentes são imigrantes involuntários depara-se com diferentes níveis de conhecimento na mesma sala de aula de PLAc. Dessa forma, as aulas devem contemplar conteúdos que deixem os aprendentes confiantes de seus conhecimentos e certos de que podem expressar-se com liberdade e respeito.

O curso de PLAc, como já exposto anteriormente, tem suas próprias características por tratar-se do ensino que tem como referente o filtro afetivo. Com base no controle do filtro afetivo entende-se que o conteúdo deva ser de uso imediato. Assim, é muito importante que se leve em conta a duração da aula e o número de vezes que as aulas são ministradas durante a semana, para que não haja evasão dos cursos.

Sugere-se que o curso que dará base à interação e integração social desses aprendentes tenha um total de 60h/a, sendo ministrado três vezes por semana com horas aulas de aproximadamente 50 minutos. O tempo ideal para maior aproveitamento é de 2h/a de 50min cada, por dia. Essa distribuição de aulas e semanas proporcionará tanto ao professor quanto ao estudante maior flexibilidade nas atividades e conteúdos a serem abordados, bem como nas tarefas que devem ser concluídas ao final de cada etapa do curso.

CONTEÚDO	TÓPICOS ASSINALADOS	ATIVIDADES	TAREFA
Semanas 1 e 2 6h/a de 50 min por semana. Total: 12h/a *A vida pessoal*	- apresentação pessoal, - hábitos do dia a dia, (a refeição mais importante do dia; como são as refeições; pratos típicos; qual é o horário comercial; horário de trabalho...) - cabelereiro X barbeiro (corte de cabelo; tingir os cabelos, fazer a barba...) - transportes (quais os transportes públicos mais comuns; preço do transporte público; transporte público moderno ou precário; o cobrador; o motorista...), - moradias (quais os tipos de moradias populares; condomínios; barracos; favelas; apartamentos; a imobiliária; os aluguéis; os contratos; salubridade e insalubridade nas residências...) - localização (pedir informações sobre locais e dar informações utilizando a polidez)	- exercícios orais e escritos sobre: ❖ apresentações formais e informais, ❖ rotina pessoal, familiar, social, ❖ transporte público e privado, ❖ tipos de moradias ❖ pedir e dar informações, Gramática: verbos que envolvam todas as ações dos tópicos abordados variando os tempos presente, pretérito e futuro de acordo com o contexto interacional. Vocabulário: por favor, com licença, obrigada; onde posso pegar o...; como posso chegar a...	Apresentações em **dupla** ou a elaboração de uma peça teatral do **grupo** que ressalte os aspectos culturais mais relevantes dos países acolhidos fazendo um paralelo com o país de acolhimento. **Objetivo:** fazer com que o estudante sinta-se a vontade para falar sobre aspectos pessoais e culturais de seu país e do país de acolhimento, dando a ele voz, motivando-o a comparar, elogiar e/ou criticar; detectar problemas e sugerir soluções.
Semanas 3; 4; 5 e 6. 6h/a de 50 min. por semana Total:24h/a *Cidadania*	- escolas (direito ao ensino; ensino público e privado; idade escolar; incentivo do governo ao acesso ao ensino...) - profissões (as profissões mais populares; as profissões mais concorridas; o mercado de trabalho; os salários; os benefícios; a aposentadoria; o currículo...) - orçamento familiar; - as leis; os direitos humanos; as leis de proteção à criança e à mulher...) - os projetos sociais. - sistema de saúde pública. - tipo de serviço de	exercícios orais e escritos sobre: ❖ preenchimento de ficha de matrícula escolar; ❖ preenchimento de ficha de emprego; ❖ comportamento em uma entrevista de emprego (vestimenta; postura; modo de falar...) ❖ elaboração de currículo profissional; ❖ preenchimento de ficha informativa em hospitais e unidades básicas de saúde; ❖ como fazer um Boletim de Ocorrência policial;	Apresentação **individual** ou em **grupos por nacionalidade** a respeito dos tópicos estudados. Criar situações de diálogo: - entrevista de emprego; - marcação de consulta; - reclamação de um produto com problema; - relatar um assalto ou agressão para a polícia (boletim de ocorrência) - situações problema de atendimento em órgãos públicos. - planilha de custos

	atendimento ao consumidor e de direito do consumidor. - Apresentação de diferentes tipos de texto necessários para as diversas situações que podem surgir a cada dia.	❖ Contrato de locação; ❖ Como fazer uma queixa no Sistema de Prtoteção ao Consumidor *PROCON **Vocabulário:** Senhor; Senhora; Doutor; Doutora; outros pronomes de tratamento e pessoais. **Gramática:** -adjetivos (bom, mau, agradável, simpático(a)... -advérbios de lugar, de tempo, de instrumento, de companhia, de meio...	
Semanas 7; 8; 9 e 10. **6h/a de 50 min. por semana** **Total:24h/a** *Tradições sócio-culturais*	- o casamento; - a religião (as religiões); - as Festas Populares; - as comemorações cívicas; - música, arte, dança e instrumentos musicais nacionais; - o teatro, o cinema; - esportes nacionais.	Leitura de textos diversificados sobre os tópicos abordados em sala de aula com exercícios orais e escritos. Apresentação de vídeos com documentários e reportagens sobre a diversidade sociocultural brasileira. Amostra de músicas brasileiras e de outras culturas existentes em sala de aula.	Apresentação **individual** ou em **grupos por nacionalidade** a respeito dos tópicos estudados. **Seminários sobre:** -as festas populares brasileiras e do país acolhido; - as comemorações cívicas comparando as culturas; - as músicas e os instrumentos musicais nacionais; - workshop de danças brasileiras e dos países acolhidos. - varal literário e artístico.

Tabela I - Sugestão de atividades de PLAc para diferentes níveis de estudantes (imigrante involuntários) na mesma sala de aula.

A tabela a seguir, contém sugestões de atividades que podem fazer com que o ambiente de sala de aula torne-se motivador e interacional, promovendo a interculturalidade, a consciência da importância da manutenção da sua cultura e o respeito à cultura do outro. É importante lembrar que os textos sugeridos devem ser autênticos e se houver abordagem literária, que os textos selecionados sejam gradativos respeitando o desenvolvimento do aprendente.

Pode-se sugerir que o professor e seus estudantes organizem um dia cultural, para finalização do módulo que estão estudando. Neste dia cultural, os estudantes podem organizar os trabalhos feitos no decorrer do curso; mostrar mapas de seus países de origem, bem como criar workshop de comida, dança, música, arte, artesanato entre outros, para a visitação pública, criando um espaço intercultural. Assim sendo, haverá a valorização da cultura e raízes dos acolhidos e ao mesmo tempo, o respeito à cultura do país de acolhimento. Essa visão mais ampla do mundo e das culturas ao redor permite aos aprendentes minimizar os estereótipos formados em seu imaginário possibilitando o uso da língua de acolhimento em contexto real de interação de acordo com a finalidade pessoal e socio-profissional do aprendente.

Considerações finais
Considerando-se a urgência da integração do imigrante involuntário no país de acolhimento, pode-se afirmar que o ensino de PLAc deve promover além do conhecimento da língua, o desenvolvimento pessoal e a colocação ou recolocação profissional dos envolvidos no processo de aprendizagem. É necessário aprender a língua-cultura do país de acolhimento (sem deixar de lado a sua língua-cultura) para ter acesso irrestrito ao mercado de trabalho, ao sistema escolar, ao sistema de saúde e a participar da vida social e política do país de acolhimento. Conhecendo a língua-cultura do país de acolhimento, o imigrante involuntário terá voz e entenderá melhor os seus direitos e deveres como cidadão da nova terra.

O fato de tratar-se de um grupo heterogêneo de pessoas adultas com diferentes níveis linguísticos e culturais, como mostrado nos gráficos contidos em páginas anteriores, implica na compreensão, por parte do professor como mediador do conhecimento, de outros fatores que poderão ser úteis na elaboração das aulas e na escolha da metodologia e da abordagem mais adequadas para o ensino de PLAc. Uma metodologia ecleticista com abordagem comunicativa visando o controle do filtro afetivo, tanto do aprendente como do próprio professor possibilitará maior envolvimento nas atividades e maior motivação para o cumprimento das tarefas comunicativas. Alguns fatores que podem auxiliar o professor a elaborar suas aulas e a escolher a metodologia e abordagem adequadas podem ser elencados como: escolaridade, gênero, idade, tempo de permanência no Brasil, profissão, contato/conhecimento ou proficiência em outra(s) língua(s) entre outros.

Conhecer esses fatores tornará as aulas mais dinâmicas e comunicativas motivando os aprendentes a interatuar nos diversos setores a que forem expostos. Apresentar ao estudante documentos autênticos (visuais, orais, escritos, auditivos...) pode motivá-los a debater os temas propostos e solucionar problemas inerentes à vida cotidiana e profissional. Temas como esportes, transportes, moradia, empregabilidade, que tenham um vocabulário simples e de uso imediato para suprir as necessidades dos aprendentes serão úteis às situações de uso e comunicação de todos os envolvidos neste processo de ensino/aprendizagem de PLAc no Brasil ou em qualquer outro país em que o ensino a imigrantes involuntários esteja sendo desenvolvido ou reformulado.

A ideia de desenvolvimento de um projeto intercultural no qual o aprendente internaliza o sentimento de pertencimento à língua/cultura estudada pode ser uma maneira de afirmação histórico-identitária necessária para a significação do sujeito em determinado contexto social.

É essencial a formação continuada de professores reflexivos que coloquem em ação suas práticas, suas pesquisas a fim de poder colaborar com outros professores na ampliação dos saberes e dos fazeres pedagógicos. Essa possibilidade de formação continuada permitirá a elaboração de um currículo para o ensino de PLAc para imigrantes involuntários levando em conta o controle do filtro afetivo do mediador e do aprendente. O controle do filtro afetivo promoverá maior entendimento do processo de desenvolvimento das habilidades potenciais que permitirão o uso da língua-alvo em situação real de interação; valorizará a língua-cultura do aprendente e incentivará/motivará a aprendizagem colaborativa que garantirá a inserção do indivíduo ou de um determinado grupo no contexto social do país de acolhimento.

Bibliografia

Acnur - Relatório do ACNUR mostra aumento do deslocamento forçado no primeiro semestre de 2014. Disponível em: http://www.acnur.org/portugues/noticias/noticia/relatorio-do-acnur-mostra-aumento-do-deslocamento-forcado-no-primeiro-semestre-de-2014/ . Acessado em 28/10/2015.

Acnur - Tendências Globais sobre refugiados e pessoas de interesse do Acnur. Disponível em: http://www.acnur.org/portugues/recursos/estatisticas/ acessado em 22/09/2015.

Almeida Filho, J. C. P. de. *Linguística Aplicada – Ensino de Línguas e comunicação*. Campinas, SP: Pontes Editores e Arte Língua, 3 ed., 2009.

Amado, R.S. O ensino de português como língua de acolhimento para refugiados. *Revista da SIPLE*, Brasília, ano 4, n. 2, out 2013. [online].

Farneda, E. S. & Futer, M. K.. Tarefa Comunicativa em Sala de Aula de Português como Língua Estrangeira. In: Gonçalvez, L. (Org). *Fundamentos do Ensino de Português como Língua Estrangeira*. New Jersey: Boa Vista Press, 2016, p.91-108.

Farneda E., S. & Nedio, M. O projeto cultural de PLE como agente da interculturalidade num contexto de não--imersão. *Letras & Letras*, [S.l.], v. 31, n. 2, p. 14-35, dez. 2015. ISSN 1981-5239. Disponível em:
<http://www.seer.ufu.br/index.php/letraseletras/article/view/30

351>. Acesso em: 26 jul. 2016. doi:http://dx.doi.org/10.14393/LL62-v31n2a2015-2.

Freire, Paulo. *Pedagogia do Oprimido* 13ª ed. Rio de Janeiro: Paz e Terra, 1983.

Grosso, M.J. dos R, Tavares, A., Tavares, M. *O Português para falantes de outras línguas: o utilizador independente.* Lisboa: Agência Nacional para a Qualificação, I.P. 2009.

Kramsch, C. Culture in foreign language teaching. *Iranian Journal of Language Teaching Research.* Urmia University, 2013.

Krashen, S. D. *Principles and Practice in Second Language Acquisition.* Prentice-Hall International, 1987.

_____. *Second Language Acquisition and Second Language Learning.* Prentice-Hall International, 1987.

Leal, M. & Sanches, I. Português para todos: a aprendizagem de língua como facilitadora de interculturalidade e da inclusão social e educativa. *Revista Lusófona de Educação,* n.27, p.143-158, 2014. Disponível em: http://docplayer.com.br/11468131-Portugues-para-todos-a-aprendizagem-da-lingua-portuguesa-como-facilitadora-da-interculturalidade-e-da-inclusao-social-e-educativa.html - Acessado em: novembro de 2015.

Mármora, L. *Las políticas de migraciones internacionales.* Madri/Buenos Aires: OIM/Alianza Editorial, 1997.

Mendes, E. Por que ensinar língua como cultura? . In Santos, P.; Alvarez, M.L.O. (Orgs.) *Língua e Cultura no Contexto de Português Língua Estrangeira.* Campinas: Pontes, 2010.

Myers-Scotton, C. *Contact Linguistics: Bilingual Encounters and Grammatical Outcomes.* Oxford University Press, 2002.

Parejo, I. G. La enseñanza del español a inmigrantes adultos. In: Lobato e Gargallo (dir.) (2004). *Vademecum.* Madrid: Sociedad General Española de Librería, 2004

Rajagopalan, K. O conceito de identidade em linguística: é chegada a hora de uma reconsideração radical? In: Signorini, I. (Orgs.) *Língua(gem) e identidade: elementos para uma discussão no campo aplicado.* Campinas: Mercado das Letras; São Paulo : FAPESP, 1998.

IMIGRANTES HAITIANOS NA REGIÃO DO VALE DO TAQUARI: A EXPERIÊNCIA DE ACADÊMICOS E PROFESSORES VOLUNTÁRIOS NO ENSINO DE PORTUGUÊS COMO LÍNGUA ADICIONAL

Grasiela Kieling Bublitz
Maristela Juchum
Universidade do Vale do Taquari - Univates, Brasil

Introdução
Aulas de língua portuguesa para imigrantes haitianos recém-chegados ao município de Lajeado, no sul do Brasil
No ano de 2014, o curso de Letras do Centro Universitário Univates, de Lajeado, Rio Grande do Sul – BR, iniciou uma ação decorrente de uma demanda urgente da região: ensinar a língua portuguesa aos imigrantes recém-chegados ao município. Para isso, foi necessário estabelecer uma parceria com a empresa de alimentos local, que mais oferecia empregos a esses imigrantes à época, a Companhia Minuano de Alimentos. Além disso, foi preciso também mobilizar acadêmicos e voluntários que abraçassem a causa, ou seja, que se dispusessem a planejar aulas e ir até à empresa para ministrá-las aos interessados. A surpresa foi enorme, quando o ambiente ficou repleto de homens e mulheres, haitianos na maioria, ávidos por aprender a língua local.

Assim, aos poucos, esse trabalho iniciado em 2014 foi ganhando força e mais adeptos, tanto para ministrar as aulas quanto para aprender a língua. Consequentemente, um projeto de extensão foi elaborado especificamente para este fim. Em 2015 teve início, então, o projeto *"A aprendizagem de Língua Portuguesa como Língua Adicional: investigação, formação e ensino"*, que contemplou não só essa demanda urgente da comunidade (a necessidade de facilitar a comunicação dos imigrantes), como também a constituição de um programa de formação de professores de língua portuguesa como língua adicional. Dentre as atividades promovidas estava o *"Fórum de Formação de Professores de*

Língua Portuguesa (LP) como Língua Adicional (LA)", que contou com 18 encontros quinzenais, do mês de abril ao mês de dezembro de 2015, com 30 participantes, entre os quais 21 voluntários para ministrar aulas aos imigrantes. Durante a formação desses professores também se promoveu a oficina intitulada *"Português como Língua Adicional"*, ministrada pela Dra. Juliana Roquele Schoff en, da Universidade Federal do Rio Grande do Sul. De 2014 a 2015, o que mudou foi o local onde as aulas aos imigrantes eram ministradas, agora não mais na empresa, mas nos ambientes de uma escola, o Colégio Estadual Presidente Castelo Branco, que cedeu uma sala de aula para os encontros. Essa mudança de local favoreceu a mobilidade dos alunos, visto que a grande maioria residia perto dessa escola e, portanto, podia fazer o caminho a pé.

Cabe ressaltar aqui a grande dificuldade encontrada pelo grupo de acadêmicos e professores voluntários em relação ao planejamento das aulas. Num primeiro momento, alguns livros de Português para estrangeiros, como o Avenida Brasil, por exemplo, serviram de base para esse planejamento, contudo, aos poucos, foi-se percebendo o quanto as atividades propostas pelo material estavam distantes das reais situações enfrentadas pelos imigrantes no seu dia a dia. *Como fazer a carteira de trabalho? Como preencher um formulário para conseguir uma vaga de emprego? Como elaborar uma carta de apresentação e um currículo? Como enfrentar um posto de saúde? Como comprar remédio em uma farmácia?* A partir de então, foram essas e outras dúvidas rotineiras e prementes que nortearam o planejamento do grupo. A intenção era atender às reais necessidades vivenciadas pelos alunos. Utilizou-se também como suporte o material específico para haitianos, financiado pelo SESI de Santa Catarina e Rondônia, *Língua Portuguesa para haitianos*, e disponibilizado àqueles que estivessem prestando o mesmo tipo de serviço em outros estados e municípios do Brasil. A partir daí, então, elaboraram-se 10 projetos didáticos, contemplando aspectos como família, trabalho, saúde, alimentação, entre outros temas relevantes.

No final de 2015, os alunos concluintes prestaram uma prova de proficiência em língua portuguesa, a fim de certificar a participação de cada um e a frequência nas aulas. Os certificados foram entregues em cerimônia oficial, no evento intitulado *I Encontro Multicultural*, quando os imigrantes também tiveram a oportunidade de compartilhar um pouco da sua cultura com os lajeadenses, apresentando suas músicas e danças, e conhecer um pouco da cultura local. Esse evento contou também com a participação do curso de Moda, que promoveu exposição de desenhos com vestimentas de diferentes etnias, e de Gastronomia, que ofereceu pratos típicos da região.

Já em 2016, outro projeto da instituição encampou essa ação, o Projeto de Extensão Veredas da Linguagem. Com características mais de um programa do que de um projeto, a pretensão agora é estabelecer interfaces entre a linguagem e diferentes áreas: Educação Física, Pedagogia, Design e outras, pois, em sua imanência, a linguagem evoca a interdisciplinaridade por ser plurivalente e dialógica (Bakhtin 301). A fim de concretizar essa proposta, considerando a metáfora de Guimarães Rosa em sua obra *Grande sertão: veredas*, foram desenhados cinco eixos temáticos que têm a linguagem como essência: Linguagem e Ensino (LE), com enfoque na formação de disseminadores da língua portuguesa como língua adicional e na atenção à questão da imigração no Vale do Taquari; Linguagem Artístico-literária (LA), com enfoque na disseminação da linguagem da arte, através de ações que envolvem contação de histórias, escrita criativa, diálogos entre cinema e literatura e saraus; Linguagem e Tecnologia (LT), com enfoque na produção de objetos digitais de aprendizagem que desenvolvem aspectos da linguagem tanto para o ensino de português como língua adicional, quanto para o ensino de estratégias de leitura; Linguagem e Corporeidade (LC), com enfoque no debate sobre corpo e movimento como elementos de expressão e comunicação e na experimentação do corpo como experiência ética, estética e criativa; Linguagem e Ludicidade (LL), com enfoque na investigação sobre o brincar e suas articulações no ambiente escolar infantil e em brinquedotecas.

É, portanto, no eixo Linguagem e Ensino que a proposta de ensinar a língua portuguesa como língua adicional continua a ocorrer. Assume-se, nessa vereda, uma abordagem intercultural (Ferraz 115-122), ou seja, o ensino-aprendizagem da língua e da cultura brasileiras com a intenção de fomentar o diálogo entre as culturas e promover o reconhecimento do pluralismo cultural. Ao encontro dessa abordagem, vinculam-se as metodologias propostas por Schlatter e Garcez (127-172), fundadores do conceito de "língua adicional". Essa concepção está comprometida com um processo interacional que considera a língua como um lugar de ação social, pautado pelo letramento (Soares 72) e pela atuação de um cidadão no mundo em que vive (Cavalcanti 105-124). Nessa perspectiva, segue primeiramente a caracterização do grupo de imigrantes e, logo depois, a descrição de alguns projetos planejados pelo grupo de professores, acadêmicos e demais envolvidos no Eixo Linguagem e Ensino.

O grupo de imigrantes

Segundo dados do Ministério da Justiça, a grande maioria dos imigrantes haitianos, entre 2010 e 2014, instalou-se nos estados do sul do Brasil. Entre as razões que motivaram a vinda desse contingente para cá, pode-se destacar o Acordo Básico de Cooperação Técnica e Científica entre o Govemo da República Federativa do Brasil e o Govemo do Haiti (2004) que desencadeou investimentos públicos via Ministérios e empresas com capital público majoritário. Também, a presença de militares do exército brasileiro na Missão das Nações Unidas para a Estabilização no Haiti (MINUSTAH), qualificados pelos haitianos como "gente boa" e, ainda, o apoio humanitário e a disposição para acolher aos que desejassem emigrar para o Brasil no pós-terremoto de 2010. Além disso, outras fatores que estimularam essa imigração ao Brasil foram a grande oferta de empregos na época e também a facilitação legal para obtenção do visto de residência, ou seja, o visto humanitário.

Em 2012, com o intuito de minimizar problemas com a comunicação dos haitianos em terra brasileira, o Ministério do Trabalho e Emprego do Brasil e o Instituto de Migrações e Direitos Humanos disponibilizaram uma cartilha virtual de crioulo haitino e português, com algumas informações básicas sobre o Brasil (Ann Pale Potigè). Neste material, há expressões usuais em português e um amplo vocabulário para a comunicação básica.

Nas aulas ministradas pelos voluntários (acadêmicos e professores) em 2016, essa cartilha também foi utilizada, inclusive, impressa e distribuída entre os alunos haitianos. Esses alunos imigrantes foram divididos em dois grupos, participando de aulas semanais, um grupo com aulas nas segundas à tarde e outro, nas sextas de manhã, num período de aproximadamente 3h. O grupo da sexta-feira compõe-se de 23 homens e 4 mulheres. Já o da segunda conta com 18 homens e 6 mulheres.

No primeiro contato com os imigrantes, os voluntários realizaram uma entrevista individualizada, elaborada nos encontros do fórum de formação, para conhecer um pouco mais cada sujeito participante. Segundo as respostas dadas, a maioria dos alunos tem entre 18 e 30 anos, poucos têm mais de 40. Muitos chegaram ao Brasil este ano, portanto, ainda têm dificuldades com a Língua Portuguesa de forma geral. Vieram de diferentes lugares do Haiti; alguns já com visto, outros sem. Alguns vieram direto a Porto Alegre, com escala no Panamá. Outros, porém, por não terem visto, passaram mais de um mês viajando até chegarem a Lajeado. A não ser pelos mais jovens, a maioria tem experiência profissional e fala mais de um idioma. Mesmo assim, ainda apresentam dificuldades em encontrar emprego no Brasil, o que não lhes tira os sonhos de poderem estudar e achar empregos bons para que possam trazer familiares para cá e continuarem a vida por aqui. Muitos vieram sozinhos, mas têm parentes e amigos no Brasil. Outro dado recorrente é que dividem moradia com outros imigrantes que já vivem no município há mais tempo.

O fórum de formação de professores de língua portuguesa como língua adicional

O fórum de formação de professores de língua portuguesa como língua adicional, em 2016 na sua segunda edição, ocorre quinzenalmente e se constitui num espaço de reflexão, aprendizado e planejamento. A base teórica dos estudos define-se pela concepção bakhtiniana de linguagem, ou seja, a língua como fenômeno social, cujo uso se efetiva em forma de enunciados, orais ou escritos, únicos e concretos. Nesse sentido, a linguagem se dá por meio de diferentes gêneros de discurso pressupondo a interlocução, ou seja, para Bakhtin (263), os enunciados são de natureza responsiva, isto é, o interlocutor participa da construção desses enunciados. Para o autor, os indivíduos fazem uso da linguagem sempre com um propósito em relação ao outro do discurso, no caso, o interlocutor.

Em vista disso, percebeu-se que muitos livros didáticos voltados ao ensino de língua portuguesa como língua adicional não contemplavam essa concepção de língua na qual o grupo acredita. Muitas atividades sugeridas pela obra Avenida Brasil[25], por exemplo, concebem um ensino de caráter normativo, com ênfase nas regras gramaticais e não na língua em uso. Por isso, buscaram-se outras alternativas, entre as quais o material financiado pelo SESI de Santa Catarina e de Rondônia, intitulado *Língua Portuguesa para Haitianos*, composto pelo caderno do instrutor e do aluno. No caderno do instrutor, os autores do material base, a linguista Marília Lima Pimentel e o antropólogo Geraldo Castro Cotinguiba, ambos da equipe de Rondônia, apresentam a concepção assumida, condizente ao que o grupo de acadêmicos e professores de Lajeado também pensava e ainda pensa: "*Uma língua, seus aspectos históricos, sociológicos e antropológicos: uma experiência de ensinar Língua Portuguesa para estrangeiros no Brasil*". Os autores também se vinculam à teoria sociocultural de Vygotsky, o que pressupõe o desenvolvimento cognitivo em realção ao contexto social, cultural e histórico do falante, isto é, para os autores, o aprendizado da língua portuguesa deve estar ligado à compreensão da cultura local. Segundo eles, as ações de intervenção junto ao grupo de imigrantes haitianos devem estar de acordo com o mapeamento de dados sobre suas reais necessidades para que possam se inserir socialmente, ou seja, é preciso conhecer o perfil do grupo (escolaridade, origem, faixa etária, conhecimento linguístico, formação…) para auxiliá-los efetivamente. Os autores do material em questão procuraram aliar linguística e antropologia, finalizando a introdução com a citação de Roman Jacobson (17): "Os antropólogos têm sempre afirmado e provado que a linguagem e a cultura se implicam mutuamente, que a linguagem deve ser concebida como uma parte integrante da vida social, que a Linguística está estreitamente ligada à Antropologia Cultural".

E foi isso o que se tentou considerar no planejamento das aulas aos imigrantes haitianos de Lajeado. Além disso, como já dito anteriormente, considerou-se também o entendimento de proficiência como uso da linguagem para o sujeito se engajar e participar das práticas sociais.

O planejamento das aulas: os projetos como fio condutor

Considerando o contexto em que se encontram os alunos imigrantes, entre outros temas, escolheu-se o assunto 'saúde' para trabalhar em um dos projetos. Assim, nos encontros de formação dos professores voluntários

---

[25] Optou-se por esse livro, pois se julgou inicialmente que ele seria adequado ao trabalho de ensino de Língua portuguesa como língua adicional para os imigrantes haitianos.

elaboraram-se tarefas com a finalidade de promover a produção oral e escrita de Língua Portuguesa como Língua Adicional em contexto real de utilização da língua. O projeto "Cuidando da saúde" foi desenvolvido nas duas turmas de imigrantes, estruturado para mobilizar a produção de um fôlder informativo sobre cuidados para ter-se uma boa saúde. O interlocutor eleito foi um morador vizinho do aprendiz. Segue a descrição das etapas do projeto:

Produzindo um fôlder
Inicialmente, foi apresentada a proposta de projeto, a qual foi bem aceita pelos alunos. Caso não houvesse demonstração de interesse, o tema seria alterado.

Para iniciar as tarefas, foi feita uma discussão sobre quais doenças os alunos já tiveram em sua vida e sobre quais eram as doenças mais comuns no Haiti e no Brasil. A partir de diálogos, slides no Power Point e de textos informativos sobre o assunto, eles aprofundaram os conhecimentos sobre várias doenças e sobre como evitá-las.

Paralelamente a esse trabalho, houve foco no estudo do vocabulário relacionado ao tema saúde. Os alunos praticaram a escrita dos termos referentes aos nomes das partes do corpo em cartazes, de lista de doenças mais comuns e de cuidados que devemos ter para a preveni-las. Além disso, os alunos também praticaram a oralidade por meio de encenações de consultas médicas e de compra de remédios em farmácia. Além disso, os estudantes também assistiram a uma palestra, ministrada por um enfermeiro, sobre cuidados com a saúde. Na aula seguinte, explorou-se a linguagem de um fôlder enfocando o uso do imperativo. Essa aula foi iniciada com a distribuição de fôlderes sobre prevenção de doenças aos alunos com a finalidade de familiarizá-los com o gênero, além de oportunizar a aquisição de informações sobre como se prevenir em relação à doença enfocada no fôlder. Sendo assim, foram elencadas características importantes desse gênero, tais como: quais são os propósitos dessa produção? Quem é o interlocutor? Quais efeitos no mundo essa produção desempenha?

Após, os alunos leram um texto informativo sobre como é transmitida a febre chikungunya e sobre como evitar a proliferação do mosquito transmissor dessa doença. Com base nessas informações, os alunos foram desafiados a produzirem um fôlder informativo sobre como evitar a proliferação do mosquito transmissor do Zika vírus e da febre chikungunya. O interlocutor definido para o texto foram os moradores vizinhos dos aprendizes. Após a reescrita, os alunos distribuíram os textos para moradores vizinhos a suas residências.

Embora saibamos que fôlderes informativos no mundo servem para ampla circulação, os alunos não puderam reproduzir em grande número os produtos finais, uma vez que as imagens eram coloridas, o que acarretaria custos que não estão previstos no projeto.

Ao final do projeto, pôde-se ver a satisfação dos alunos ao ver o seu produto final sendo mostrado aos demais colegas e professores voluntários da turma, revelando, assim, que a aquisição da língua portuguesa como língua adicional se constrói a partir da interação com o outro, inserido na cultura desse lugar.

Tarefas elaboradas para avaliar o processo de aquisição de Língua Portuguesa como Língua Adicional

O grupo de voluntários também estruturou uma prova de proficiência para acompanhar a aprendizagem dos alunos na mesma perspectiva, considerando a língua em uso. Entre as tarefas componentes da avaliação estão as questões que seguem.

TAREFA 1

Você chegou ao Brasil e precisa arrumar um emprego. Para tal, deve entregar uma ficha com algumas informações em uma empresa da cidade de Lajeado a qual está contratando pessoas para o preenchimento de algumas vagas. Preencha a ficha abaixo com os dados que são solicitados:

    Nome:
    Idade:
    Escolaridade:
    País de origem:
    Profissão anterior:
    Escreva três qualidades suas:
Escreva o nome de três profissões que você gostaria de exercer no Brasil:

TAREFA 2

Você foi a um supermercado para fazer compras. Escreva o nome de 10 itens que você comprou:

    1-_____   6-_____
    2-_____   7-_____
    3-_____   8-_____
    4-_____   9-_____
    5-_____   10-_____

TAREFA 3

Você não poderá comparecer à aula na próxima semana. Escreva uma mensagem no WhatsApp para a professora avisando-a de sua ausência. Na mensagem você deverá explicar os motivos da falta.

TAREFA 4
Leia a notícia abaixo e responda às questões:

Imigrantes haitianos e senegaleses desembarcam em Porto Alegre

Aguardados desde o fim da semana passada, imigrantes haitianos e senegaleses vindos de Rio Branco, no Acre, finalmente desembarcaram em Porto Alegre na madrugada desta terça-feira (26). Depois da passagem por Florianópolis, em Santa Catarina, 12 chegaram em dois ônibus à rodoviária, por volta das 4h30.
De acordo com o secretário municipal dos Direitos Humanos, Luciano Marcantônio, que recebeu os estrangeiros, 11 já têm onde ficar, em casas de familiares ou parentes em cidades do interior do Rio Grande do Sul. "Finalmente chegaram, foi de muita emoção para nós, são 10 senegaleses e dois haitianos. Recebemos eles com muito carinho. Chegam assustados, mas se ambientam rapidamente, veem a postura acolhedora e ficam mais à vontade", diz ao G1 o secretário.
Após o desembarque, os imigrantes foram levados a uma lanchonete para tomar café da manhã. Depois, os que já tem destino no interior do estado seguem viagem - a maioria para na Região Norte, e Caxias do Sul, na Serra -, e o estrangeiro que não tem lugar certo para se hospedar pode ser encaminhado para o Centro Humanístico Vida, na Avenida Baltazar de Oliveira Garcia, 2132, bairro Sarandi, Zona Norte da capital. No local, são recebidas doações como roupas, material de higiene e botijões de gás.
Conforme o secretário, a prefeitura continua atenta para a possível chegada de novos imigrantes nas próximas horas ou dias. "Estamos atentos desde a madrugada de sexta para sábado. Estamos atentos 24 horas por dia", ressalta.
Pelo desencontro de informações, equipes da prefeitura se encaminharam à rodoviária nas últimas madrugadas à espera da chegada de imigrantes à capital. Em entrevistas recentes, o secretário Marcantônio reclamou de não ter sido avisado previamente sobre o envio dos ônibus e, com isso, não ter tido tempo para preparar um planejamento mais adequado. Por essa confusão que se gerou, foi agendada uma reunião na quarta-feira (27) em Brasília, em um encontro solicitado pela Prefeitura de Porto Alegre com as autoridades acreanas, mediada pelo Ministério da Justiça.
Fonte: G1 RS - 26/05/2015

1- De qual assunto trata o texto?

2 - Segundo o texto, quantos foram os imigrantes que chegaram a Porto Alegre no dia 26 de julho?

3 - De acordo com o texto, muitos imigrantes seguem viagem para a Região Norte do Rio Grande do Sul e para a serra. Qual é o nome da cidade da serra para qual a maioria dos imigrantes segue viagem?

> **TAREFA 5**
> Você está doente e precisa ir ao médico. Complete o diálogo abaixo:
>
> Médico: Boa tarde!
> Você:_____
> Médico: Você está sentindo alguma dor?
> Você:_____
>
> Médico: Explique o que você sente.
> Você:_____
>
> Médico: Vou lhe receitar alguns medicamentos. Certo?
> Você:_____
> Médico: Tome estes medicamentos conforme está descrito na receita e retorne daqui a duas semanas.
> Você:_____

As tarefas elaboradas para avaliar o processo de aprendizagem de Língua Portuguesa como Língua Adicional priorizam a concepção de uso e não das formas da língua. Nesse sentido, a linguagem possibilita a construção de ações com o interlocutor. Conforme Clark (49), "a linguagem é usada para fazer coisas. As pessoas a usam na conversa diária para fazer negócios, planejar refeições e férias, discutir política, fazer fofocas".

Assim, ao levarmos em conta o gênero discursivo na avaliação, aproximamos as tarefas avaliativas ao que de fato aconteceria se esse texto fosse exposto a uma situação de comunicação nas práticas sociais das quais participamos. Em outros termos, estaremos levando em conta se o texto produzido efetivamente atende à tarefa no sentido da interlocução proposta. Essa avaliação serviu como um parâmentro para o planejamento de novos projetos e tarefas para as futuras turmas.

Considerações finais
Acreditamos que o ensino de Língua Portuguesa como língua adicional deve adotar a concepção de "uso da linguagem", entendida como uma ação conjunta dos participantes em uma situação comunicativa com um propósito social estabelecido.

O eixo Linguagem e Ensino, vinculado ao projeto de extensão Veredas da Linguagem, visa possibilitar oportunidades para que os imigrantes usem a língua em diferentes contextos sociais, com diferentes interlocutores e propósitos. Nesse sentido, as tarefas de leitura e escrita propostas não podem limitar-se somente ao ensino de regras gramaticais e de vocabulário. As tarefas devem pressupor que todo texto tem um autor e é escrito para determinados interlocutores, dentro de uma situação comunicativa específica, atendendo aos propósitos de comunicação pretendidos.

Também é importante salientar que a elaboração dessas tarefas pressupõe a formação de professores de língua portuguesa como língua adicional capazes de planejarem as aulas atendendo a essa concepção teórica. Esse parece ser um dos grandes desafios do referido projeto de extensão. Se quisermos ensinar a língua portuguesa aos imigrantes na perspectiva de "uso da língua", precisamos refletir sobre como se dá esse uso, para que tenhamos condições de produzir bons materiais didáticos que atendam a essa finalidade.

Entendemos, assim, que a aprendizagem de uma língua pode ser mais eficiente se as tarefas propostas aos alunos orientam práticas contextualizadas e significativas de leitura e escrita. Por isso, o eixo Linguagem e Ensino, uma das veredas do Projeto de Extensão Veredas da Linguagem do Centro Universitário UNIVATES, propõe o diálogo constante entre os acadêmicos e demais voluntários que atuam com o grupo de imigrantes na busca dessas atividades, considerando a realidade em que esses alunos estrangeiros se encontram e criando situações comunicativas decorrentes das suas reais necessidades.

Bibliografia

Bakhtin, Mikhail. *Estética da criação verbal.* São Paulo: Martins Fontes, 1997.

Bakhtin, Mikhail. "Os gêneros do discurso". *Estética da criação verbal.* 4. ed. São Paulo: Martins Fontes, 2003, p. 261-306.

Cavalcanti, Marilda C. "Um evento de letramento como cenário de construção de identidades sociais". Cox, Maria Inês Pagliarini and Assis-Peterson, Ana Antônia. (Orgs.) *Cenas de sala de aula.* Campinas, SP: Mercado de Letras, 2009. p.105-124.

Clark, Herbert. "O uso da linguagem". *Cadernos de tradução – revista do Instituto de Letras da UFRGS*, Porto Alegre, n. 9, p. 49-71, janeiro- março 2000.

Ferraz, Andrea. "Mestiçagem cultural em sala de aula de português". Dell'Isola, Regina L. P. (Org.) *Português língua adicional: ensino e pesquisa.* Recife: Ed. Universitária da UFPE, 2012.

Schlatter, Margarete and Garcez, Pedro. "Educação linguística e aprendizagem de uma língua adicional na escola" *Referenciais curriculares do Estado do Rio Grande do Sul:, códigos e suas tecnologias.* Porto Alegre: SE/DP, 2009.

Schoffen, Juliana; Gomes, Maíra and Schlatter, Margarete. "Tarefas de leitura e produção de texto com base na noção bakhtiniana de gêneros do discurso" Silva, K.A and Torres, D.(Orgs). *Português como língua (inter) nacional: faces e interfaces.* Campinas: Pontes, 2013.

Soares, Magda. *Letramento: um tema em três gêneros.* Belo Horizonte: Autêntica, 2003.

PORTUGUÊS COMO LÍNGUA DE HERANÇA: O PAPEL DA MEMÓRIA NO USO DE VARIANTES FONÉTICAS
Denise Barros Weiss
Universidade Federal de Juiz de Fora, Brasil

Introdução

Na Universidade Federal de Juiz de Fora (Minas Gerais, Brasil) ministram-se disciplinas de Português como Língua Estrangeira há 34 anos. Nesse longo período, cursaram essas disciplinas alunos estrangeiros, estudantes da nossa Universidade ou integrantes da comunidade de Juiz de Fora. Durante esse período, tem atendido com sucesso a pessoas de muitas nacionalidades. Destacam-se, pelo número de participantes, os falantes de língua japonesa, inglesa e alemã. Nesses anos, frequentaram nossas salas de aula alunos nas mais variadas situações: intercambistas (PECG e PECPG), refugiados, religiosos, funcionários de empresas estrangeiras.

Nos últimos anos, porém, surgiram alguns alunos em situação diferente, pois eram pessoas nascidas no Brasil, que tinham ido ainda crianças para outros países e que, por diferentes razões, resolveram, depois de adultos, retomar o contato com a língua portuguesa. São assim chamados falantes de língua de herança. Os falantes nessa situação situam-se numa fronteira entre o estrangeiro que desconhece totalmente uma língua e o expatriado, que apagou por completo da consciência uma língua materna.

A situação, para nós ainda inusitada, pegou-nos desprevenidos, mas provocou a necessidade de compreendermos melhor a situação. Esse artigo tem como objetivo apresentar o caso de uma aluna de Português como língua de herança que se afigura interessante sob ao menos dois aspectos. Inicialmente, pelo fato de a situação proporcionar chance de se discutir conceitos básicos quando se pensa em língua adquirida ou aprendida. Em segundo lugar, porque a situação apresentada tem uma peculiaridade que desperta a atenção para uma questão muito pontual, de caráter fonético, que nos fez procurar compreender como se dá, em termos físicos, a aquisição /

aprendizagem da língua.

A pergunta de pesquisa que norteou nossa investigação foi: por que um falante nativo que perdeu a fluência em sua língua materna por deixar de ter contato com ela durante muitos anos, ao voltar a praticá-la emprega uma variante fonética diferente da que é a praticada e ensinada no contexto de aprendizagem, mas que vem a ser aquela empregada em seu contexto original de aquisição da língua?

Para responder a essa questão, precisamos discutir, ainda que de modo breve, os conceitos de língua nativa, língua estrangeira, língua de herança. É o que faremos na próxima seção.

Língua materna, segunda língua, língua estrangeira e língua de herança

A distinção entre língua materna e outras línguas não é trivial como pode parecer. Se considerarmos a situação de um indivíduo monolíngue, a língua materna é a única empregada por ele. Nesse caso o conceito é auto-explicativo. Entretanto, se tratamos de situação de bilinguismo essa língua pode tornar-se a primeira de várias, se se considera apenas a ordem cronológica de aquisição, ou mesmo uma língua esquecida, perdida, a língua da memória afetiva ou familiar. A classificação aqui apresentada não é de ordem psicolinguística, mas essencialmente sociolinguística. Spinassé assim explica:

A Língua Materna, ou a Primeira Língua (L1) não é, necessariamente, a língua da mãe, nem a primeira língua que se aprende. Tão pouco se trata de apenas uma língua. Normalmente é a língua que aprendemos primeiro e em casa, através dos pais, e também é frequentemente a língua da comunidade. Entretanto, muitos outros aspectos linguísticos e não linguísticos estão ligados à definição. A língua dos pais pode não ser a língua da comunidade, e, ao aprender as duas, o indivíduo passa a ter mais de uma L1 (caso de bilinguismo). Uma criança pode, portanto, adquirir uma língua que não são faladas em casa, e ambas valem como L1. (4)

Como se observa no trecho acima, o conceito de língua materna não é simples. Diferentes fatores estão em jogo – a situação da língua frente à família, à comunidade de entorno, a presença ou não de mais de uma língua a que se expõe o indivíduo simultaneamente. Ao pensarmos em como classificar outras línguas com as quais o indivíduo pode ter contato, deparamos-nos com um conjunto de conceitos cujo uso não é simples nem neutro – ao contrário, cada um carrega implicações de caráter identitário e político. Destacamos aqui os conceitos de segunda língua e língua estrangeira.

A segunda língua, ainda nas palavras de Spinassé,

não é necessariamente uma segunda, no sentido de que haverá uma terceira, uma quarta, e assim por diante. "Segunda" está para "outra que não a primeira (a materna)", e a ordem de aquisição se torna irrelevante – desde que não se trate de mais uma L1. Dependendo de como a língua foi adquirida, ela pode ser classificada de uma forma ou de outra. (...)uma Segunda Língua é uma não-primeira-língua que é adquirida sob a necessidade de comunicação e dentro de um processo de socialização. A situação tem que ser favorável: um novo meio, um contato mais intensivo com uma nova língua que seja importante para a comunicação e para a integração social. Para o domínio de uma SL é exigido que a comunicação seja diária e que a língua desempenhe um papel na integração em sociedade. (6)

A terceira denominação possível nessa forma de classificação é a da língua estrangeira. Língua estrangeira é aquela que não tem a função comunicativa tão relevante quanto a segunda língua. É primariamente aprendida na escola e não tem um peso relevante na comunidade de entorno.

Finalmente, chegamos ao conceito que aqui nos interessa mais de perto, o de língua de herança. De difícil classificação, considera-se que essa situação está a meio caminho entre a língua materna e a estrangeira. A língua de herança pode estar ligada a diferentes contextos socioculturais. Sobre esses aspectos, Doi explica:

As línguas de imigração, consideradas línguas de minoria, caracterizam-se por terem um uso restrito, em família e em comunidades do grupo. Além disso, atribui-se a essas línguas um estatuto diferenciado em relação à língua do país de origem, da qual se distanciam temporal e espacialmente, nem sempre acompanhando a sua "evolução". São, assim, caracterizadas como línguas obsoletas, pela presença de itens lexicais já em desuso na língua do país de origem; "feias", porque são marcadas por algum dialeto ou pela mistura de dialetos diversos; "estranhas", porque estão misturadas com a língua da sociedade local; ou recebem outros atributos pelo fato de serem praticadas predominantemente em contextos coloquiais (nem sempre os descendentes têm domínio da língua formal e apropriada para determinadas situações). A língua de imigração é, portanto, uma língua de menor prestígio (Takano) em comparação com a língua do país de origem (66)

No que diz respeito às gerações de falantes da língua de herança, existe uma informação bastante comprovada, que Doi demonstra em poucas palavras.

Um outro aspecto merecedor de destaque em contextos de imigração diz respeito a situações de bilinguismo dos imigrantes e seus descendentes, em graus diversificados: os imigrantes de primeira geração são considerados falantes da língua materna e da língua do país receptor, tendo esta última uma função apenas instrumental na maioria dos casos; a segunda geração já seria bilíngue nas duas línguas; e a terceira geração seria de falantes nativos da língua da sociedade majoritária, com pouca ou nenhuma competência na língua dos ancestrais.(67)

O caso apresentado em detalhes na próxima seção se encaixa na situação de língua de herança.

O caso Kawaii

Segundo Haino, em 2011 havia "mais de 25 mil crianças brasileiras na faixa etária escolar, ou seja, de 5 a 14 anos de idade" no Japão. Esse grande contingente nem sempre em acesso à linga portuguesa, sua língua de herança. Há, segundo a autora, cerca de 60 escolas que têm o português como língua de comunicação. A imensa maioria dessas crianças vai frequentar a escola japonesa, onde será exposta à língua e cultura nipônicas, perdendo pogressivamente as referências e o contato com a língua portuguesa.

Kawaii, codinome aqui empregado para a aluna cujo aso analisamos, nasceu no Japão, filha de pais brasileiros que migraram para lá. Veio para o Brasil quando tinha 5 anos e morou aqui durante um ano, em cidade da região metropolitana de São Paulo. Depois desse período voltou para o Japão. Em casa, até os seis anos de idade, a menina só ouvia e falava em português, língua em que seus pais conversavam com ela. Assim, embora no Japão, Kawaii era falante fluente somente de português, embora fosse capaz de entender o japonês, por conta do convívio com amigos. Aparentemente houve uma mudança nos planos da família nessa época. Se antes eles pareciam preparar sua filha para a volta ao Brasil, agora a intenção era permanecer no Japão por tempo indefinido. Assim, Kawaii foi para a escola e passou a ter contato constante com o japonês. Com as dificuldades decorrentes do fato de não falar a língua, os pais recorrer a uma medida extrema: parar de falar em português dentro de casa. Assim, a exposição ao japonês passa a ser total.

Na entrevista feita com Kawaii por escrito, em 2014, quando já tinha voltado ao Japão depois do período de intercâmbio, ela descreve esse processo.

Eu nasci no Japão e fui para o Brasil quando eu tinha 5anos. Fiquei 1 ano e voltei para o Japão. Minha primeira língua foi português. Em casa, meus pais só falavam em português. Por isso até completar 6anos eu só falava em português. Por causa dos amigos, eu entendia um pouco de japonês mas não sabia responder direito em japonês. Não lembro direito dessa época mas lembro que quando eu entrei na escola japonesa com 6 anos, não sabia ler nada, nao sabia falar japonês, deu trabalho até conseguir ler japonês e estudar como os outros japoneses. Para me ajudar, meus pais começaram falar em japonês comigo. Na escola, em casa, na rua, só ouvia japonês. Assim sumiu a oportunidade e necessidade de usar o português. E minha primeira língua mudou para o japonês. Meus pais usava português em casa mas eu respondia em português. Sabia os nomes das coisas em português mas não sabia gramática, por isso eu tinha medo de falar errado e não respondia em português. Motivo de eu começar aprender português era minha avó. Depois do terremoto no Japão em 2011, ficamos com medo de radiação, e voltamos para o Brasil. Primeira vez q eu encontrei com minhas famílias do Brasil. Fiquei 2meses no Brasil. Ai percebi que eu precisava aprender falar português direito. Queria comunicar mais com minha família e queria fazer amizade com os brasileiros mas naquela época não sabia falar nada. Foi muito chato isso. Quando voltei para o Japão, decidi entrar na minha faculdade que tem aula de português. Assim eu comecei estudar o português! (Kawaii)

A passagem não foi simples. Os pais passaram um ou dois anos somente falando japonês com Kawaii. Perguntada sobre com o foi a aprendizagem do japonês, Kawaii explicou:

Escola aqui no Japão é dia inteiro. Ia para escola 7:30 e só voltava para casa as 17:00. Ai, quando voltava para casa, assistia televisão japonesa. Via os produtos só em japonês. Isso facilitou bastante eu aprender JAPONÊS e esquecer português. (Kawaii)

Com o tempo, o abandono da língua portuguesa foi total. A falta de uma função prática para ela foi determinante, segundo Kawaii, para que isso acontecesse. Quando os pais voltaram a falar português em casa, ela já não lhes respondia da mesma maneira. "Sabia os nomes das coisas em português, mas não sabia gramática, por isso eu tinha medo de falar errado e não respondia em português."

Aqui vale a pena comentar uma informação dada por Kawaii: os pais nunca estudaram japonês formalmente. Aprenderam no trabalho. Isso certamente tem repercussão sobre a posição em que colocaram a língua japonesa em suas vidas – fora de casa, para resolver seus problemas. Em casa, o conforto era falar português. Entretanto, foi feito um esforço enorme para o uso da língua japonesa também no contexto familiar. Enquanto isso, a aprendizagem da filha seguiu caminho diferente – foi mais natural para ela usar a língua japonesa que ouvia e falava no ambiente externo também em sua casa. Ao fazê-lo, ela naturalizou esse gesto e se apropriou da língua japonesa. Em certo momento, ela passou a explicar aos pais, quando necessário, palavras e expressões mais difíceis da língua.

O que levou essa menina de volta à língua portuguesa foi a avó brasileira, que certamente não fala japonês, e mais uma mudança de país. Ela conta: "Depois do terremoto no Japão em 2011, ficamos com medo de radiação, e voltamos para o Brasil." Foi a primeira vez que ela encontrou sua família no Brasil, onde ficou por dois meses. "Aí percebi que eu precisava aprender falar português direito. Queria comunicar mais com minha família e queria fazer amizade com os brasileiros mas naquela época não sabia falar nada. Foi muito chato isso." E a japonesa de nascimento, brasileira de filiação, radicada no Japão, que tinha tido o português como língua materna na primeira infância, resolveu entrar na faculdade para aprender português. "Quando voltei para o Japão, decidi entrar na minha faculdade que tem aula de português. Assim eu comecei estudar o português!"

Atualmente ela se sente um pouco envergonhada de usar a língua portuguesa com os pais – como a gramática dela ainda é falha, os pais acham divertida sua pronúncia. Assim, criou-se a situação em que os pais falam português e a filha responde em japonês. Ambos na língua que lhes é mais confortável.

Para facilitar a compreensão dos movimentos na vida de Kawaii, construímos uma linha do tempo.

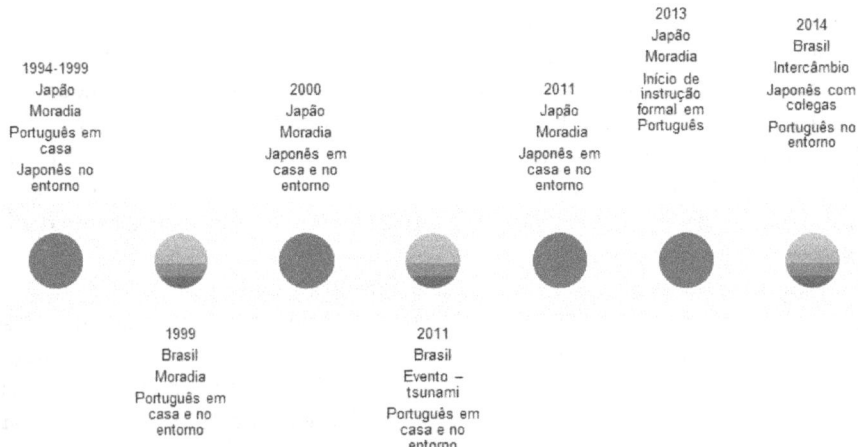

Nesse quadro observamos que os tempos de exposição às línguas são substancialmente diferentes, assim como as configurações de língua de entorno.

A passagem pelo Brasil em uma turma de português para estrangeiros se deu sem grandes diferenças entre a aluna e seus colegas japoneses da mesma instituição. Embora ela tivesse mais desenvoltura que alguns deles, não se notou uma curva de desenvolvimento de habilidades mais expressiva. Entretanto, um ponto foi claramente discrepante.

Kawaii iniciou seus estudos formais do português em uma universidade japonesa, onde teve contato com a língua portuguesa por meio de professores com background linguístico variado, sempre em variantes brasileiras – oriundos de Belo Horizonte, Brasília, Porto Alegre e Fortaleza. Os estudos na universidade brasileira se deram em Juiz de Fora, Minas Gerais. Considerando, portanto, o input recebido durante esse período de aprendizagem, observa-se que a aluna não foi exposta à variante caipira do /R/. Porém, ao pronunciar os sons com R em posição pós-vocálica, a aluna empregava sistematicamente a variante paulista, com o /ɹ/, consoante à qual ela não estava sendo exposta. Assim, em palavras como CARTA, enquanto a professora e os demais alunos da universidade brasileira pronunciavam ['kahtɐ] ela pronunciava ['kaɻtɐ].

O arquifonema /R/ em posição de coda.
Para a adequada compreensão da situação de Kawaii, precisamos apresentar, brevemente, como se constitui o conjunto de variantes de caráter diatópico do arquifonema /R/ em posição de coda. Para isso recorremos a Silva. Na posição de coda silábica, seja no interior da palavra, seja no fim dela, há mais de uma possibilidade de realização fonética desse arquifonema. Em Minas Gerais, mais especificamente na região da Zona da Mata mineira, emprega-se uma fricativa glotal /h/, acompanhando a pronúncia registrada por Silva para Belo Horizonte (SILVA, 161). Já em São Paulo emprega-se uma variante reconhecida como do falar "caipira", com o uso de uma consoante retroflexa alveolar vozeada /ɻ/.

Kawaii, ao empregar a variante caipira, destoava totalmente de outros colegas, que estavam se habituando a usar a variante mineira. A explicação para essa diferença só foi possível quando se investigou a origem da família. Seus pais são de uma cidade do interior de São Paulo, chamada Guararapes, que fica a 485 quilômetros da capital, na região oeste do estado. Trata-se de uma região em que predomina a variante caipira. Assim, chegou-se à hipótese de que a pronúncia da aluna reflete uma retomada da variante que ela conheceu na primeira infância, quando da aquisição do português como língua materna, ainda que no Japão.

Para compreendermos melhor como se deu essa situação, procuramos informações sobre como se dá o processamento da memória no cérebro humano. Na próxima seção, apresentamos um resumo daquilo que conhecemos até o momento, como um referencial teórico para a análise.

As modalidades de memória
A função executiva do cérebro vem sendo definida como um conjunto de habilidades que, de forma integrada, possibilita ao indivíduo direcionar comportamentos a objetivos, realizando ações voluntárias. Tais ações são auto-organizadas, mediante a avaliação de sua adequação e eficiência em relação ao objetivo pretendido, de modo a eleger as estratégias mais eficientes, resolvendo assim, problemas imediatos, e/ou de médio e longo prazo

A memória é um conjunto de procedimentos que permite manipular e compreender o mundo, levando em conta o contexto atual e as experiências individuais, recriando esse mundo por meio de ações da imaginação. O que fica armazenado é um 'sumário interpretativo' de toda nossa experiência passada. A capacidade dos neurônios de se transformar, adaptando sua estrutura ao contexto (plasticidade neural), seria o suporte desse funcionamento da memória.

A memória não pode ser considerada como um bloco único no cérebro. Ao contrário, sabe-se hoje que há mais de um mecanismo que nos assegura a manutenção das informações no cérebro. A memória processual (ou procedural) é um tipo de memória não-declarativa cuja evocação se dá por meio do desempenho em vez da lembrança ou do reconhecimento conscientes (Baddeley et al.). Ela armazena dados obtidos a partir da aquisição de habilidades por meio da repetição de uma atividade que segue um mesmo padrão. A persistência das memórias procedurais é muito grande, podendo perdurar por décadas. (Izquierdo et al.). Entre as atividades exercidas a partir dessa memória processual estão todas as que se pratica sem qualquer consciência do movimento necessário para tanto: ela funciona implicitamente. Um exemplo tradicional, já do senso comum, é a habilidade de se andar de bicicleta. No caso aqui em apreço, está em jogo a habilidade muscular de pronúncia de sons da língua.

Segundo Squire, a questão das múltiplas formas de memória, quando considerada sob um ponto de vista biológico, indica que memórias de fatos e eventos têm caráter declarativo ou explícito; habilidades de memória não conscientes, por sua vez, são não-declarativas ou implícitas. Esse segundo tipo de registro inclui habilidades, hábitos, "priming" e simples condicionamento. Evidências recentes indicam que as formas declarativas e não-declarativas de memória têm características operacionais diferentes e dependem de sistemas cerebrais diferentes.

A respeito dessas diferentes estruturas cerebrais empregadas nas atividades de linguagem, Ulman explica:

A estrutura do cérebro e a natureza da evolução sugerem que, apesar de sua natureza única, a linguagem depende de sistemas cerebrais que servem também a outras funções. Segundo o modelo declarativo procedural (DP), o léxico mental de palavras memorizadas depende de grandes substratos de memória declarativa no lobo temporal, que constitui a base do armazenamento e uso de conhecimento de fatos e eventos. A gramática mental, que permite a combinação governada por regras de itens lexicais em representações complexas depende de um sistema neural diferente. (...) as funções dos dois sistemas cerebrais, junto com os substratos anatômicos, fisiológicos e bioquímicos, levam a predições específicas no que concerne aos seus papeis na linguagem. (Ulman, 234)

As habilidades de compreensão dos diferentes sistemas componentes da gramática da língua portuguesa (sintaxe, morfologia, léxico...) de Kawaii seguiram, até onde se pode perceber, o padrão dos demais alunos da turma. Assim, resta-nos pensar que a memória acessada para o procedimento físico de pronúncia das palavras em português estava registrada em um módulo diferente, não afetado pelo tempo em que ela não teve contato com a língua.

Ao empregar uma variante fonética que é parte da linguagem aparentemente esquecida e reconstruída aos poucos em um processo diferente do original, Kawaii demonstra que diferentes partes do cérebro são responsáveis pelo registro dos módulos que compõem a gramática da língua. O aspecto fonético da língua, registrado no cérebro como movimentos automatizados e inconscientes, repetidos ao longo dos anos, ficou mantido e foi acessado, quando necessário. Outros módulos, como os que registram léxico e estruturas gramaticais, não foram preservados na mesma medida.

A hipótese é que a aluna, ao voltar a utilizar a língua portuguesa, empregou para isso uma memória procedural, de caráter motor, do movimento dos órgãos do aparelho fonador necessários à produção do som. Como aquele som foi aceito sem dificuldade pelos demais falantes da língua com os quais ela teve contato, já que constitui somente uma variante geográfica que não interfere na compreensão da palavra, esse movimento continuou a ser feito, e a aluna o empregou sistematicamente desde então. Curiosamente, o fato de ela ser considerada, no Brasil, como uma falante de língua estrangeira e não como uma nativa, fez com que essa diferença não fosse percebida de imediato. Nem ela havia percebido, até a pesquisadora questionar isso. Essa análise tem repercussão para a discussão do peso das diferentes variantes na aprendizagem do português como língua de herança.

Considerações finais
Neste artigo descrevemos e analisamos um caso de aquisição de português como língua de herança de uma aluna japonesa de família brasileira. Essa aluna perdeu o contato coma língua portuguesa durante muitos anos e depois procurou retomá-lo através da aprendizagem formal da língua. Ao fazê-lo, retomou, de modo inconsciente, características de fala de uma variante do português a que não estava sendo exposta, mas que era aquela à que tinha tido acesso na primeira infância, durante a aquisição da língua como materna.

Esse caso consiste em um tópico de interesse para pesquisas futuras. É necessário, inicialmente, que se façam levantamentos mais abrangentes, em populações de alunos de português como língua de herança, para que se possa averiguar mais especificamente as características dessa situação. Para isso a coleta de dados equalizados, de caráter fonético (que podem ser exercícios de pronúncia de palavras ou de frases ou ainda gravações de situações de interação mais espontâneas), aliada à aplicação de instrumento de investigação que possa averiguar o histórico familiar do sujeito de pesquisa, assim como as possíveis influências do entorno, como amigos ou professores falantes de português (questionário, entrevista estruturada ou semi-estruturada) poderá dar a dimensão do fenômeno e nos permitir averiguar se o caso aqui analisado foi uma exceção motivada por condições específicas ainda não compreendidas ou se, ao contrário, o uso de variante da língua materna depois que ela se transformou em língua de herança é frequente. Essa análise mais alargada irá, então, lançar luz sobre o fenômeno em suas dimensões individual e social, propiciando respostas a questões de caráter especificamente linguístico (o sotaque, a manutenção e fossilização de traços da fonética da língua materna) e culturais.

Em termos da aplicabilidade dessas informações ao ensino da língua de herança, podemos pensar que a valorização da variante empregada pela família do indivíduo pode ser um fator de redução do filtro afetivo. Ao se perceber falante de uma variante específica, identificada, o indivíduo pode sentir que compartilha uma língua e uma história com seus ascendentes. Essa identificação pode abrir portas para o conhecimento de aspectos da cultura da família, fazendo-o se interessar pelo repertório cultural aí representado. Esse pode ser um fator de aumento do interesse do indivíduo pela própria língua, gerando um círculo em que ele se beneficia. Para o professor, reconhecer esse recurso pode ser uma chave para uma melhor adesão do aluno ao trabalho com a língua portuguesa.

Bibliografia

Baddeley, Alan, Anderson, Michael C. E Eysenck, Michael W. *Memória*. Porto Alegre, Artmed, 2011. Print.

Doi, Elza Taeko. Doi. "O ensino de japonês no Brasil como língua de imigração." *Estudos Lingüísticos*. XXXV, p. 66-75, 2006. Web.

Izquierdo, Iván Antonio, Myskiw, Jociane de Carvalho, Benetti ,Fernando Cristiane E Furini, Regina Guerino. "Memória: tipos e mecanismos – achados recentes". *Revista USP*. São Paulo, n. 98, junho/julho/agosto 2013. P. 9-16. Web. 16 March 2016.

Silva, Thaïs Cristófaro. *Fonética e fonologia do português*. 9. Ed. São Paulo, Contexto, 2007. Print.

Spinassé, Karen Pupp. "Os conceitos Língua Materna, Segunda Língua e Língua Estrangeira e os falantes de línguas alóctones minoritárias no Sul do Brasil". *Contingentia*, Vol. 1, novembro 2006, Web. 20 Feb 2016.

Squire, Larry R. Declarative and Nondeclarative Memory: Multiple Brain Systems Supporting Learning and Memory. *Journal of Cognitive Neuroscience*. Vol. 4, No. 3, Summer 1992. P. 232 a 243. Web. 20 Feb 2016.

Haino, Sumiko. O recurso linguístico da segunda geração de brasileiros na sociedade japonesa. Portuguese language Journal. Vol. 9. Artigo 5. 2015. Print.

Ulman, Michael T. Contributions of memory circuits to language: the declarative/procedural model. Cognition. Volume 92, issues 1-2, may-june 2004. Web. 23 Sep 2016.

MATERIAIS DIDÁTICOS PARA O ENSINO DE PORTUGUÊS COMO SEGUNDA LÍNGUA PARA SURDOS: UMA PROPOSTA PARA O NÍVEL BÁSICO

Giselli Mara da Silva
Angélica Beatriz Castro Guimarães
Universidade Federal de Minas Gerais, Brasil

Introdução

Nos últimos anos, a comunidade surda usuária da Língua de Sinais Brasileira (Libras) e pesquisadores da área têm militado a favor da Educação Bilíngue para surdos, como a melhor proposta educacional para essa minoria linguística. Nessa perspectiva, a Libras é considerada como a primeira língua (L1) dos surdos e o português, a segunda língua (L2), a ser ensinada por meio de metodologias específicas (Ferreira-Brito 49; Quadros 21; entre outros). No entanto, a proposta de educação bilíngue tem enfrentado inúmeros desafios. No tocante ao acesso dos surdos a um ensino efetivo do português, destacamos aqui a formação de professores fluentes em Libras, especializados no ensino de português como segunda língua (PL2) para surdos, além da necessidade de materiais didáticos específicos para esse grupo.

Considerando tais questões, neste artigo pretendemos focar a temática dos materiais didáticos para surdos, considerando sua importância para um ensino efetivo de português para esses aprendizes, além de seu papel como "apoio" para o professor que atua no ensino de PL2 para surdos. Para tanto, inicialmente discutimos, de modo geral, a importância dos livros didáticos no ensino de línguas e a situação da área de PL2 para surdos. Em seguida, apresentamos uma experiência de desenvolvimento de um material didático independente, voltado para o público infantil. A apresentação está organizada da seguinte forma: partimos da apresentação dos pressupostos e concepções que guiaram a criação do conteúdo do material didático, bem como da análise das necessidades e especificidades dos aprendizes surdos para, então, apresentar exemplos de atividades construídas e seus objetivos. O design visual do material também foi apresentado, tanto em seus aspectos de uso quanto de envolvimento emocional com o público para o qual o material é direcionado. Ao final do artigo, relatamos rapidamente os resultados obtidos até então e os desafios na construção de um material didático independente.

Livros didáticos e o ensino de PL2 para surdos

Conforme relata Paiva ("Os desafios na produção de materiais didáticos para o ensino de línguas no ensino básico" 345), dentre as tecnologias móveis de educação, o livro é o recurso mais encontrado em sala de aula, e sua história remonta há séculos atrás, sendo que a indisponibilidade deste recurso ou sua presença em sala de aula influenciou as metodologias de ensino de línguas. Atualmente, o livro didático pode ocupar um papel central no ensino de línguas, determinando objetivos e conteúdos a serem priorizados, ou mesmo pode ser utilizado de forma mais periférica, com o professor elaborando suas próprias atividades e usando-o como apoio (Diniz et al. 266).

Diniz et al. (266) assumem que o livro didático não é, em si, bom ou ruim, mas é importante considerar a forma como esse recurso é utilizado em sala de aula. Esses autores argumentam que, no contexto de ensino de português para falantes de outras línguas, o livro didático assume uma posição de maior destaque, já que muitos profissionais que atuam na área são falantes nativos do português sem formação em Letras; ou, mesmo no caso daqueles que têm formação em Letras, a maioria dos professores não receberam formação para o ensino do português para falantes de outras línguas. Como explicam esses autores, em tais circunstâncias, o LD pode se converter no único guia disponível para o professor.

Tal argumentação é diretamente aplicável para o caso do ensino de PL2 para surdos, já que pouquíssimos professores que atuam na área têm tido oportunidades de formação. Silva et al. (14) fizeram uma análise exploratória do perfil de uma amostra de professores da região metropolitana de Belo Horizonte e concluíram que o perfil dos professores não corresponde às necessidades encontradas no ensino de PL2 para surdos: a maioria dos professores não tem formação em Letras e não tiveram formação, nem em nível de graduação, nem em formação continuada, na área de ensino de PL2 para surdos.

Soma-se à falta de formação de professores, a carência de materiais didáticos para os aprendizes surdos. Até onde sabemos, não há materiais disponíveis no mercado editorial para o ensino de PL2 para esse público. Num levantamento de Santos (5), a autora encontrou: (i) publicações institucionais voltadas para a formação de professores e propostas curriculares, tal como a publicação do MEC, de autoria Salles et al., em que há textos teóricos e exemplos de atividades para ensino de PL2 para surdos, (ii) além de um livro didático de autoria de Albres, o qual, diferente das outras publicações listadas por Santos, pode ser considerado um livro didático. Esse livro foi publicado pelo Instituto Santa Teresinha e, como se anuncia na apresentação, destina-se ao público adolescente. Não foram encontrados materiais didáticos de ensino de PL2 voltado para crianças surdas num levantamento feito por nós. Constata-se assim a extrema escassez de materiais didáticos para surdos, especialmente no caso de crianças surdas usuárias da Libras que estão numa situação complexa de aprendizagem, já que falam uma língua e precisarão aprender a ler e escrever em sua L2.

Uma experiência de desenvolvimento de materiais didáticos
Considerando a importância e a escassez de materiais didáticos para a educação de crianças surdas, iniciamos no ano de 2014 um projeto[26] que visa ao desenvolvimento de materiais didáticos específicos para surdos usuários da Libras[27]. Mais especificamente, estamos desenvolvendo um material independente, que se constitui de um livro didático em português e um DVD em Libras. Apesar de o livro ser o recurso norteador, apresentando a sequência das atividades, este, por sua vez, depende do material em DVD, que traz vídeos em Libras indispensáveis para o desenvolvimento das atividades e sistematização dos conteúdos.

Antes do início do desenvolvimento do material, foi primordial a definição do público-alvo que pretendíamos alcançar. Nesse sentido, considerando que a aprendizagem de uma L2 é favorecida no caso de aprendizes na tenra idade e, considerando o nível precário do ensino e da aprendizagem de PL2 para surdos na atualidade[28], optamos por criar materiais didáticos para o nível básico do português, voltados para crianças surdas a partir de 8 anos de idade.

O desenvolvimento do material é realizado por uma equipe composta por professores e estudantes das áreas de Letras e Design Visual. Inicialmente, o conteúdo é criado pela equipe de Letras, composta pela professora orientadora e pelos estudantes da graduação, bolsistas do projeto. Em seguida, o conteúdo é enviado à equipe de Design Visual, composta também por uma professora orientadora e por estudantes de graduação, que, por sua vez, desenvolvem o projeto gráfico do material, criando as ilustrações e a proposta de diagramação.

Ao longo de todo o processo, as duas equipes estão em constante contato

---

[26] Agradecemos a todas as bolsistas que aturam ou atuam no projeto pelo importante trabalho desenvolvido.
[27] Este projeto contou com o apoio da Pró-Reitoria de Graduação da Universidade Federal de Minas Gerais (UFMG), do Núcleo de Acessibilidade e Inclusão da UFMG e da Pró-Reitoria de Extensão da UFMG.
[28] Alguns estudos qualitativos realizados em escolas que atendem alunos surdos, como as pesquisas de S. Silva e G. Silva, atestam os vários problemas no ensino de português para surdos.

para a construção e revisão das propostas por meio de reuniões presenciais e outras ferramentas de interação on-line. Assim, a criação do material não se dá de forma linear, havendo reiteradas revisões do conteúdo e do projeto gráfico conforme se avançam nas etapas de elaboração do material e se delineiam mais claramente as respostas às necessidades de aprendizagem do público-alvo. Abaixo se apresenta sucintamente o trabalho de elaboração do conteúdo e do design visual do material didático.

Elaboração do Conteúdo
Conforme Leffa (15), a produção de materiais de ensino deve seguir minimamente as seguintes etapas: análise, desenvolvimento, implementação e avaliação. Considerando tal proposta, para a elaboração do conteúdo, partimos da análise das necessidades dos aprendizes para, em seguida, desenvolver o material, implementá-lo e avaliá-lo. Esse processo foi feito de forma recursiva, como sugere Leffa (16), além de ocorrer também em conjunto com a equipe da área de Design Visual, como iremos detalhar mais adiante.

Análise das especificidades e necessidades do aprendiz surdo
Apesar de comparável com o aprendiz ouvinte de PL2, o aprendiz surdo apresenta algumas especificidades relativas a sua condição sensorial, ao uso de uma língua espaço-visual e ao pertencimento a uma comunidade linguística minoritária. É muito importante que o ensino de PL2 para esses aprendizes considere de forma adequada tais especificidades. Por isso, antes do desenvolvimento do material didático, procuramos delimitar tais especificidades e buscar compreender também as necessidades de tais aprendizes. A título de ilustração, pode-se dizer que, assim como um aprendiz ouvinte de uma L2, o aprendiz surdo precisa desenvolver a competência lexical, gramatical e comunicativa na nova língua (Salles et al. 123). Além disso, assim como ocorre com o aprendiz ouvinte, a aprendizagem do português como L2 é influenciada por inúmeras questões: o tempo de exposição à língua, a idade do início dessa exposição, a motivação para a aprendizagem, entre outros. Então, o que caracteriza o aprendiz surdo de PL2?

Inicialmente, o surdo irá aprender uma língua de modalidade diferente, ou seja, não se trata simplesmente de aprender uma L2, mas também de aprender uma segunda modalidade de língua, uma língua oral-auditiva diferente da língua espaço-visual que é sua L1. Um aspecto que precisa ser considerado a esse respeito, por exemplo, é a distância entre as estruturas sintáticas de ambas as línguas. Enquanto a Libras tem uma sintaxe visual, organizada no espaço (Quadros e Karnopp 127), o português apresenta uma organização linear, cuja aprendizagem é bastante difícil para as pessoas surdas (Bernardino 128; Costa 21). Uma implicação dessa especificidade é um trabalho com o ensino da gramática do português de forma comparativa com a gramática da Libras, para conscientizar o aprendiz dessas diferenças e possibilitar mais o desenvolvimento da competência gramatical. No material que construímos, uma forma de viabilizar tal comparação foi o desenvolvimento de vídeos em Libras com explicações de palavras, frases e textos em português, de forma a facilitar a compreensão desses aspectos gramaticais, dada a distância entre as línguas.

Além do uso da língua de sinais, outra especificidade dos aprendizes surdos é que eles fazem parte de uma minoria linguística e cultural, a comunidade surda. Essa comunidade, ao longo dos anos e na interação entre seus membros, vem construindo culturas surdas[29]. Considerando tal questão, buscamos no material oportunizar a interação entre elementos culturais presentes nas comunidades surdas e aqueles geralmente associados a pessoas ouvintes.

Além disso, como explicam Salles et al. (115), os aprendizes surdos não irão aprender o português por meio de interações espontâneas, mas sim na aprendizagem formal na escola. Tendo um impedimento auditivo, a maioria dos surdos utiliza geralmente a Libras nas interações face a face e o português na interação escrita. Nesse contexto, os textos adquirem um papel importantíssimo de dar insumo da língua ao aprendiz que, apesar de ter contato cotidiano com falantes do português, não tem acesso ao input oral dessa língua. Nesse caso, no material didático desenvolvido, buscamos possibilitar o desenvolvimento do letramento do aprendiz surdo, dando representatividade no material a diferentes textos escritos de diferentes esferas sociais, além de cuidar para que a apresentação visual do material pudesse potencializar a aprendizagem visual da escrita pelo aprendiz.

Buscamos compreender também de que forma o aprendiz surdo precisa usar o português no cotidiano. Apesar de não ter sido possível fazer uma análise das necessidades desse aprendiz de forma detalhada, buscamos listar alguns gêneros textuais que os aprendizes têm contato cotidiano e que precisam ler e escrever. Ressaltamos também a importância da escola na expansão do repertório de leitura e escrita desses aprendizes, especialmente considerando que a maioria dos surdos tem pais ouvintes, e as práticas de leitura e escrita desses aprendizes em outros grupos sociais, como a família, podem ficar comprometidas devido à falta de uma língua compartilhada. Sendo assim, gêneros textuais de diferentes esferas estão presentes no material, tais como os gêneros literários.

Finalmente, indicamos uma das questões mais importantes a ser considerada no material para crianças surdas, a questão da aprendizagem da língua escrita. No caso dos surdos brasileiros, aprender a ler e a escrever

---

[29] Utilizamos aqui o termo "culturas surdas", no plural, em consonância com a discussão Klein e Lunardi (15).

coincide com aprender uma nova língua, já que a escrita da Libras ainda não é suficientemente difundida e faltam trabalhos sobre o ensino da escrita de sinais para crianças surdas no Brasil. A esse respeito, G. Silva explica:

Em geral, os surdos brasileiros iniciam seu contato com a língua escrita em eventos de letramento nos quais o material escrito está em LP [língua portuguesa], uma língua oral cujo sistema conceitual não corresponde ao sistema de sua L1 e cuja representação gráfica está relacionada à cadeia sonora da língua falada. (SILVA 13)

Considerando a complexidade do processo de alfabetização de crianças surdas, que envolve a apropriação do sistema alfabético e dos usos sociais da leitura e da escrita, bem como a aprendizagem de uma nova língua, decidimos então contemplar, no material didático, crianças surdas, com cerca de 8 anos de idade, que já tenham iniciado seu processo de alfabetização. Para utilizar de forma satisfatória o material, essa criança já deve ter algumas habilidades descritas abaixo conforme a Matriz de Referência do Programa de Avaliação da Alfabetização da Secretaria de Estado da Educação de Minas Gerais, a saber:

(i) *habilidades relativas ao reconhecimento dos sistemas de convenção da escrita, tais como*: identificar as letras do alfabeto; diferenciar letras de outros sinais gráficos, distinguir, como leitor, diferentes tipos de letras; conhecer as direções e o alinhamento da escrita do português; compreender a função da segmentação de espaços em branco na delimitação de palavras em textos escritos.

(ii) *habilidades relativas à apropriação do sistema alfabético*, tais como: compreender a função da segmentação de espaços em branco na delimitação de palavras em textos escritos; ler palavras.

(iii) *habilidades relativas à produção escrita*, tal como escrever palavras.

(Minas Gerais; UFJF/CAED 15)

Produzir um livro para crianças surdas com certas habilidades na escrita alfabética, voltado para a aprendizagem de uma L2 tem o objetivo também de responder à demanda de outro público usuário do material didático – os professores de surdos. Muitos deles, mesmo com ampla experiência na educação de crianças surdas ou, mais especificamente, na alfabetização, não têm formação em ensino de L2, sendo que um material didático pode ajudar a complementar as atividades de ensino, focando propriamente no ensino de L2.

Definição da abordagem de ensino

O ensino de português para surdos é marcado historicamente por uma visão de língua como código (Pereira 145), o que tem sido bastante danoso para os surdos. Na proposta educacional conhecida como Oralismo, o objetivo principal do ensino de português era o desenvolvimento da fala, ensinada a partir de uma perspectiva de língua como conjunto de regras;

sendo que a articulação dos fonemas da língua era um dos principais objetivos do ensino, se sobrepondo até mesmo ao ensino da escrita (Silva pg. 20).

Porém, nos últimos anos, assim como ocorreu no ensino de línguas de maneira geral, as propostas de ensino de línguas para surdos têm sido reformuladas, visando a um ensino que foque no uso da língua em diferentes contextos sociais, considerando uma abordagem interacionista de língua, além de uma nova visão sobre os aprendizes surdos (Pereira 147; Lodi 189). Tal perspectiva está presente, por exemplo, na publicação do MEC, de autoria de Salles e colaboradores.

No processo de construção do material didático aqui apresentado, busca-se responder a essa demanda por uma nova forma de ensinar os aprendizes surdos, focando no uso significativo da língua nos mais diversos contextos sociais. No caso dos surdos, as interações em português ocorrem primordialmente por meio da escrita. Assim, é importante que o professor e o material didático possam viabilizar essas interações em sala de aula, com dinâmicas diversas e também explorando as possibilidades trazidas pelas novas tecnologias, buscando construir não só atividades que o preparem para o uso do português fora da sala de aula, como também usos reais em sala de aula.

Desenvolvimento do material

Após definir o público ao qual se destinaria o material e a abordagem que seria adotada, iniciamos o processo de desenvolvimento propriamente dito que culminou na avaliação, a qual se deu por meio da aplicação do material numa turma de alunos surdos numa escola da rede pública para posterior revisão. Abaixo apresentamos o material e alguns exemplos de atividades.

O material foi organizado em unidades, as quais, por sua vez, foram divididas em lições. As unidades têm um tema norteador, e as lições visam ao desenvolvimento de um uso específico da leitura e da escrita ou ao desenvolvimento de uma competência específica, a saber, competência gramatical ou competência lexical. Os temas contemplados no material buscam atrair o interesse do aluno, sendo que no primeiro nível decidimos abordar a questão da identidade, da família e da rotina que foram abordadas sucessivamente em três unidades – Unidade 1 – "Quem sou eu?", Unidade 2 – "Minha família" e Unidade 3 – "Minha rotina".

Além do material impresso, foram elaborados vídeos em Libras que são parte essencial para o uso do material impresso pelas crianças surdas e professores. Os vídeos em Libras: (i) sistematizam conceitos construídos ao longo das unidades, (ii) apresentam glossários em Libras referentes a itens lexicais do português; e (iii) apresentam explicações sobre o funcionamento do português, com comparações entre as línguas.

A título de exemplificação, podemos mostrar a estruturação da unidade 2 do material, intitulada "Minha família"; cujas lições são: (i) "Conhecendo os membros da família", na qual são explorados principalmente o vocabulário referente aos membros de uma família, a leitura de árvores genealógicas e de um texto literário em que o personagem apresenta sua família e o uso do masculino e feminino em substantivos relativos aos membros da família (tio-tia); (ii) "Aprendendo sobre convites e numerais", em que é trabalhado especialmente o gênero convite, de diferentes tipos, além da leitura e da escrita dos numerais que aparecem nesse gênero e em outros gêneros textuais.

Para a criação das atividades que compõem as lições, foram inicialmente coletados textos autênticos referentes aos temas das unidades. Dentre os desafios da criação de materiais didáticos, certamente está o uso de textos autênticos, já que é bastante difícil, em níveis iniciais, usar textos autênticos compatíveis com os conhecimentos linguísticos dos aprendizes, além de lidar com as questões de direitos autorais. A esse respeito, Paiva (147) aconselha o uso de textos simples nas etapas iniciais. Optamos então por textos mais esquemáticos que não exigissem muitos conhecimentos da sintaxe da língua pelas crianças, que estão no início do processo de aprendizagem de PL2 (ver os exemplos das figuras 1 e 2). Utilizamos também textos não autênticos quando necessário (ver figura 3).

Figura 1: convite da festa junina da Escola Estadual Francisco Sales (CAS/ BetCruz)

Figura 2: carteira estudantil de Débora Mini

Figura 3: texto não autêntico/ carteira de identidade

Em seguida, foram desenvolvidas atividades que contemplassem as habilidades de leitura e escrita de textos variados, ora separadas em diferentes lições ora organizadas de forma mais integrada, como na atividade apresentada na figura 4. Também foi muito importante o trabalho com a internet, como forma de viabilizar interações por meio da língua escrita. Resguardadas as especificidades das crianças surdas, exploramos ao máximo os recursos trazidos pela internet, considerando inúmeras vantagens do uso desses recursos com aprendizes surdos (Salles et al. 116).

Na figura 5, apresentamos uma atividade que integra ensino de gramática – mais especificamente, gêneros dos substantivos – e o trabalho com a identificação de nomes próprios em português, atividade essa articulada ao trabalho com o desenvolvimento das habilidades de leitura de documentos.

Lendo e escrevendo!

1 Você já criou seu e-mail? Se sim, agora você pode criar um cadastro em um site de jogos como, por exemplo, o "Click Jogos". Preencha com seus dados e, se tiver interesse, acesse o site através do link: http://www.clickjogos.com.br .

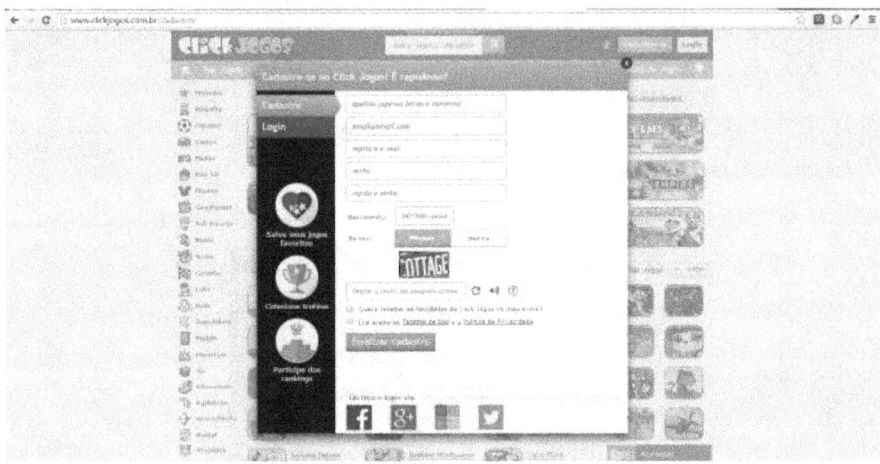

Figura 4: Atividade de leitura e escrita

2 Veja os nomes abaixo e depois os copie no quadro, separando os femininos e dos masculinos.

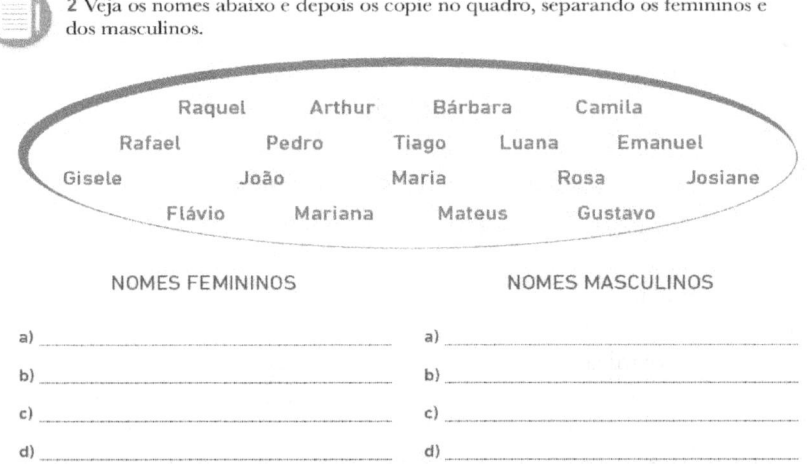

Figura 5: Atividade sobre gêneros de nomes próprios

Em todo o material, buscamos contemplar as especificidades do aprendiz surdo, como discutimos anteriormente. Dentre essas especificidades, destacamos abaixo exemplos de atividades que contemplam: (i) a aprendizagem visual da língua escrita; (ii) a mediação da Libras; e (iii) a análise contrastiva Libras-português.

Como já se disse antes, a alfabetização de crianças surdas é um processo complexo. Uma das especificidades das crianças surdas na aprendizagem da escrita é a ausência de fonetização da escrita (Peixoto 211), especialmente no caso de crianças com surdez severa e profunda. Essas crianças vão aprender a língua escrita sem estabelecer a relação grafema-fonema, mas apenas utilizando-se do insumo visual, como explica Ferreira-Brito (67): "o input gráfico é também visual e que só se atinge verdadeiramente o intelecto da pessoa surda através da visão". Sendo assim, a equipe que elaborou o conteúdo e a equipe de Design Visual buscou estratégias para potencializar a aprendizagem visual da língua escrita pelas crianças.

Você sabia que existem nomes diferentes para homens e para mulheres ?
Abaixo, colocamos alguns exemplos.

Figura 6: Atividade sobre nomes próprios em crachás

Buscamos utilizar a língua de sinais como mediadora no processo de aprendizagem das crianças surdas em todo o material, por meio de estratégias variadas, tais como: (i) vídeos em Libras que sistematizam conceitos trabalhados, explicam vocábulos novos ou apresentam análises comparativas Libras-português (figura 7); (ii) atividades com ilustrações de sinais da Libras; (iii) proposta de atividades em grupo em que a língua das interações face a face é a Libras (figura 8).

Outra especificidade dos surdos é a importância da comparação com sua L1 no processo de aprendizagem da língua escrita, como explicado anteriormente. A análise comparativa entre as línguas – Libras e português (ou análise contrastiva cf. Quadros 101; Botelho 116; Silva 64) pode potencializar a aprendizagem do português escrito pelo aprendiz surdo. A atividade apresentada na Figura 5, por exemplo, foi proposta considerando a comparação feita entre sinais-nome da Libras e nomes próprios do português, sendo que os sinais em Libras não apresentam marca de gênero, enquanto os nomes em português apresentam, o que é um traço gramatical de difícil assimilação pelos aprendizes. A esse respeito, foi elaborado também um vídeo em Libras em que é oferecida uma explicação comparativa sem uso de metalinguagem, de uma forma acessível a crianças surdas (Figura 6).

Buscou-se também um meio de (res)significar as experiências e as práticas vivenciadas pelos alunos surdos, tendo em conta principalmente as limitações que esses aprendizes vivem por não compartilhar a língua da família e de outras pessoas do convívio, o que restringe bastante a participação significativa em práticas de leitura e escrita fora de ambientes formais de educação. Fizemos, por exemplo, a leitura de documentos (exemplos nas Figuras 2 e 3), os quais as crianças possivelmente já viram sendo utilizados, mas, por não compartilharem a língua da família, podem não compreender os usos e os significados desses textos.

Por fim, em várias atividades do material didático, são propostas discussões em Libras sobre o conteúdo em foco, como forma de proporcionar ao aluno a oportunidade de construir coletivamente o conhecimento, além de levantar hipóteses e negociar sentidos com seus pares surdos (ver figura 3).

Figura 7: Vídeo em Libras com tópico gramatical

 2 Procure se lembrar de situações nas quais você já usou sua carteira de identidade. Como foi? Discuta com seus colegas.

 3 Você tem algum desses documentos abaixo? Converse com seus colegas sobre por que estes documentos são importantes na nossa vida em sociedade.

Figura 8: exemplo de atividade em grupo com discussão em Libras

Elaboração do Design Visual

A programação visual é etapa importante no desenvolvimento deste material didático, tanto do livro (que terá saída inicialmente digital e, eventualmente, impressa) quanto do DVD. Como o público-alvo são crianças usuárias da Libras, e a oralização não é pré-requisito para a utilização do material, o aprendizado do português escrito como L2 se apoia exclusivamente em estímulos visuais. Essa é uma das especificidades que afetam o modo como a publicação vem sendo trabalhada visualmente. Sem a fonetização no aprendizado da língua escrita, as crianças precisam decodificar as palavras utilizando apenas o input visual. Desse modo, o projeto gráfico em questão não pode ser baseado em uma publicação para crianças ouvintes da mesma faixa etária, mas devem ser buscadas soluções que enfoquem a realidade e os conhecimentos prévios do público. Tais soluções não passam tanto por recomendações do design gráfico para publicações didáticas em geral, mas por abordagens do Design Centrado no Usuário, na busca de contemplar as especificidades do contexto de uso e do público alvo. Há necessidade de se mapear esse contexto para se tomar decisões, e não se utilizarem soluções conhecidas voltadas para leitores ouvintes.

Para o desenvolvimento do projeto gráfico, partiu-se da necessidade de contemplar aspectos objetivos e subjetivos da relação entre o público-alvo e a publicação. A parte mais objetiva diz respeito ao uso das letras, à legibilidade e aos espaços de intervenção – para escrita, desenhos e colagens – deixados para as crianças utilizarem no material impresso. A parte mais subjetiva diz respeito ao uso das ilustrações e de personagens exclusivos, e também ao aspecto visual agradável e unificado que se apresenta ao longo dos capítulos. Esses dois aspectos são vistos como importantes e indissociáveis. Na obra Design Emocional, de Donald Norman, o autor desenvolve a ideia de que sistemas que possuem apelo emocional em relação a seu público são também mais eficientes. Nesse sentido, oferecer uma boa possibilidade de uso através de boa legibilidade é importante, mas o envolvimento afetivo do público-alvo com os conteúdos trabalhados também é muito relevante, e pode ser potencializado através da apresentação visual. Esse envolvimento favorece o aprendizado por aumentar a tolerância dos estudantes em relação ao processo de aprendizagem, que por vezes é bastante árduo e sempre exige esforço. Norman (39) afirma que "quando pessoas estão mais relaxadas e felizes, seus processos de raciocínio se expandem, tornando-se mais criativos, mais imaginativos". Por isso a programação visual também se preocupa em criar identificação entre o público e o material proposto, para que os estudantes e professores se sintam representados, respeitados, e ainda sintam prazer em utilizar o material didático.

As necessidades dos estudantes foram levantadas a partir de interações com a equipe pedagógica responsável pela elaboração e aplicação do material didático junto às crianças surdas em sala de aula. As decisões tomadas refletem essa interação e são uma proposta inicial de abordagem desse público em seu contexto específico de aprendizagem. A publicação do material – que trará oportunidade de novos testes em sala – auxiliará na validação das decisões atualmente implementadas, pois possibilitará a interlocução com um público usuário mais amplo e variado.

Quanto aos aspectos objetivos, foi definido o formato da publicação, o uso de letras, espaçamentos e a inserção de espaços para a resolução de exercícios pelos alunos. O tamanho definido para a publicação é 21,5 x 22,5 cm. Nesse formato, o conteúdo pode ser distribuído ao longo das páginas sem sobrecarregar o aluno, e também é permitido que esse interaja com a publicação, seja desenhando, escrevendo, circulando ou ligando palavras e imagens. Esse formato também permite que o material, em formato digital, seja projetado com uso de aparelho *data-show*, devido à proporção 4:3, muito comum nos projetores e telas. Desse modo, o material diagramado pode servir tanto à impressão quanto à projeção, sem necessidade de adaptações ou deformações para ser visualizado em tela cheia. A importância de se projetar o material vem da necessidade que os alunos surdos têm de olhar para o professor, que explica os conteúdos em Libras, e ao mesmo tempo visualizar o material didático. A projeção em tela para todos é o recurso ideal para permitir essa simultaneidade.

Em relação ao texto, foi identificada a necessidade de letras grandes e entrelinhas ainda maiores nas lacunas a serem preenchidas pelos alunos (textos em corpo 14 e lacunas com entrelinhas em corpo 19). Isso se deve ao modo de decodificação do texto pelos alunos surdos e à pouca familiaridade com a escrita, afinal se trata de material didático voltado para o nível básico. Sobre a interação entre o livro e os vídeos complementares em DVD, estuda-se oferecer acesso, no próprio DVD, à versão digital do impresso com a adição de hiperlinks, e/ou um índice contendo todos os vídeos separados por unidade e por página, para acesso intuitivo a esse conteúdo.

Os aspectos mais subjetivos do projeto gráfico buscam a representação do público-alvo com a finalidade de obter mais envolvimento e empatia, e assim lograr maior eficiência em seu uso. Esses aspectos são contemplados com o desenvolvimento da marca do projeto, da paleta de cores para identificação das unidades, dos pictogramas, personagens e ilustrações. A marca identifica o material didático e leva em consideração suas ideias fundamentais: abordagem visual de ensino da língua escrita, sendo que o repertório comum dos estudantes é a Libras (figura 9). A paleta de cores se baseia nas cores de materiais escolares e de escritório muito utilizados por crianças em idade escolar (lápis de cor, canetas hidrocor e notas auto-adesivas). Essa paleta serve para identificar as diferentes unidades do material. Os pictogramas sinalizam dois diferentes tipos de atividades: atividades que demandam escrita em português (ver figura 5) e atividades com interação em Libras entre estudantes (ver figura 8). Trata-se dos tipos principais de atividade disponíveis no livro. Os pictogramas as sinalizam de modo direto, o que dispensa a leitura do enunciado para se descobrir o tipo de atividade. Tal recurso é interessante para estabelecer a comunicação com os estudantes de modo mais satisfatório, já que eles ainda não possuem fluência de leitura em português para identificar com agilidade o tipo de atividade que se propõe.

 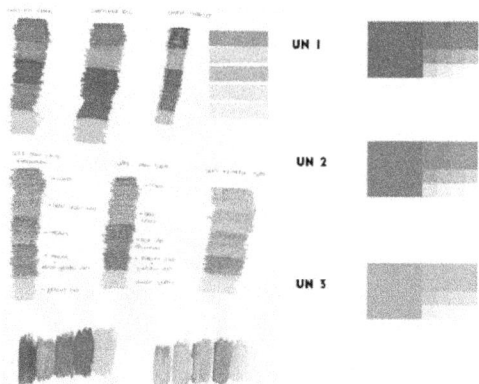

Figura 9: Marca e paleta de cores

Já os personagens, criados especialmente para essa publicação, são os principais meios de estabelecimento de empatia junto ao público. Foram elaborados três personagens principais: uma menina e um menino da mesma faixa etária pretendida para o público, e um personagem que mostra alguns sinais da Libras conforme a necessidade em algumas atividades de vocabulário (figura 10). As crianças receberam os nomes Lili e Guto. Sua finalidade é mostrar situações comuns de leitura e escrita e também se dirigirem aos alunos, instigando-os sobre algum assunto ou orientando sobre o uso do material (por exemplo, pedindo que assistam a algum vídeo). Eles têm cabeça grande, rosto expressivo, corpos pequenos e mãos grandes, o que facilita o desenho desses personagens por vezes fazendo algum sinal em Libras, na qual ambos são fluentes. Os personagens Lili e Guto aparecerão em todas as unidades com seu estilo específico de ilustração. Outras ilustrações também são necessárias, como aquelas referentes a vocabulário. Nesse caso, são feitas no mesmo estilo para unificar a linguagem visual utilizada. O personagem elaborado para demonstrar o vocabulário em Libras foi desenvolvido com uma linguagem visual semelhante à dos personagens Lili e Guto, porém mais simplificado e com proporções mais realistas para favorecer a legibilidade do sinal em Libras demonstrado. Ao utilizar sinais gráficos e personagens exclusivos da publicação de modo consistente ao longo das unidades, é criada uma coerência visual agradável ao longo da publicação. Isso pode tornar o uso do livro prazeroso ao aprendiz e pode auxiliar em seu processo de aprendizado, que muitas vezes é penoso. Como o principal contato dos alunos com a língua portuguesa no nível básico se dará por meio do livro didático no ensino formal, espera-se que estes elementos contribuam para que os alunos tenham vontade de acessá-lo constantemente a fim de assimilar o que se busca ensinar através dele. Nesse sentido, os materiais de apoio em vídeo também são fundamentais, e o acesso facilitado à tecnologia digital favorece o uso combinado entre o livro e os vídeos.

Figura 10: Personagens do material didático

Considerações finais

De modo geral, a produção de materiais didáticos para crianças surdas tem sido uma experiência muito rica para os membros do projeto, professores e bolsistas de graduação. Elaborar propostas de conteúdo e design e implementar considerando as especificidades do público-alvo é uma tarefa que exige constante discussão e revisão do trabalho por toda a equipe de forma integrada. No momento, estamos elaborando a unidade 3 do material e produzindo os vídeos em Libras e a expectativa é que, ao final de 2016, o material esteja disponível gratuitamente, em formato eletrônico, para professores e alunos surdos utilizarem em sala de aula.

Alguns desafios têm se colocado ao longo do processo de construção de um material independente, como a falta de verbas para a impressão e produção de DVDs. Outra questão bastante problemática é a obtenção de direitos autorais e uso de imagens, considerando a importância de se utilizarem materiais autênticos, presentes no cotidiano, para se desenvolverem habilidades de leitura e escrita das crianças surdas.

No que tange à elaboração do conteúdo, alguns desafios metodológicos têm inquietado a equipe, tais como; (i) a construção de atividades interativas por meio da língua escrita; (ii) o uso de textos autênticos condizentes com o nível de conhecimento linguístico de crianças surdas; (iii) a construção de textos didáticos em Libras de forma adequada à faixa etária das crianças, entre outros.

Bibliografia

Albres, N. de A. *Português... eu quero ler e escrever*. Instituto Santa Teresinha, 2010.

Bernardino, E. L. A construção da referência por surdos na Libras e no português escrito: a lógica do absurdo. Dissertação de Mestrado em Estudos Lingüísticos. Faculdade de Letras, Universidade Federal de Minas Gerais, Belo Horizonte, 1999.

Diniz, et al. Uma análise panorâmica de livros didáticos de português do Brasil para falantes de outras línguas. In: Dias, R.; Cristovão, V. L. L. (Orgs.). *O livro didático de língua estrangeira*: múltiplas perspectivas. Campinas, SP: Mercado de Letras, 2009. p. 265-304.

Fernandes, S. É possível ser surdo em português? Língua de sinais e escrita: em busca de uma aproximação. In: Skliar, C. (org.). Atualidade da Educação Bilíngüe para Surdos. 2ª ed. Porto Alegre: Mediação, 1999. 2 v.

Ferreira-Brito, L. F. Integração social & educação de surdos. Rio de Janeiro: Babel, 1993.

Garrett, J. J. The Elements of User Experience: User-Centered Design for the Web and Beyond. 2 ed. Berkeley: New Riders, 2011.

Klein, M e M.L. Lunardi. Surdez: Um território de fronteiras. Educação Temática Digital. Campinas, 2006, v.7, n.2., p.14-23.

Leffa, V. J. (2008). Como produzir materiais para o ensino de línguas. In: Leffa, V. J. (Org.). Produção de materiais de ensino: prática e teoria. 2 ed. Pelotas: Educat, 2008, v. 1. p. 15-41.

Lodi , et al. Letramento e Surdez: um olhar sobre as particularidades dentro do contexto educacional. In: Lodi, A. C. B., Harrison, K. M. P., Campos, S. R. L., Teske, O. (orgs). Letramento e Minorias. Porto Alegre: Mediação, 2002. p. 35-46.

Lodi, A. C. B. A Leitura em Segunda Língua: práticas de linguagem constitutivas da(s) subjetividade(s) de um grupo de surdos adultos Cad. Cedes, Campinas, vol. 26, n. 69, p. 185-204, maio/ago. 2006.

Norman, D. Design Emocional: por que adoramos (ou detestamos) os objetos do dia-a-dia. 1 ed. Rio de Janeiro: Rocco, 2008.

Paiva, V. L. M. de. Desenvolvendo a habilidade de leitura; In: Paiva, V. L. M. de. (org.). Campinas, SP, 3ª ed.: Pontes Editores, 2010. p.129-147.

Paiva, V. L. M. de O. Os desafios na produção de materiais didáticos para o ensino de línguas no ensino básico. Revista (Con)Textos Linguísticos, Vitória, v.8, n. 10.1, p. 344-357, 2014.

Pereira, M. C. C. O ensino de português como segunda língua para surdos: princípios teóricos e metodológicos. Educar em Revista, Curitiba, Brasil, Edição Especial n. 2, p. 143-157, 2014.

Quadros, R. M. de. Educação de surdos: a aquisição da linguagem. Porto Alegre: Artes Médicas, 1997.

Quados, R. M. de e M. L. Schmiedt. Idéias para ensinar português para alunos surdos. 1. ed. Brasília: MEC, SEESP, 2006.

Quadros, R. M. de e L. Karnopp. Língua de sinais brasileira: estudos lingüísticos. Porto Alegre, Artes Médicas, 2004.

Rogers, Y. et al. Design de interação: além da interação humano-computador. 3. ed. Porto Alegre: Bookman, 2013.

Salles, H. M. M. L. et al. Ensino de Língua Portuguesa para Surdos: caminhos para a prática pedagógica. 1. ed. Brasília: MEC, SEESP, 2004. 2 v. (Programa Nacional de Apoio à Educação dos Surdos).

Santos, E. R. O Ensino de Língua Portuguesa para Surdos: uma análise de materiais didáticos. In: Anais do SIELP. Vol. 2, n 1. Uberlândia: EDUFU, 2012. p.1-12.

MINAS GERAIS. Secretaria de Estado de Educação de Minas Gerais; Universidade Federal de Juiz de Fora, Faculdade de Educação, CAEd. *Revista Pedagógica do Programa de Avaliação da Alfabetização - Proalfa (Língua Portuguesa)*. Juiz de Fora, Brasil, v. 1, jan./dez. 2013.

Silva, G. M. *Lendo e Sinalizando Textos*: uma análise etnográfica das práticas de leitura em português de uma turma de alunos surdos. 2010. 222f. Dissertação (Mestrado em Educação) - Faculdade de Educação, Universidade Federal de Minas Gerais, Belo Horizonte, 2010.

Silva et al. Formação de Professores de Português para Surdos: entre o ideal, o real e o possível. *Caminhos em Linguística Aplicada*, Taubaté, Brasil, v.11, n. 2, p.01- 23, 2014.

Silva, S. G. de L. da. Ensino de Língua Portuguesa para Surdos: das políticas as práticas pedagógicas. 121f. 2008. Dissertação (Mestrado em Educação) - Universidade Federal de Santa Catarina. Florianópolis, 2008.

AS VOGAIS DO PORTUGUÊS ENTRE APRENDENTES CHINESES E SUAS IMPLICAÇÕES NO DESENVOLVIMENTO DE UM PROGRAMA DE PORTUGUÊS

Adelina Castelo
Instituto Politécnico de Macau, China
Centro de Linguística da Universidade de Lisboa, Portugal
Rita Nazaré Santos
Centro de Linguística da Universidade de Lisboa, Portugal

Introdução
A relevância de observar o perfil do aprendente chinês quanto ao domínio das vogais é fundamentada em várias razões. Em primeiro lugar, tem-se registado um forte crescimento do número de cursos de português nas universidades chinesas nos últimos anos (Lei 12), o que leva à necessidade de conhecer melhor o perfil destes aprendentes e de ajustar os programas de português aos mesmos.

Além disso, como se sabe e como é referido, por exemplo, em Wang (27-31) e Nunes ("Overall Analysis" 38; "European Portuguese Phonetics" 97), os aprendentes chineses manifestam dificuldades particulares na aquisição do Português Língua Estrangeira (PLE), nomeadamente dificuldades fonéticas, que resultam das grandes diferenças entre a sua língua materna e a língua-alvo. Também a importância da pronúncia na vida dos aprendentes motiva a necessidade de estudar o domínio das vogais por parte deste grupo de aprendentes. De facto, vários autores sugerem que a pronúncia é um importante indicador da proficiência em língua estrangeira para os falantes nativos e que tal tem implicações sociais consideráveis (Gilakjani 96, Moyer 16, Saito 17). Por exemplo, a percepção do nível de proficiência de um falante na L2 condiciona o acesso que este tem a oportunidades de trabalho, a determinados contactos sociais, etc. O facto de alguns estudos evidenciarem a ocorrência de bastantes erros na produção de vogais em PLE (Oliveira 131; Castelo, et al.) também suporta a necessidade de conhecer mais detalhadamente o domínio destes segmentos.

Finalmente, as próprias complexidades do sistema-alvo vocálico (quanto à sua fonologia e ortografia) também levam a interrogarmo-nos sobre como se dará a sua aquisição e quais serão as dificuldades sentidas durante o processo por parte dos aprendentes chineses.

Para melhor se compreenderem as complexidades do sistema vocálico do Português Europeu (PE), passamos a ilustrar muito rapidamente alguns dos seus aspectos. Neste sistema fonológico, e considerando apenas as vogais orais, é possível distinguir nove vogais, com base em dois parâmetros: o ponto de articulação e a altura da vogal. Quanto ao primeiro parâmetro, as vogais são anteriores (quando são produzidas na zona anterior da cavidade oral), centrais (produzidas na zona central) ou posteriores (articuladas na zona posterior). Relativamente ao parâmetro da altura, as vogais são altas (quando a língua se eleva em relação à sua posição de repouso), médias (se a língua se mantém na posição de repouso) ou baixas (quando se abaixa relativamente à posição de repouso). As vogais orais, quando em posição átona, sofrem normalmente um processo de redução vocálica, muito produtivo no PE, de elevação e centralização das vogais átonas, tal como se esquematiza no quadro 1.

Altura	Altas	i	ɨ	u
	Médias	e	ɐ	o
	Baixas	ɛ	a	ɔ
		Anteriores	Centrais	Posteriores
		Ponto de articulação		
Exemplos de vogais que sofrem a elevação e centralização de vogais átonas vogal tónica → vogal átona figo [i] → figueira [i] pêra [e] → pereira [ɨ] guerra [ɛ] → guerreiro [i] cama [ɐ] → camada [ɐ] casa [a] → caseiro [ɐ] fogo [o] → fogueira [u] porta [ɔ] → porteiro [u] fumo [u] → fumeiro [u]				

Quadro 1 *Vogais orais do PE e processo de elevação e centralização das vogais átonas*

Tal como se pode ver no quadro 1, no PE existem oito vogais orais em posição tónica. No entanto, devido ao processo de redução vocálica, em posição átona temos apenas quatro vogais[30], verificando-se que as vogais anteriores baixa e média sofrem um recuo e uma elevação para [ɨ], a vogal

---

[30] Uma descrição mais pormenorizada deste e de outros processos que afectam o sistema vocálico do PE pode ser encontrada em Castelo ("Competência metafonológica" 77-96), Freitas, et al. (66-69, 97-120) e em Mateus e Andrade (17-23, 129-36).

central sofre uma elevação para [ɐ] e as vogais posteriores baixa e média tornam-se altas, [u]. Este processo fonológico envolve, pois, alterações da altura e do ponto de articulação da vogal.

Considerando agora a ortografia do PE, esta apresenta várias propriedades das ortografias opacas, como mencionado por diversos autores (e.g. Castelo "Competência metafonológica" 97-98; Veloso 64). Sem ser necessário detalhar demasiado, basta pensar na assimetria que se regista entre o inventário fonético e a representação ortográfica. Existem catorze vogais fonéticas – se considerarmos as orais e as nasais ([a, ɐ, i, ɛ, e, i, ɔ, o, u, ɐ, ☐ ẽ, ĩ, õ, ũ]) – que são representadas com apenas cinco símbolos ortográficos (<a, e, i, o, u>), eventualmente associados a alguns marcadores – de nasalidade (< m, n, ~ >), de altura de vogal (<^, `, ´ >), ou de acento (<^, ` >).

Tendo em conta todas estas motivações para considerar relevante o estudo das vogais dos aprendentes chineses, com esta comunicação pretendemos alcançar o seguinte objectivo: identificar as dificuldades específicas no domínio das vogais por parte dos aprendentes chineses. O meio utilizado para alcançar esse objectivo será a observação e comparação de erros em produções orais e escritas. No final, a partir das dificuldades identificadas, será possível não só indicar algumas propriedades necessárias num programa de português ajustado a este público, como também apresentar algumas propostas didácticas que exemplifiquem a aplicação de um programa de português adequado.

Metodologia

A amostra utilizada neste trabalho inclui dados de sete informantes chineses[31], mais propriamente de sete textos orais e treze escritos. Estes dados foram recolhidos em Outubro e Novembro de 2014 e fazem parte do *COPLE₂ – Corpus de Português Língua Estrangeira/Língua Segunda*. Este corpus visa recolher dados de aprendizagem do português produzidos pelos alunos que participaram nos cursos anuais ou de Verão ou que realizaram exames de acreditação na Faculdade de Letras da Universidade de Lisboa (cf. Antunes, et al.). Foram analisados os dados de todos os informantes chineses de que tínhamos, simultaneamente, registos escritos e orais no momento da análise de dados. Estes informantes apresentavam diferentes níveis de proficiência na língua portuguesa.

No que diz respeito aos procedimentos, observaram-se todos os erros cometidos ao nível das vogais.

---

[31] Embora dois dos informantes tenham uma L1 diferente (cantonês num caso e taiwanês noutro), as suas produções foram incluídas na amostra, porque todos os informantes dominam o mandarim e uma amostra com estas pequenas variações mostra melhor a realidade dos aprendentes chineses (todos dominam o mandarim, mas muitos falam outros dialectos ou línguas como língua materna).

Na análise usou-se a tipologia de erros que foi proposta por Castelo, et al, a partir de trabalhos anteriores (Castro e Gomes; Gonçalves, et al.; Horta e Martins; Sousa). De seguida, apresentamos os tipos de erros relevantes neste estudo.

Uma primeira categoria é a dos erros de segmento – isto é, os casos em que um segmento foi substituído por outro, na escrita ou na oralidade (por exemplo, o alvo gráfico <podemos> foi escrito como <podamos> e o alvo oral ['sew] foi dito como ['sɛw]).

Existem também erros de estrutura silábica – ou seja, os casos em que a produção apresentou uma estrutura silábica ou um número de sílabas diferentes (exemplos: o alvo <visitar> foi escrito como <vistar>, sendo suprimido um segmento e havendo, portanto, alterações ao nível da sílaba; o alvo [pɾufi'soɾ] foi produzido oralmente como [pɾu'soɾi], verificando-se a supressão de uma sílaba e a inserção de um novo núcleo silábico no final da palavra).

Registam-se ainda erros de acento: (i) casos em que o acento gráfico não é correctamente colocado na escrita (dando origem a uma palavra diferente quanto à acentuação e eventualmente também no que diz respeito ao timbre vocálico – cf. alvo <incómodo>, em que a vogal acentuada se lê [ɔ], escrito como <incomodo>, em que a mesma vogal deveria ser lida como [u]); (ii) casos em que a sílaba tónica não é correctamente assinalada na oralidade (exemplo: alvo ['afɾikɐ] produzido como [ɐ'fɾikɐ]).

Finalmente, apenas na escrita, encontram-se igualmente erros de conversão (grafo-fonológica). Trata-se de casos em que a leitura da palavra escrita pelo aprendente corresponde à pronúncia da palavra-alvo, mas a forma visual usada não está correcta (exemplo: *sossego* escrito com <u> na primeira sílaba lê-se da forma correcta, mas a forma gráfica convencional da palavra é com <o>, <sossego>, e não <sussego>).

Resultados

No quadro 2, apresentam-se os resultados obtidos numa análise global dos erros.

	Oral		Escrita		Total	
	N	%	*N*	%	*N*	%
Segmento	583	74%	24	40%	607	72%
Estrutura silábica	198	25%	11	18%	209	25%
Acento	5	1%	17	29%	22	2%
Conversão	--	--	8	13%	8	1%
Total	786	100%	60	100%	846	100%
	786	93%	60	7%	846	100%

Quadro 2 Análise global dos erros encontrados

Observando a última linha do quadro, torna-se evidente que há muito mais erros na oralidade (786 erros, correspondendo a 93% do total de erros encontrados), por comparação com os da escrita (60 erros, que constituem 7% do total de erros).

Verifica-se também que, nos textos orais, predominam os erros de segmento (com 74% do total de erros na modalidade oral), seguindo-se os erros de estrutura sílaba (25%). Nas produções escritas, os erros mais frequentes também são de segmento, embora com menor ocorrência (40% do total de erros na modalidade escrita), verificando-se ainda bastantes erros de acento (29%) e de estrutura silábica (18%). Os erros de conversão, que, por definição, só existem na escrita, ocorrem com pouca frequência nos dados em análise (13% do total de erros na escrita).

Tendo em conta os resultados obtidos, analisaremos mais detalhadamente apenas os tipos de erros com proporções de ocorrência mais elevadas: os erros de segmento (com 74% de ocorrências na oralidade e 40% na escrita) e os de acento (com 29% de ocorrências na escrita).

O quadro 3 apresenta uma descrição dos erros de segmento identificados, tanto na oralidade como na escrita.

	Oral		Escrita	
	N	%	N	%
[ɨ] → [ɐ]	11	3%	1	4%
[ɨ] → [e]	20	3%	0	0%
[ɨ] → [i]	12	2%	0	0%
[ɐ] → [ɨ]	12	2%	6	**25%**
[ɐ] → [a]	238	**41%**	0	0%
[ɐ] → [e]	41	**7%**	0	0%
[ɐ̃] → [ẽ]	22	4%	0	0%
[ɛ] → [ɨ]	10	2%	0	0%
[e] → [ɛ]	55	**9%**	0	0%
[o] → [ɔ]	20	**3%**	0	0%
[ɔ] → [o]	12	**2%**	0	0%
[u] → [ɨ]	42	**7%**	5	**21%**
[u] → [o]	12	2%	4	**17%**
outros casos	76	13%	8	33%
Total	583	100%	24	100%

Quadro 3 Descrição dos erros de segmento identificados

Os erros de segmento afectam sobretudo as vogais [ɐ, e, u, i, ẽ, o], ou seja, vogais com diferentes pontos de articulação, mas que têm em comum o facto de serem médias ou altas. É de destacar a existência de uma frequência relativamente elevada de casos de vogais-alvo médias substituídas por vogais baixas (cf. [ɐ] → [a], com 238 erros orais; [e] → [ɛ] com 55 erros orais; [o] → [ɔ], 20 erros orais) e de 12 erros orais consistindo na substituição de vogais-alvo baixas pelas vogais médias correspondentes.

No caso de alguns segmentos, ocorrem muitos erros tanto na modalidade oral como na escrita – cf. erros na produção das vogais-alvo [ɐ] e [u]. No entanto, para outros segmentos, a ocorrência de erros verifica-se (quase) apenas na modalidade oral, como no caso das vogais-alvo [e, i, ẽ, o]. Convém ainda referir que os erros mais frequentes na oralidade não se registam na escrita ([ɐ] → [a] e [e] → [ɛ]), o que se compreende dado o facto de estes erros nunca poderem ocorrer na escrita, uma vez que o som-alvo e o som de *output* têm a mesma grafia, de acordo com as regras do sistema ortográfico do português.

Finalmente, é de mencionar que, embora em menor número, também existem algumas alterações relacionadas com o ponto de articulação de vogal (por exemplo, [u] → [ɨ], com 42 erros) e com a nasalidade ([ɐ] → [e], com 22 erros).

O quadro 4 mostra as alterações sofridas pelas vogais-alvo nos erros de segmento, tendo em conta o(s) parâmetro(s) alterado(s) (ponto de articulação, PAV, e/ou altura da vogal).

	Oral		Escrita	
	N	%	*N*	%
Altura	389	67%	13	54%
Altura e PAV	49	8%	2	8%
PAV	130	22%	8	34%
Outras mudanças	15	3%	1	4%
Total	583	100%	24	100%

Quadro 4 Alterações sofridas pelas vogais-alvo nos erros de segmento

Como se pode ver no quadro, os erros segmentais resultam mais frequentemente de uma mudança na altura da vogal, tanto no oral (67%) como na escrita (54%). Por outras palavras, nos erros de segmento, o que acontece mais frequentemente é os informantes produzirem uma vogal com o mesmo ponto de articulação da vogal-alvo, mas uma altura diferente (por exemplo, usar uma vogal baixa em vez da vogal-alvo média).

No quadro 5, regista-se o valor acentual das vogais-alvo que sofreram erros de segmento.

	Oral		Escrita	
	N	%	N	%
Átona	397	68%	13	54%
Tónica	186	32%	11	46%

Quadro 5 Valor acentual das vogais-alvo que sofreram erros de segmento

Os dados evidenciam que a maior parte dos erros de segmento se registam em vogais-alvo átonas, tanto na modalidade oral, como na escrita.

A fim de observar, de seguida, os erros de acento na modalidade escrita, incluímos, no quadro 6, algumas propriedades associadas a esta categoria de erros.

		Escrita	
		N	%
Valor acentual da vogal	Tónica	14	82%
	Átona	3	18%
Problema de acentuação	Ausência de acento	13	76%
	Presença de acento	4	24%

Quadro 6 Propriedades associadas aos erros de acento, na modalidade escrita

Os erros de acento ocorrem sobretudo em vogais tónicas, consistindo principalmente na ausência de qualquer acento gráfico em vogais que o deveriam apresentar.

Discussão

Passamos a sistematizar e a reflectir sobre as principais dificuldades encontradas na produção vocálica dos aprendentes chineses, a fim de identificar algumas das propriedades necessárias num programa de PLE ajustado a esse público-alvo.

O tipo de erro com um maior número de ocorrências é claramente o de segmento, não só na oralidade (74% dos erros orais), como também na escrita (40% dos erros escritos).

Os erros de segmento mais frequentes estão associados a mudanças na altura da vogal. A dificuldade no domínio deste parâmetro foi já verificada também por Oliveira (131), ao analisar as produções orais de aprendentes de PLE de níveis intermédios e avançados e falantes de diferentes línguas maternas. Por outro lado, Wang (31) sublinha que os alunos chineses revelam habitualmente problemas nas distinções [e] / [ɛ] e [o] / [ɔ]. Estes resultados parecem, pois, confirmar que os aprendentes chineses, tal como falantes de outras línguas maternas, sentem dificuldades particulares no domínio desta propriedade fonológica. Tal facto seria, contudo, expectável, dado que as vogais médias não fazem parte do triângulo vocálico (cf. discussão do tópico em Oliveira 95-97) e que não existem estes dois contrastes fonológicos no mandarim (Rodrigues, et al. 9).

Os erros segmentais consistem por vezes também em alterações do ponto de articulação da vogal. Contudo, estas são muito menos frequentes, não indiciando, portanto, a existência de um problema específico no domínio do parâmetro do ponto de articulação. Quanto aos erros em vogais nasais, são em número relativamente reduzido, o que também se deverá ao facto de, na língua-alvo, as vogais nasais apresentarem uma menor frequência de ocorrência (Gomes 278-79 – dados que revelam uma maior frequência das vogais orais do que das nasais correspondentes).

Os erros de segmento sugerem ainda a existência de dificuldades associadas ao processo de redução vocálica. Tendo em conta que os aprendentes mostram tanto não dominar a altura de vogal, como ter problemas maioritariamente na produção das vogais átonas, é bastante provável que uma das causas dos erros seja o não domínio do próprio processo de redução vocálica, além das dificuldades no parâmetro de altura de vogal (que são manifestas, por exemplos, nos erros de mudança de altura de vogal que ocorrem em segmentos átonos). O não domínio do processo de elevação e centralização das vogais átonas no PE é também identificável a partir dos dados de Oliveira (131). De facto, nesse estudo, a autora encontra mais problemas com /u/ resultante de [o, ɔ] do que com /u/ de [u] (103).

Considerando os problemas identificados, é possível concluir que os erros de segmento apontam para a necessidade de os programas de ensino de PLE ajustados aos aprendentes chineses enfatizarem a instrução e o treino acerca do parâmetro de altura de vogal e do processo de elevação e centralização das vogais átonas.

Os erros de acento, por sua vez, também nos fornecem algumas pistas sobre o que será necessário integrar num programa adaptado aos alunos chineses. Os dados mostram que estes erros ocorrem, sobretudo, em vogais tónicas e consistem, principalmente, na não utilização de qualquer acento gráfico, apesar de este ser preciso na palavra em causa. Por outras palavras, o problema está na ausência de acento e não na presença em excesso ou na colocação incorrecta do mesmo. Por outro lado, estes erros também não parecem estar associados a problemas de acento na oralidade, já que se verificam apenas cinco casos de erros de acento na oralidade. Assim sendo, é possível pensar que tais erros tenham uma causa meramente ortográfica e não fonológica e, mais especificamente, que derivem de uma eventual desvalorização do símbolo gráfico, diacrítico, ao qual não associam um significado muito específico. Esta hipótese leva-nos a defender que um programa ajustado aos aprendentes chineses também deve incluir uma consciencialização do papel e da importância do acento gráfico.

Um último aspecto a salientar consiste no facto de os aprendentes chineses apresentarem muitos mais erros orais do que escritos, pelo menos, ao nível da produção de segmentos e sílabas. Outros estudos seriam necessários para verificar se o mesmo ocorre noutras componentes da gramática, como a sintaxe e a morfologia. Quanto à representação de segmentos e de sílabas, é possível que os melhores resultados na escrita se devam a diferentes factos, tais como o de os aprendentes tenderem a dominar regras explicitáveis (as da escrita são explicitadas; as orais, como a regra da redução vocálica, frequentemente não são), o de conseguirem reter com relativa facilidade a imagem visual das palavras, e o de terem mais tempo para processamento aquando da tarefa de escrita. No entanto, seja qual for a motivação destes melhores resultados na escrita, uma consequência a retirar dos mesmos é a necessidade de promover bastante a modalidade oral junto dos aprendentes chineses.

Tendo em conta todos os resultados obtidos e as reflexões apresentadas, é possível considerar que um programa de PLE ajustado aos aprendentes chineses deve insistir nos seguintes aspectos:

(a) domínio do parâmetro de altura de vogal;
(b) conhecimento e treino sobre o processo de elevação e centralização de vogais átonas;
(c) prática da oralidade;
(d) consciencialização do papel e da importância do acento gráfico.

Propostas didácticas
Após a identificação de alguns dos aspectos a incluir num programa de PLE específico para aprendentes chineses, apresentamos, em três quadros abaixo, conjuntos de tarefas que exemplificam como se poderiam trabalhar, de forma mais sistemática, os seguintes tópicos: o parâmetro de altura de vogal (quadro 7); o processo da redução vocálica (quadro 8); a importância e algumas regras do acento gráfico (quadro 9).

1. **Para ler bem, é preciso distinguir três vogais parecidas.**
1.1. Ouça a gravação e observe as vogais destacadas nas seguintes palavras.

[ ]	[ ]	[ ]
p<u>i</u>	p<u>ê</u>	p<u>é</u>
s<u>i</u>lo	s<u>e</u>lo (nome)	s<u>e</u>lo (verbo *selar*)

1.2. Consulte a página http://cvc.instituto-camoes.pt/cpp/acessibilidade/capitulo2_1.html (com sons) e preencha a 1.ª linha com o símbolo fonético adequado.
1.3. Ouça o professor e repita a articulação isolada das vogais [ɛ], [e], [i].
1.4. Observe bem a posição da sua língua e indique qual é a diferença na articulação das três vogais.
1.5. Para que serve fazer bem essa diferença na articulação?
2. **Treine a pronúncia das vogais estudadas.**
2.1. Leia novamente as palavras de 1.1 em voz alta.
2.2. Escreva uma frase para cada umas palavras de 1.1 e encontre na internet uma imagem relacionada.
2.3. Apresente a sua imagem aos colegas e diga a frase que escreveu.

Quadro 7 Conjunto de tarefas para o parâmetro de altura de vogal (adaptado a partir de Castelo, "Material Didáctico")

1. **Ouça a leitura das palavras relacionadas.**

[ ]	[ ]	[ ]	[ ]
bola			bolada
forma			formar
	golo		golinho
	o jogo		jogador
		gula	guloso
		fumo	fumar

1.1. Preencha a 1.ª linha com o símbolo fonético adequado.
1.2. Sublinhe a sílaba tónica de cada palavra.
1.3. Explique o que acontece às vogais [u, o, ɔ]. quando aparecem em sílaba átona.
2. **A regra descrita em 1.3. chama-se *redução vocálica*, pois torna as vogais orais mais fracas, reduzidas, em sílaba átona.**
3. **Na internet procure o poema "Golo", de Matilde Rosa Araújo.**
3.1. Prepare a leitura do poema, cuidando especialmente a pronúncia das vogais [u, o, ɔ].
3.2. Faça a leitura em voz alta para os seus colegas.

Quadro 8 Conjunto de tarefas para o processo de redução vocálica (adaptado a partir de Castelo, "Material Didáctico")

> 1. Para ler bem, é preciso saber a sílaba tónica (forte) de cada palavra. Por isso, vamos observar a acentuação das palavras.
> 1.1. Ouça a leitura do professor e sublinhe a sílaba tónica de cada palavra.
>
> | peru | táxi | avó | rubi | avô | cunhado |
> |---|---|---|---|---|---|
> | sentença | rádio | código | lábio | livro | revista |
> | inteligente | fonte | chá | café | sogra | anúncio |
> | ponte | júri | vírus | universidade | bebé | Vénus |
>
> 1.2. Complete o quadro com as palavras dadas em 1.1 (não considere o *S* final).
>
> | palavras com acento gráfico | palavras sem acento gráfico e terminadas em A, E, O | palavras sem acento gráfico e terminadas em I, U |
> |---|---|---|
> | | | |
>
> 1.3. Complete as frases.
> a) As palavras que não têm acento gráfico e terminam em A, E, O são acentuadas na _____ sílaba.
> b) As palavras que não têm acento gráfico e terminam em I, U são acentuadas na _____ sílaba.
> c) As palavras com acento gráfico são acentuadas na sílaba _____.
>
> 2. Vamos praticar a acentuação de palavras.
> 2.1. Sublinhe a sílaba tónica das palavras seguintes:
> *casas, altura, órfão, cântico, júri, felicidade, tatu, lápis, caso, manchu, abacaxi, javali, cajus.*
> 2.2. Leia as palavras em voz alta.
> 2.3. Procure na internet a letra da canção "Adoro Lisboa" de Madredeus e treine a sua leitura em voz alta, procurando marcar correctamente cada sílaba tónica.

Quadro 9 Conjunto de tarefas para a importância e algumas regras do acento gráfico (adaptado a partir de Castelo, "Songs")

Como se pode ver nos quadros apresentados, em todas estas tarefas se procura levar os alunos a passarem por diversas etapas: (a) fase de *input* linguístico; (b) de consciencialização e explicitação; (c) de treino em situação controlada; (d) de prática em situação menos controlada e mais comunicativa. Estas etapas visam levar os aprendentes não só a ganhar conhecimento explícito acerca do tópico em causa, como também procurar promover a transformação, tão depressa quanto possível, desse conhecimento explícito, declarativo, em competência interiorizada, em conhecimento processual (embora ainda se discuta a possibilidade de o conhecimento explícito se transformar em implícito – cf. Ellis 215). Sublinham ainda a importância da prática em situação comunicativa como meio para alcançar o domínio linguístico pretendido.

Considerações finais

Foi com base em dados empíricos que este estudo procurou identificar algumas características das vogais do português entre aprendentes chineses e assinalar as implicações didácticas dessas características, indicando aspectos a ter em conta na elaboração de um programa de português delineado em função deste grupo de alunos. De acordo com os resultados obtidos, um programa de PLE ajustado aos aprendentes chineses deveria abordar, pelo menos, os seguintes tópicos: parâmetro de altura de vogal (nas tónicas e átonas); processo de elevação e centralização das vogais átonas; treino intenso da oralidade; importância do acento gráfico. Por esse motivo, foram apresentados três conjuntos de tarefas que visam ilustrar modos de promover o domínio destes aspectos junto dos aprendentes.

Assim, este trabalho fornece um pequeno contributo para o delinear do perfil do aprendente chinês ao nível da pronúncia e da ortografia, para a definição de propriedades necessárias nos programas de PLE para alunos chineses e para a exemplificação do desenho de materiais didácticos para esses programas.

No entanto, são ainda muitos os tópicos que seguem a linha deste trabalho e que mereceriam uma investigação no futuro. De entre esses tópicos destacam-se a identificação de outros traços do perfil do aprendente chinês ao nível da pronúncia, a elaboração de um programa de ensino da pronúncia completo e específico para os aprendentes chineses, a construção de materiais didácticos para implementar esse programa e a aplicação da metodologia agora usada na identificação do perfil de pronúncia de outros grupos de aprendentes.

Bibliografia

Antunes, Sandra, et al. "Apresentação do *Corpus de Português Língua Estrangeira/Língua Segunda – COPLE2*." *XXX Encontro Nacional da Associação Portuguesa de Linguística. Textos seleccionados.* APL, 2015.

Castelo, Adelina. "Competência Metafonológica e Sistema Não Consonântico no Português Europeu: Descrição, Implicações e Aplicações para o Ensino do Português como Língua Materna." Dissertação de doutoramento, Universidade de Lisboa, 2012.

_____. "Material Didáctico 3 - Desporto com Vogais." Verão em Português no IPM 2016, 11 a 16 de

Julho 2016, Instituto Politécnico de Macau, Macau. Formação para professores.

_____. "Songs for Phonetic Training: A Model and its Application for Chinese Learners of Portuguese" (em preparação).

Castelo, Adelina, et al. "O Uso de Vogais Ortográficas por Aprendentes de Português como Língua Estrangeira: Unidade na Diversidade." *Língua Portuguesa - Unidade na Diversidade.* Universidade Marie Curie-Skłodowska, Lublin (no prelo).

Castro, São Luís, e Inês Gomes. *Dificuldades de Aprendizagem da Língua Materna.* Universidade Aberta, 2000.

Ellis, Rod. "Principles of instructed language learning." *System*, vol. 33, n.º 2, 2005, pp. 209-24, doi:10.1016/j.system.2004.12.006.

Freitas, Maria João, et al. *Os Sons que Estão nas Palavras. Descrição e Implicações para o Ensino do Português como Língua Materna*. Ed. Colibri, 2012.

Gilakjani, Abbas Pourhosein. "The Significance of Pronunciation in English Language Teaching." *English Language Teaching*, vol. 5, n.º 4, 2012, pp. 96-107.

Gomes, Inês. "Ler e Escrever em Português Europeu." Dissertação de doutoramento, Universidade do Porto, 2001.

Gonçalves, Fernanda, et al. *O Conhecimento da Língua: Percursos de Desenvolvimento*. Ministério da Educação - DGIDC, 2011.

Horta, Inês Vasconcelos, e Margarida Alves Martins. "Desenvolvimento e Aprendizagem da Ortografia: Implicações Educacionais." *Análise Psicológica*, vol. 1, n.º XXII, 2004, pp. 213-23.

Lei, Heong Iok. "Objectivo nobre e responsabilidade grande." *Atas do 1.º Fórum Internacional de Ensino de Língua Portuguesa na China. Instituto Politécnico de Macau*, 2012, pp. 12-13.

Mateus, Maria Helena, e Ernesto d'Andrade. *The Phonology of Portuguese*. Oxford UP, 2000.

Moyer, Alene. "How Does Experience in the Second Language Shape Accent?" *Contact*, vol. 40, n.º 4, 2014, pp.15-20.

Nunes, Ana. "An Overall Analysis on Chinese Students Learning European Portuguese as a Second Language." *GSTF International Journal of Law and Social Sciences*, vol. 3, n.º 2, 2014, pp. 33-9.

_____. "European Portuguese Phonetics: Difficulties for Chinese Speakers – Considerations." *Procedia - Social and Behavioral Sciences*, vol. 192, 2015, pp. 92-100.

Oliveira, Inês. "A Aquisição do Sistema Vocálico por Falantes de PE como Língua Não Materna." Dissertação de Mestrado, Faculdade de Letras da Universidade de Lisboa, 2006.

Rodrigues, Maria Helena, et al. *Diversidade linguística na escola portuguesa - Mandarim*. Fundação Calouste Gulbenkian, 2008.

Saito, Kazuya. "The Influence of Explicit Phonetic Instruction on Pronunciation Teaching in EFL settings: The Case of English Vowels and Japanese Learners of English." *The Linguistics Journal*, vol. 3, n.º 3, 2007, pp. 16-40.

Sousa, Óscar C. de. *Competência Ortográfica e Competências Linguísticas*. ISPA, 1999.

Veloso, João. "A Língua na Escrita e a Escrita da Língua. Algumas Considerações Gerais sobre Transparência e Opacidade Fonémicas na Escrita do Português e Outras Questões." *Da Investigação às Práticas. Estudos de Natureza Educacional*, vol. VI, n.º 1, 2005, pp. 49-69.

Wang, Suo Ying. *O Português para um Chinês. Abordagem Simultânea sobre os Métodos de Ensinar Português aos Chineses*. Instituto Rainha D. Leonor, 1991.

A LÍNGUA PORTUGUESA AOS PEDAÇOS NO ENSINO MÉDIO: PARADOXOS ENTRE EPISTEMOLOGIAS E PRÁTICAS DOCENTES DE GRAMÁTICA, LITERATURA E REDAÇÃO[32]

Luana Alves Luterman
Universidade Estadual de Goiás – Câmpus Inhumas, Brasil
Eliane Marquez da Fonseca Fernandes
Agostinho Potenciano de Souza
Universidade Federal de Goiás, Brasil

Introdução

Na Universidade Estadual de Goiás, Câmpus Inhumas, há, dentre outros, dois componentes curriculares obrigatórios no quarto ano de Letras, compostos pelas seguintes disciplinas: *Orientações para o Estágio Supervisionado de Língua Portuguesa e Literaturas para o Ensino Médio* (estudo de referências epistemológicas sobre a prática docente de língua portuguesa) e *Estágio Supervisionado de Língua Portuguesa e Literaturas para o Ensino Médio* (observação do contexto escolar de uma escola-campo – infraestrutura e funcionamento da escola, por meio das características compostas também pela seção administrativa –, semirregência – aprendizagem por meio do auxílio docente à professor/a regente da escola-campo – e aplicação da regência de um projeto de intervenção elaborado por grupos de estagiárias/os).

O almejo de investigação do tema prática docente de língua portuguesa irrompeu da dificuldade de orientação das/os estagiárias/os, devido ao impasse entre o que dizem os pesquisadores do ensino de língua portuguesa e o que se realiza na sala de aula da escola-campo parceira da Universidade Estadual de Goiás, Câmpus Inhumas. Há um descompasso entre as epistemologias estudadas na disciplina complementar do estágio, sobre

---

[32] Participação no EMEP fomentada pela Fundação de Amparo à Pesquisado Estado de Goiás (FAPEG).

orientações de campo teórico a respeito dos procedimentos para operacionalização dos conteúdos, e o ensino de língua portuguesa na escola-campo.

Observamos essa divergência entre a prática fragmentada de ensino de língua portuguesa e as recomendações epistemológicas de Antunes (2007), Bagno (2002), Charaudeau (2012), Neves (2010), Brasil/OCEM (2006), Possenti (1996), Soares (2003), Souza (2012) e outros autores quanto à análise linguística, em consideração às vertentes integrais da língua, do texto e do discurso. A regularidade observada no exercício docente estruturalista da disciplina língua portuguesa revela o paradoxo entre epistemologias e práticas docentes no ensino médio. O acompanhamento cotidiano dos alunos ao longo de quatro anos no exercício docente de orientação de diferentes graduandos em Letras justifica as constatações sobre o processo de ensino-aprendizagem de língua portuguesa na educação básica, ilustrado pela escola observada.

Objetivos
Investigaremos a interdição de práticas efetivas de letramento, que ocorreriam em favor da formação reflexivo-crítica discente, no ensino de língua portuguesa numa escola-campo de Inhumas, Goiás. Conheceremos melhor a materialidade desvelada pelos produtos documentais de estágio, um dos relatórios parciais de estágio (semirregência), redigidos pelas/os estagiárias/os a respeito do ensino fragmentado de língua portuguesa, especificamente de gramática.

• Descreveremos as principais dificuldades das/os estagiárias/os durante o embate com algumas das leituras realizadas na disciplina de *Orientações para o Estágio Supervisionado de Línguas Portuguesa e Literaturas para o Ensino Médio* e a prática docente verificada *in loco*, por meio da disciplina *Estágio Supervisionado de Línguas Portuguesa e Literaturas para o Ensino Médio*, no processo de estágio numa escola militar estadual de Inhumas, Goiás.

• Investigaremos como a escola impede o emprego de políticas pedagógicas vinculadas à destituição do preconceito linguístico e da descolonização cultural pelas práticas de letramento.

• Verificaremos a premissa da fragmentação do ensino de língua portuguesa na organização do horário da escola-campo.

• Analisaremos as disparidades ideológico-discursivas entre universidade e escola-campo.

Metodologia
Um dos relatórios de estágio, especificamente de semirregência, dos alunos do quarto ano de Letras da Universidade Estadual de Goiás (UEG), Câmpus Inhumas, e os horários de aulas da escola-campo são os corpus de sustentação metodológica desta pesquisa. A partir da investigação das

constatações dos acadêmicos de Letras da UEG e da observação do horário de aulas dos alunos de uma escola-campo de Inhumas, coletamos análises da discrepância entre as epistemologias orientadoras da operacionalização do ensino de língua portuguesa, verificadas na formação docente, no ambiente universitário, e a realidade no escopo escolar de ensino médio, em detrimento do procedimento didático-pedagógico integral, pós-estruturalista, pois o sistema educacional permanece tradicional, fragmentado em disciplinas, formalista, estruturalista.

Afinal, que interdições são reafirmadas no cotidiano escolar para a fundamentação teórica estudada pelas/os estagiárias/os não coadunar com a prática do ensino de língua portuguesa na educação básica? Como superar o medo e a ansiedade da inovação discursiva, prática discursiva tão reiterada na contemporaneidade, mas não desenvolvida na escola-campo?

A pesquisa qualitativa ocorreu com a descrição, interpretação e análise possibilitadas pela mobilização dos dados do corpus de pesquisa coletados do horário das aulas da escola-campo e de um dos diários de campo e relatos de experiência das/os estagiárias/os do curso de Letras do quarto ano de Letras da Universidade Estadual de Goiás, Câmpus Inhumas; dos discursos que circulam nas epistemologias sobre práticas de ensino de língua portuguesa estudadas durante a disciplina *Orientações para o Estágio Supervisionado em Língua Portuguesa e Literaturas para o Ensino Médio*.

Fundamentação teórica
Investigaremos os paradoxos entre epistemologias básicas estudadas durante a disciplina de *Estágio Supervisionado em Língua Portuguesa e Literaturas para o Ensino Médio*, no quarto ano de Letras da UEG, Câmpus Inhumas, e a prática de ensino de língua portuguesa na escola-campo.

Língua portuguesa: fragmentação em favor da didática ou didática em pedaços?

É bastante recorrente nas escolas a gramática como mero exercício de preenchimento de lacunas, de memorização de conceitos. Neves (2010, p.12) afirma que "as aulas de gramática consistem numa simples transmissão de conteúdos expostos no livro didático em uso". Observamos que as atividades gramaticais estão presentes em todas as aulas. O livro didático (doravante LD) já traz as atividades prontas com todas as classes gramaticais, basta executar em sala.

Para Chiappini (2005, p.96), "O livro torna-se logo um mundo à parte, algo um tanto divino, cujas afirmações sempre hesitamos em contestar". O professor que utiliza manuais como o livro didático para o apoio pedagógico praticamente exclusivo legitima o material como se fosse um axioma, verdade incontestável, pois, se está no livro, é absoluto o conhecimento.

Chiappini (2005, p.99), entretanto, avisa que "[...] há muitos professores buscando superar as limitações do LD pela produção de seu próprio material de trabalho em sala de aula." É fato que pouco observamos inovações nas aulas da maioria dos professores do ensino médio: são raras as metodologias de superação do anacronismo da maioria dos livros didáticos e utilização de materiais diferenciados para tornar melhor o ensino. Chiappini (2005, p.113) diz que

Ele é fácil para o professor, pois traz tudo pronto e acabado: cada aula preparada, cada exercício respondido. Fácil para o aluno, porque não exige dele nem que escreva meia página, mas só que preencha lacunas. Portanto, é uma mercadoria fácil.

Com o LD em mãos, o professor, em geral, não busca outros métodos para suas aulas, pois o manual oferta conteúdos prontos, até exercícios respondidos. Para os alunos, o LD não faz com que pratiquem a escrita, pois existem atividades para responder no próprio livro, que não fazem os estudantes lerem e pensarem para que tenham senso crítico. Por isso, o livro se torna uma mercadoria fácil, cômoda para a prática de ensino.

Chiappini (2005, p.114) analisa que "a separação entre aulas de redação, de gramática e de literatura começa a ficar mais marcada na escola pós-1970, havendo, inclusive, profissionais diferentes para dar essas matérias todas". Paradoxalmente, essas matérias separadas são utilizadas em só um livro pelas diferentes professoras. Cada uma efetiva sua matéria, como se língua portuguesa fosse fragmentada. No mesmo livro, as três disciplinas de língua portuguesa são ensinadas sem fazer com que o aluno pense e reflita a respeito do que está sendo visto, sem integrar a leitura e a escrita que existem tanto em gramática, literatura e redação quanto às dimensões lingüísticas, textuais e discursivas. Não há uma orientação dos estudantes que envolva língua, texto e discurso. Aprender gramática deveria ser também aprender os diferentes usos da língua, saber também escrever bem nas diversas modalidades de uso, sejam coloquiais ou padrão, conforme a exigência dos diferentes gêneros textuais/discursivos e das variáveis relacionadas aos interlocutores, o grau de intimidade entre eles, o local de interlocução, a circunstância de materialização lingüística e outros fatores que tornam complexo o uso da língua.

Documentos Oficiais Da Educação Nacional Básica: Ensino Médio

Para especificar o norteamento das práticas educacionais no ensino médio, em 2006 apareceram as *Orientações Curriculares para o Ensino Médio*. A respeito das expectativas de formação dos alunos, são descritos os cumprimentos dos seguintes almejos, após a integralização do currículo:

    (i)   avançar em níveis mais complexos de estudos;

(ii) integrar-se ao mundo do trabalho, com condições para prosseguir, com autonomia, no caminho de seu aprimoramento profissional;
(iii) atuar, de forma ética e responsável, na sociedade, tendo em vista as diferentes dimensões da prática social (OCEM, 2006, p.17-18).

A formação plena da cidadania, concernente à atuação reflexiva e crítica, elenca a abordagem pós-estruturalista como metodologia capaz de envolver os aspectos textuais e discursivos, além dos meramente imanentes e estruturais, centrados nas análises fonológica, morfológica, sintática e, no máximo, semântica. Afinal, são "múltiplas [as] dimensões da linguagem para análise linguística":

(a) linguística, vinculada, portanto, aos recursos linguísticos em uso (fonológicos, morfológicos, sintáticos e lexicais); o texto passa a ser visto como uma totalidade que só alcança esse status por um trabalho conjunto de construção de sentidos.

(b) textual, ligada, assim, à configuração do texto, em gêneros discursivos ou em sequências textuais (narrativa, argumentativa, descritiva, injuntiva, dialogal);

(c) sociopragmática e discursiva, relacionada, por conseguinte:
• aos interlocutores;
• a seus papéis sociais (por exemplo, pai/filho, professor/aluno, médico/ paciente, namorado/namorada, irmãos, amigos, etc., que envolvem relações assimétricas e/ou simétricas);
• às suas motivações e a seus propósitos na interação (como produtores e/ou receptores do texto);
• às restrições da situação (instituição em que ocorre, âmbito da interação (privado ou público), modalidade usada (escrita ou falada), tecnologia implicada, etc.);
• ao momento social e histórico em que se encontram engajados não só os interlocutores como também outros sujeitos, grupos ou comunidades que eventualmente estejam afeitos à situação em que emerge o texto.

(d) cognitivo-conceitual, associada aos conhecimentos sobre o mundo – objetos, seres, fatos, fenômenos, acontecimentos, etc. – que envolvem os conceitos e suas inter-relações (Ocem, 2006, p.21-22).

Portanto, além da dimensão linguística, as condições situacionais, circunstanciais, sociais e históricas, além de empíricas, experimentais, do sujeito no mundo, são partícipes do processo de leitura reflexivo-crítico. Dessa maneira, todas as dimensões da linguagem são fundamentais para o letramento crítico discente, ou seja, para que o aluno saiba ler diversos sistemas semióticos por meio tanto da estrutura, formulação de alicerce linguístico-textual, quanto do conteúdo, revelado pela forma e explicado pela presença dos discursos selecionados e dispostos espacialmente no texto. No entanto, como conceber a gestão do conhecimento observada por meio das descrições das aulas segmentadas em disciplinas da língua portuguesa?

Horário de três professoras de língua portuguesa da escola-campo de estágio em letras – ensino médio (Inhumas – GO)

Na escola pesquisada, como na maioria das outras, a língua portuguesa, no ensino médio, é fragmentada em disciplinas: gramática, redação e literatura. Percebemos que a maioria das aulas ministradas por essas professoras é de gramática:

Professora A	Professora B	Professora C
Gramática – 2°F	-	-
Gramática – 2°E	-	Redação – 3°F
Gramática – 3°E	Literatura – 3°E	Redação – 3°G
Gramática – 3°G	Literatura – 2°E	-
Gramática – 2°E	Literatura – 3°G	-
Gramática – 3° F	Literatura – 3°F	-

Ilustramos as aulas ministradas por três professoras da mesma escola, em relação a um dos dias da semana. Por semana, há duas aulas de gramática, duas de literatura e uma de redação, em cada turma, de cada ano do ensino médio.

Como praticar, de modo eficiente, a leitura e a escrita de textos, considerando-se globalmente língua, texto e discurso? De que maneira propiciar a formação cidadã, dotada de plena capacidade analítica dos acontecimentos do dia a dia, se a repetição de estruturas imanentes da língua é estimulada, pela identificação da forma em detrimento do conteúdo, dos meandros de funcionamento dos textos e dos discursos materializados neles?

Nas aulas de gramática descritas por um/a aluno/a no relatório de semirregência, as professoras ensinam apenas a estrutura linguística materializada em frases: "O tempo que é investido em análises de reconhecimento das unidades, de indicação de seus nomes e das subdivisões em que se encaixam, bem que poderia ser preenchido com atividades de análise, reflexão, produção e revisão dos mais diferentes gêneros de texto" (ANTUNES, 2007, p.126). A identificação e a nomeação formal, assim como a mera conceituação de sintagmas linguísticos, não atendem à necessidade de prática satisfatória de leitura e de escrita, pois texto e discurso tornam-se menos ou nada abordados em aulas de gramática:

> [...] Para qualquer conteúdo selecionado, ou forma de exercitação, os professores se sentem plenamente justificados e consideram que seu estudo está modernizado se, simplesmente, partirem de exemplos concretos e, especialmente, se partirem de textos. Isso, realmente, nada mais significa que usar o texto como pretexto (NEVES, 2010, p.42).

Muitas vezes, as professoras utilizam textos com o pretexto de ensino de gramática, mas não suscitam leituras pelas perspectivas discursivas, que justificam a condição de enunciabilidade do texto: "por que este enunciado e não outro em seu lugar" (FOUCAULT, 2009). Assim, a autonomia reflexivo-crítica não é possibilitada por meio da transversalidade do conhecimento, propiciada por temas como os do discurso político, religioso, politicamente correto, de gêneros etc.

Dos paradoxos entre a teoria e a prática: a frustração revelada no relatório de semirregência

As aulas de *Estágio Supervisionado em Língua Portuguesa e Literaturas para o Ensino Médio* são práticas. Há um componente curricular obrigatório integralizado por meio de aulas teóricas, ministradas em consonância com a disciplina de *Orientações para o Estágio Supervisionado em Língua Portuguesa e Literaturas para o Ensino Médio*.

Os confrontos entre as epistemologias estudadas e as práticas de ensino verificados nas disciplinas fragmentadas de língua portuguesa são descritos pelos/as dois/duas estudantes concluintes do curso de Letras. O seguinte fragmento do relatório parcial de estágio (semirregência) aponta a dificuldade de relacionamento com a professora regente da escola-campo, que não recebe bem a estagiária. A estudante percebe que as aulas destoam das aprendizagens teóricas sobre a docência de língua portuguesa:

Dia 02/06/2015
2º ano G Gramática
Presentes 30, Faltosos 1

A professora regente me disse que eu poderia acompanhá-la, porém o conteúdo já havia sido todo dado, era só exercícios de revisão. Ela me tratou bem, mas não gosta de estagiários na sala e isso fica visível. Após a saudação de praxe ela pediu para que eles levassem a cópia da prova para que ela olhasse, valendo um ponto na média. Os que não haviam feito fizeram rapidamente e enquanto ela olhava um por um a turma conversava. Senti uma lacuna, um vazio nessa aula, quando a professora terminou faltavam apenas alguns minutos para tocar o sino.

Dia 02/06/2015
3º ano D Gramática (duas aulas)
Presentes 28, Faltosos 4

A professora regente passou uma lista de atividades no quadro sobre concordância verbal e nominal, após alguns minutos ela corrigiu as atividades dando as explicações.

Dia 03/06/2015
1º ano F Gramática

Presentes 26, Faltosos 5
A professora regente me apresentou e pediu para que os alunos abrissem o livro didático. O conteúdo foi variação linguística. Depois de uma breve explicação, pediu para que se sentassem em duplas e fizessem os exercícios do livro didático, para entregarem, valendo um ponto. O texto era um poema do autor Patativa do Assaré. O texto nem mesmo foi explorado. A professora corrigia coisas, os alunos conversaram e ficaram dispersos, mas fizeram as atividades.

    O incômodo da professora regente da escola-campo ao receber a estagiária concluinte do curso de Letras pode revelar um mal-estar da profissional da educação básica em relação à universidade, que, em vez de realizar parceria, revelar-se-ia pela imposição de um poder como agente fiscalizadora de práticas consideradas retrógradas, desatualizadas, e não ambiente de aprendizagem do/a futuro/a professor/a de língua portuguesa.

    Apesar da resistência, a professora regente da escola-campo admite a presença do/a estagiário/a. A aula do dia 02/06 é mal planejada, de acordo com a análise do/a estagiário/a: *"Os [alunos] que não haviam feito [a cópia da prova] fizeram rapidamente e enquanto ela olhava um por um a turma conversava. Senti uma lacuna, um vazio nessa aula"*. Na aula de gramática, não houve leitura de texto e percepção dos aspectos linguísticos modalizadores para a constituição textual por meio dos discursos mobilizados. O livro didático, muleta utilizada como apoio didático-pedagógico, não é explorado pela professora regente, que leciona gramática, e não literatura: eis um dos graves entraves, que provavelmente impediu a análise do texto de Patativa do Assaré.

    As condições de produção sócio-históricas do texto, que revelam a modalidade lingüística regional, coloquial, demonstram a despretensão, a informalidade, o folclore de uma cultura interiorana, fatores de constituição identitária no texto. Sem mediar as possíveis relações entre as modalidades lingüísticas padrão e coloquial, além das diferenças entre os manejos lingüísticos em textos literários e não literários, os discursos que atravessam o texto e a particularidade morfossintática e semântica do emprego linguístico em Patativa do Assaré, como propiciar nos alunos uma análise adequada do texto? Ela sequer avaliou a qualidade das questões ofertadas pelo livro didático, que sequer sabemos se oferecia categorias de gramática para análise do texto como pretexto de aprendizagem do funcionamento linguístico. Sem conhecer o engendramento discursivo, os fatores extralingüísticos, não é possível compreender o texto, nem investigar como aconteceu uma determinada escolha vocabular ou recurso sintático em lugar de outras possibilidades.

    Uma lista de atividades sobre concordância verbal e nominal, colocada no quadro, sem contexto, não pode ser realizada, se não conhecemos os usuários da língua, os propósitos de comunicação, os gêneros textuais envolvidos, as relações entre os interlocutores, o ambiente de linguagem e outras definições que permitem a existência lingüística dos textos.

Discurso ecolinguisticamente correto na escola e no senso comum
O entrave do processo de mudança na instrumentalização do ensino de língua portuguesa está na gestão do conhecimento, clivada pelo senso comum a respeito do uso correto da língua. O ensino de gramática supriria todas as necessidades de aprendizagem sobre a língua materna, pois as regras da normatividade devem ser obedecidas em favor da performance considerada adequada: a fundamentada pela prescrição de uso.

Para muitas pessoas das mais variadas extrações intelectuais e sociais, ensinar língua é a mesma coisa que ensinar gramática. [...] Por ensino de gramática entende-se a soma de duas atividades [...]: estudo de regras de construção de estruturas (palavras ou frases), como regras de ortografia, acentuação, concordância, regência; análise de determinadas construções, como radical, tema e afixos (morfologia) e análise sintática (POSSENTI, 1996, p.60). Saber uma língua é, portanto, para o senso comum, dominar a variedade linguística de prestígio social, ensinada em aulas de gramática.

Uma já farta literatura crítica vem demonstrando que o ensino de língua na escola brasileira tem visado, tradicionalmente, "reformar" ou "consertar" a língua do aluno, considerado, logo de saída, como um "deficiente lingüístico", a quem a escola deve "dar" algo que ele "não tem" [...]. Evidentemente, não se trata de uma "língua", mas de uma idealização nebulosa de correção lingüística, à qual se dá geralmente o nome de "norma culta". [...] O uso que não está consagrado nessa "norma culta" (o uso que não está abonado nas gramáticas normativas e nos dicionários) simplesmente "não existe" ou "não é português". [...] Todas as manifestações lingüísticas não-normatizadas, rotuladas automaticamente de "erro" – e, junto com as formas lingüísticas estigmatizadas, condena-se ao silêncio e à quase-inexistência as pessoas que se servem delas (BAGNO, 2002, p.20-21).

As materialidades que desviam da formalidade são consideradas erros. São instauradas correções lingüísticas sempre baseadas no parâmetro da gramática normativa, pois qualquer variante que destoe das arbitrariedades padrões é vexatória: "não existe", "não é português". A invisibilidade discursiva das minorias, cristalizada numa cultura subalterna, também acontece pela proposição do apagamento de determinadas formas lingüísticas, pertencentes à identidade de classes sociais economicamente desprivilegiadas, de maneira geral, pois revelam uma materialidade lingüística não escolar, periférica. Sobrepor numa categoria hierárquica superior a norma padrão da língua portuguesa é incorrer em um quiproquó sócio-cultural, pois as variedades de uso são sociolingüísticas, pragmáticas e discursivas, além de subjetivas, conforme as múltiplas dimensões que envolvem a atuação comunicativa durante a prática de enunciação.

Há três gramáticas (conjunto de regras):

- Gramática normativa: "conjunto de regras que devem ser seguidas".
- Gramática descritiva: "conjunto de regras que são seguidas".
- Gramática internalizada: "conjunto de regras que o falante da língua domina" (Possenti, 1996, p.64).

O caráter holístico que envolve a língua é silenciado, muitas vezes, nas aulas de gramática, que se tornam um exercício mecânico de reconhecimento dos elementos linguísticos, como se bastasse para estruturar um texto. A gramática normativa é, em geral, o sistema linguístico privilegiado no ensino de língua portuguesa, como se fosse a única variedade linguística possível.

Tudo se passa como se o aluno estivesse na sala de aula para uma de duas atividades totalmente apartadas: 1) exercitar a linguagem estruturando/representando/comunicando experiências, ou no outro pólo, interpretando experiências comunicadas (redação e leitura com interpretação) e 2) tomar conhecimento do quadro de entidades da língua, especialmente classes, subclasses e funções, e tomar conhecimento do que se considera bom uso da língua (gramática) (Neves, 2010, p.42).

A exigência de um uso higiênico da língua, que perfaz a retirada das variantes linguísticas relacionadas aos falantes socialmente periféricos, à margem da sociedade, revela, discursivamente, uma elitização. É preciso demonstrar como o discurso funciona em uma condição sócio-histórica capitalista, de competitividade acirrada, que exige a norma padrão em circunstâncias formais com o seguinte escopo: lucro financeiro. Entretanto, o cotidiano demonstra, por meio da gramática descritiva, que a gramática internalizada distancia-se da gramática normativa, pois a padronização linguística não se mantém no uso corriqueiro da língua.

Por um ensino holístico de língua portuguesa

A tarefa de repetir incessantemente os conteúdos com o objetivo de memorizar conceitos e nomenclaturas, sem aplicabilidade, restringe a reflexão metalingüística, habilidade útil na atividade de ler, escrever, ouvir e falar de modo crítico. Refletir sobre a seleção lexical, notar os usos de certos termos e não de outros, perceber a ordem sintática na sequência semântica estipulada na autoria de um texto produzem discernimento quanto às regularidades viciosas provenientes do senso comum e do leitor vítima, incapaz de perceber o envolvimento ingênuo nas tramas promovidas por um texto.

Tornar própria a palavra é uma engenhosa forma de identificar-se, fazer-se. Tanto como evolução intelectual da espécie humana, desde o início (Adão), quanto na formação inicial (a mãe), o percurso humano busca na palavra o fundamento de sua construção. No falar, ouvir, ler e escrever a palavra, nos dizemos – me faço eu mesmo. Sem as palavras e os outros signos, não participo ativamente do que é a vida humana, não me incluo no diálogo que toda palavra estabelece. No múltiplo universo das palavras, acumulamos uma enciclopédia pessoal com elas. Por trás dessa exteriorização, fabricamos o sujeito que somos – as palavras me compõem, fazem parte de mim (Souza, 2012).

Ao ler criticamente, é possível desvencilhar-se das amarras ideológicas da rede enunciativa de um texto. A marca de si aparece na superfície enunciativa por meio de palavras adquiridas pelo contato, pelas relações sociais, pelas instituições (como a escola, a Igreja, a família e outras comunidades lingüísticas). Dessa forma, assumimos a palavra do outro, por meio da interação, de modo que ela se torne palavra própria (BAKHTIN, 1992) no ato de promoção identitária, de estabelecimento de si por meio da construção do próprio texto.

Para contribuir no processo de formação da identidade do sujeito, Charaudeau (2012) demonstra, por meio do ensino do francês, como o contrato de comunicação na sala de aula deveria ocorrer para a efetivação dos sentidos possíveis por meio da língua.

Os problemas do ensino [...] encontram sua solução procedendo da seguinte maneira:

1. Recusar qualquer atividade de ensino que se contenta em aplicar exercícios puramente formais, pois estes não consideram os objetivos de sentido contidos nos atos de linguagem. No entanto, a ortografia, o emprego de tal artigo, de tal tempo verbal, de tal preposição ou de tal pronome é sempre revelador de um objetivo de sentido;
2. Visto que não há ato de linguagem sem objetivo de sentido, construir atividades pedagógicas (existem várias possíveis) que permitem pôr em relação a descoberta e a manipulação das formas da linguagem com os contratos e as estratégias de fala dos parceiros duma troca (tratando-se de textos orais ou escritos), para mostrar que o emprego das formas serve para construir as identidades e intenções sociais e individuais dos sujeitos falantes.

Exercícios de mero reconhecimento dos termos da oração devem ser banidos do sistema educacional por serem inviáveis no processo de constituição identitária. Não formamos autômatos, robôs repetidores de nomenclaturas decoradas, pois o ensino deve ser pautado na configuração cidadã, na valorização dos efeitos de sentido possíveis de acordo com a materialidade oferecida pela estrutura de um texto. Com essa afirmação, reiteramos que a forma/estrutura textual não pode ser descartada do procedimento analítico, mas envolvida de maneira que explique e justifique o ato de linguagem, manipulado de acordo com as estratégias em jogo na identidade do enunciador, na sua relação com os interlocutores, no seu ambiente de linguagem e relacionado aos seus propósitos comunicacionais.

Por que não um ensino holístico e pós-estruturalista de língua portuguesa?

A ruptura com o estruturalismo aparece nas epistemologias contemporâneas. Os dualismos, como língua e fala, são descartados, pelo menos teoricamente, em detrimento da concepção cartesiana. Afinal, conhecer as partes não garante o saber do todo (MORIN, 1991).

A complexidade do conhecimento e a transdisciplinaridade, em favor de uma ordem pedagógica que contemple em rede os domínio dos saberes, aparecem como foco das ações didáticas. De acordo com as correntes pedagógicas preconizadas por Libâneo (2005), constatamos que as holísticas e pós-modernas não compõem o cotidiano das aulas na escola-campo pesquisada, pois são praticamente nulos os estímulos à demonstração do pathos, da subjetividade, da abordagem discursiva e da progressão inter e transdisciplinar.

A tarefa de repetir incessantemente os conteúdos com o objetivo de memorizar conceitos e nomenclaturas, sem aplicabilidade, restringe a reflexão metalinguística, habilidade útil na atividade de ler, escrever, ouvir e falar de modo crítico. Refletir sobre a seleção lexical, notar os usos de certos termos e não de outros, perceber a ordem sintática na sequência semântica estipulada na autoria de um texto produzem discernimento quanto às regularidades viciosas provenientes do senso comum e do leitor vítima, incapaz de perceber o envolvimento ingênuo nas tramas promovidas por um texto. Tal é a direção quando se procura aproximar o sujeito à sua língua: discernir, ser crítico.

Tornar própria a palavra é uma engenhosa forma de identificar-se, fazer-se. Tanto como evolução intelectual da espécie humana, desde o início (Adão), quanto na formação inicial (a mãe), o percurso humano busca na palavra o fundamento de sua construção. No falar, ouvir, ler e escrever a palavra, nos dizemos – me faço eu mesmo. Sem as palavras e os outros signos, não participo ativamente do que é a vida humana, não me incluo no diálogo que toda palavra estabelece. No múltiplo universo das palavras, acumulamos uma enciclopédia pessoal com elas. Por trás dessa exteriorização, fabricamos o sujeito que somos – as palavras me compõem, fazem parte de mim (Souza, 2012).

Ao ler criticamente, é possível desvencilhar-se das amarras ideológicas da rede enunciativa de um texto. A marca de si aparece na superfície enunciativa por meio de palavras adquiridas pelo contato, pelas relações sociais, pelas instituições (como a escola, a Igreja, a família e outras comunidades linguísticas). Dessa forma, assumimos a palavra do outro, por meio da interação, de modo que ela se torne palavra própria (BAKHTIN, 1992) no ato de promoção identitária, de estabelecimento de si por meio da construção do próprio texto.

Para contribuir no processo de formação da identidade do sujeito,

Charaudeau (2012) demonstra, por meio do ensino do francês, como o contrato de comunicação na sala de aula deveria ocorrer para a efetivação dos sentidos possíveis por meio da língua.

Os problemas do ensino [...] encontram sua solução procedendo da seguinte maneira:

1) Recusar qualquer atividade de ensino que se contenta em aplicar exercícios puramente formais, pois estes não consideram os objetivos de sentido contidos nos atos de linguagem. No entanto, a ortografia, o emprego de tal artigo, de tal tempo verbal, de tal preposição ou de tal pronome é sempre revelador de um objetivo de sentido;

2) Visto que não há ato de linguagem sem objetivo de sentido, construir atividades pedagógicas (existem várias possíveis) que permitem pôr em relação a descoberta e a manipulação das formas da linguagem com os contratos e as estratégias de fala dos parceiros duma troca (tratando-se de textos orais ou escritos), para mostrar que o emprego das formas serve para construir as identidades e intenções sociais e individuais dos sujeitos falantes.

Exercícios de mero reconhecimento dos termos da oração devem ser banidos do sistema educacional por serem inviáveis no processo de constituição identitária. Não formamos autômatos, robôs repetidores de nomenclaturas decoradas, pois o ensino deve ser pautado na configuração cidadã, na valorização dos efeitos de sentido possíveis de acordo com a materialidade oferecida pela estrutura de um texto. Com essa afirmação, reiteramos que a forma/estrutura textual não pode ser descartada do procedimento analítico, mas envolvida de maneira que explique e justifique o ato de linguagem, manipulado de acordo com as estratégias em jogo na identidade do enunciador, na sua relação com os interlocutores, no seu ambiente de linguagem e relacionado aos seus propósitos comunicacionais.

Língua portuguesa aos pedaços: como a fragmentação didática e a colonização ideológica interpõem a formação crítica

Se o ensino de gramática restringe-se à padronização da língua e das regras de seu exercício, de modo estrutural apenas, a atitude de reflexão e crítica sobre os textos e, por conseguinte, os discursos materializados neles, não se efetiva. São necessários outros modos de ver:

Zeichner (1992) [...] formula três perspectivas a serem acionadas conjuntamente:

a) A prática reflexiva [...] no exercício profissional dos professores por eles mesmos e nas condições sociais em que esta ocorre;

b) O reconhecimento pelos professores de que seus atos são fundamentalmente políticos e podem direcionar a objetivos democráticos emancipatórios;

c) A prática reflexiva, enquanto prática social, só pode se realizar em coletivos, o que leva à necessidade de transformar as escolas em comunidades de aprendizagem nas quais os professores se apoiem e se estimulem mutuamente. Esse compromisso tem importante valor estratégico para se criar as condições que permitam a mudança institucional e social (Pimenta, 2005, p.26).

Nossa hipótese é que a formação cidadã reflexivo-crítica na constituição discente é condição de transformação da realidade prática escolar. Os professores demandam crítica contínua a respeito de suas ações docentes. Para Street (2014), a identificação pedagógica com a sustentação da liberdade de expressão discente evita o modelo arcaico de reprodução das ideias, uma espécie de sermão ainda hoje perpetuado nas escolas como se gerasse autonomia e cidadania. O letramento é a superação da colonização, do aculturamento, o que corresponde à alternativa de assumência subjetiva de ideias, e não consumo impositivo, sem exercício racional, reflexivo-crítico. Dessa forma, em consonância às apologias de Freire (1997), os alunos podem, de fato, construir o conhecimento, de modo autônomo e crítico, por meio da mediação escolar.

Considerações finais

Se o ensino de gramática restringe-se à padronização da língua e das regras de seu exercício, de modo estrutural apenas, a atitude de reflexão e crítica sobre os textos e, por conseguinte, os discursos materializados neles, não se efetiva.

Zeichner (1992) [...] formula três perspectivas a serem acionadas conjuntamente:

a) A prática reflexiva [...] no exercício profissional dos professores por eles mesmos e nas condições sociais em que esta ocorre;
b) reconhecimento pelos professores de que seus atos são fundamentalmente políticos e podem direcionar a objetivos democráticos emancipatórios;
c) A prática reflexiva, enquanto prática social, só pode se realizar em coletivos, o que leva à necessidade de transformar as escolas em comunidades de aprendizagem nas quais os professores se apoiem e se estimulem mutuamente. Esse compromisso tem importante valor estratégico para se criar as condições que permitam a mudança institucional e social (Pimenta, 2005, p.26).

A formação cidadã reflexivo-crítica na constituição discente é condição de transformação da realidade prática escolar. As professoras da área de língua portuguesa, ao avaliarem suas aulas, perceberão que a alteração da metodologia de ensino é demandada para que os alunos possam refletir acerca dos textos que circulam na contemporaneidade e relacioná-los a outros, localizados em outros contextos sócio-históricos.

A mudança política referente aos protocolos curriculares poderá acontecer caso haja uma mobilização favorável à emancipação de um sistema didático anacrônico. A mediação epistemológica depende de uma inter-relação constante das áreas às quais as professoras se associam, em prol da transformação da escola em um ambiente de verdadeiro valor para a capacidade de pensar e se posicionar sobre os mais diversos temas e abordagens dos textos e dos discursos que circulam, sem o caráter de vítima, de ordem ingênua, que insiste na perpetuação de uma alienação social discente extremamente prejudicial, promovida pela tautologia de um efeito-dominó: *Cem anos de solidão*, infelizmente, ainda não cessaram, pois se eternizam no legado político-educacional defasado.

Bibliografia

Antunes, Irandé. *Aula de português: encontro e interação*. São Paulo: Parábola Editorial, 2003.

Bagno, Marcos. A inevitável travessia: da prescrição gramatical à educação linguística. In: Bagno; Gagné; Stubbs. *Língua materna: letramento, variação e ensino*. São Paulo: Parábola Editorial, 2002.

Bakhtin, Mikhail. *Estética da criação verbal*. São Paulo: Martins Fontes, 1992.

Brasil. *Orientações Curriculares para o Ensino Médio (OCEM). Vol. 1. Linguagens, códigos e suas tecnologias*. Brasília: Ministério da Educação/Secretaria de Educação Média e Tecnológica, 2006.

Charaudeau, Patrick. O contrato de comunicação na sala de aula. Inter-ação, Revista da Faculdade de Educação, UFG, Goiânia, v.37, n.1, jan./jun. 2012.

Chiappini, Lígia. *Reinvenção da catedral: língua, literatura, comunicação: novas tecnologias e políticas de ensino*. São Paulo: Cortez, 2005.

Foucault, Michel. *A Arqueologia do Saber*. Rio de Janeiro: Forense Universitária, 2009.

Freire, Paulo. A educação do futuro. O Globo, Rio de Janeiro, Caderno Prosa & Verso, 24 mai. 1997.

Libâneo, José Carlos. As teorias pedagógicas modernas revisitadas pelo debate contemporâneo na educação. In: Libâneo, José Carlos; SANTOS, Akiko (Orgs.).

Morin, Edgar. *Introdução ao pensamento complexo*. Lisboa: Instituto Piaget, 1991.

Neves, Maria Helena de Moura. Gramática na escola. 8.ed. 2. reimp. São Paulo: Contexto, 2010. (Repensando a língua portuguesa).

Pimenta, Selma Garrido. Professor reflexivo: construindo uma crítica. In: Pimenta, Selma Garrido; Ghedin, Evandro (Orgs.). *Professor reflexivo no Brasil: gênese e crítica de um conceito*. São Paulo: Cortez, 2002.

Possenti, Sírio. *Por que (não) ensinar gramática na escola*. Campinas, Mercado de Letras, 1996.

Souza, Agostinho Potenciano de. Todas as áreas se dizem pela linguagem: práticas pedagógicas necessárias. **Inter-ação**, Revista da Faculdade de Educação, UFG, Goiânia, v.37, n.1, jan./jun. 2012.

Street, Brian. *Letramentos sociais: abordagens críticas do letramento no desenvolvimento, na etnografia e na educação*. Trad de Marcos Bagno. São Paulo: Parábola editorial, 2014. (Lingua[gem]);57).

PARTE III: Práticas

RESULTADOS E ERROS DECORRENTES DAS PRÁTICAS DE ENSINO: PERFORMANCE DESPROPORCIONAL ENTRE APRENDENTES COMO PORTUGUÊS COMO LÍNGUA SEGUNDA[33]

Sandra Figueiredo
Universidade Autónoma de Lisboa, Lisbon Portugal
Margarida Alves Martins
ISPA – Instituto Universitário, Lisbon, Portugal.
Carlos Fernandes da Silva
Department of Education of University of Aveiro, Portugal

Introdução

A população escolar não nativa tem aumentado nas turmas escolares sobretudo considerando a imigração nos continentes norte-americano e europeu (Callahan & Obenchain 2013; Guo 2013; Huddleston, Niessn & Tjaden 2013; Kolano & King 2015). Contudo os docentes e profissionais da Educação e da Psicologia, em específicos contextos europeus e demais, não conhecem ainda de forma completa o perfil académico satisfatório esperado de um aluno nativo e de acordo com o nível de ensino em que se encontra (D'hondt, Eccles, Houtte et al. 2016; Sudkamp, Kaiser & Moller 2012; Pérez-Sabater 2012). Por outro lado, os mesmos também não conhecem de forma sustentada o perfil satisfatório (expectativa) esperado dos docentes que avaliam alunos estrangeiros (Kolano & King 2015; Rogers-Sirin, Ryce & Sirin 2013; Rosenfeld, Leung & Ottman 2001). Quando nos referimos a "conhecimento" de perfis, do professor nativo e do aluno não nativo, estamos especificamente a focar as perceções e a experiência dos professores em relação à competência, ao ritmo e à avaliação dos alunos imigrantes

---

[33] Esta investigação é financiada pela Fundação para a Ciência e Tecnologia (FCT) com a Bolsa n.º SFRH/BPD/86618/2012; e pelo Centro de Investigação em Psicologia da Universidade Autónoma de Lisboa, Lisboa, Portugal.

(Levine-Rasky 2001; Tejada, Pino, Tatar et al. 2012). Sobretudo focando os alunos recém-chegados às escolas, portanto com um tempo de exposição menor à língua do país de acolhimento.

Estudos passados apontam para o modo como algumas minorias linguísticas podem ser afetadas pelas expectativas que sentem da parte dos seus professores e mesmo dos colegas (Creemers 1994; Derwing, DeCorby, Ichikawa et al. 1999; Driessen 1995; Schneider & Lee 1990). Recentemente outros autores (den Brok, Tartwijk, Wubbels et al. 2010; Horenczyk & Tatar 2002) vêm estudando essa influência nos grupos minoritários nas escolas e concluem que específicos grupos de alunos, conforme a sua nacionalidade, valorizam e necessitam mais de relações interpessoais cimentadas com os seus professores, sobretudo a segunda geração de imigrantes (Brok et al.; Callahan & Obenchain 2013). Os alunos nativos não parecem beneficiar ou depender tanto das relações estabelecidas com as expectativas dos professores. Por outro lado, resultados diferentes (D'hondt, Eccles, Houtte et al. 2016; Schaedel, Azaiza, Boem et al. 2015) sugerem que as perceções e expectativas dos professores podem afetar apenas alguns grupos minoritários porque estes dependem fortemente de outros fatores tal como o investimento parental.

Na valorização da capacidade *suportiva* do professor (Tejada, Pino, Tatar et al. 2012), a avaliação prende-se com a definição bem determinada de medidores de diferentes competências – leitura, escrita, oralidade e compreensão oral – da população imigrante escolar e essas competências são, então, julgadas por tarefas bem organizadas e que abranjam vários níveis cognitivos que se preveem dentro do contexto de cada uma dessas competências (Bialystok 2002; Cummins 2012; Hinkel 2012). São esses níveis ou dimensões cognitivas que apresentam o problema de definição clara de testes para os professores das escolas e do ensino superior (Hazenberg & Hulstijn 1996; Nation 2001) na medida em que a avaliação em Língua Segunda (L2) é um processo comprovadamente complexo por ser explicado por um conjunto dinâmico de variáveis múltiplas de acordo com o ritmo de processamento, o tempo de exposição dos alunos à língua, a conceção cultural dos grupos de nacionalidade (Hinkel 2012; Jia, Aaronson & Wu 2002), e a área científica dos professores que explica a orientação das suas perceções.

A área científica dos docentes tem sido examinada como um importante preditor de diferenciação de representações e de prática em sala de aula em relação à avaliação e ao ensino das minorias linguísticas (Richard & Rodgers 2001). Os docentes de áreas científicas mais relacionadas com as ciências naturais apresentam uma maior negligência face ao ensino compreensivo da língua, para valorizar a aprendizagem dos conteúdos dos programas curriculares dessas disciplinas (Hinkel 2012). O método "multiple language skills" tem sido uma realidade dos professores nas últimas duas décadas considerando as populações imigrantes diferenciadas em sala de aula (Hinkel 2012). O ensino de L2, distinto de ensino de Língua Estrangeira (LE), duplicou o esforço docente para o colocar numa perspetiva mais cognitiva e não só de desenvolvimento de competências comunicativas (Bialystok 2002; Hinkel 2012). Estudos da década de noventa (Lightbown & Spada 1990; Schmidt, 1993), na análise das quatro competências académicas no contexto de alunos não nativos, faziam depender a competência de produção oral (e de compreensão oral) da exposição à L2 e valorizavam, por isso, programas intensivos de imersão. Mas, recentes estudos (indicados na meta-análise de Hinkel 2012) comprovaram que essa é uma de entre múltiplas variáveis que explicam, por exemplo, o acesso ao vocabulário e a consciência gramatical (Jia, Aaronson & Wu 2002).

Saber o que é mais ou menos importante, e os métodos de ensino (Hinkel 2012) a adotar, para desenvolver as competências académicas e linguísticas de alunos imigrantes depende também do tipo de experiência dos professores quanto a dois aspetos: experiência de ensino escolar (1) e experiência de ensino a alunos não nativos (2). No presente estudo pretende-se analisar os professores portugueses em contacto, na sua maioria, com alunos locutores de Português Língua não Materna (PLNM). Estudos da década de oitenta identificavam os principais fatores de preocupação dos professores em início de carreira, portanto menos experientes, sendo que a experiência de lidar com alunos não nativos não aparecia identificada de entre os fatores (Veenman 1984). Pelo contrário, nos recentes estudos, avaliar perceções e competência dos professores é envolver o desafio de saber lidar com a diversidade o que pode gera situações de "diversity-related burnout" (Taylor & Sobel 2001). A experiência dos professores em relação a turmas multiculturais tem sido mais recentemente estudada e coloca em destaque o binómio da função "professor clássico de língua não materna" ou "professor que apoia à aprendizagem de L2" (Tejada, Pino, Tatar et al. 2012; Yoon 2004).

Nesta ideia de apoio inclui-se as expectativas percebidas por docente e aluno (Tatar & Horenczyk 1996) que nem sempre é facilitada pelo tipo de linguagem social que os professores utilizam para identificar e diferenciar grupos de alunos em sala de aula (Devine 2006; Marshall 1996). A questão das expectativas dos docentes sobre a avaliação e a aprendizagem dos alunos imigrantes começou sobretudo com a preocupação de formar testes válidos para essa população e apreender perceções dos avaliadores (Rosenfeld, Leung & Ottman 2001), afastando-se da perspetiva mais antiga de estudos no prisma da cultura organizacional da escola (Marshall 1996). No domínio europeu é necessário mais exame científico das perceções dos professores, assente em testes de predição, para compreender as incongruências que se acredita que estejam a ser praticadas com alunos não nativos em sala de aula.

No que respeita a instrumentos de avaliação de população estrangeira, a literatura na área de elaboração de Quadros de Referência e de testes de avaliação do desempenho cognitivo e académico dos alunos imigrantes tem evidenciado incongruências nas práticas de avaliação e de ensino dos professores no que respeita à avaliação do desempenho de alunos em condição de aprendentes de L2 (Pérez-Sabater 2012). O modelo anglo-saxónico é o que apresenta mais instrumentos validados na área da L2 com uma história de procedimentos de revisão de testes que aponta para a preocupação constante com a tipologia e validade de tarefas a aplicar às minorias linguísticas e em diferentes níveis escolares (Bachman 2000; Bailey & Huang 2011; Jones 2013). No contexto europeu, os quadros de referência são diferentes e não se verifica literatura consistente no caso específico da imigração portuguesa (Pires 2009).

O presente estudo tem como objetivo identificar o tipo e o grau de importância que os docentes dos níveis de ensino desde o Pré-Escolar ao Ensino Secundário atribuem a tarefas para avaliar especificamente a competência académica e de desempenho dos alunos não nativos. A meta fundamental é relacionar o tipo de tarefas com o desempenho académico efetivamente medido. Pretende-se examinar as áreas relevantes para a constituição de tarefas em testes de proficiência e de avaliação da performance, assim como replicar o estudo anterior de Rosenfeld, Leung e Ottman (2001) na revisão do TOEFL através da aplicação de uma escala de 42 itens que identificou tarefas e competências nas áreas da leitura, da escrita, oralidade e compreensão oral, na população universitária. No estudo português, a população-alvo refere-se a docentes dos níveis Básico e Secundário e pretende-se: 1) identificar as tarefas mais revelantes para a constituição de itens em testes de proficiência e de competência; 2) averiguar os conhecimentos e representações que esses docentes têm em relação a testes de avaliação, diferenciando por área científica.

Estudo Empírico: uma análise transversal sobre perceção de professores e probabilidade de efeitos para as minorias linguísticas

Participantes

O estudo é composto por 77 professores, com idades compreendidas entre os 32 e 62 anos (M=47 anos; SD=7,4), 11 (14,3%) são do sexo masculino e 60 (77,9%) são do sexo feminino, com média de experiência de ensino de 22 anos (SD= 6,7). Os professores encontram-se a lecionar em nove escolas/Agrupamentos do distrito de Lisboa, sendo 9 professores da área científica do Português (11,7%), 12 do ensino de LE's (15,6%), 26 do Ensino Pré-Escolar e Básico (33,8%), 8 da área Ciências Exatas (10,4%), 16 de História/Geografia (20,8%) e 3 de Artes Visuais (3,9%), estando distribuídos pelos vários níveis de ensino (excluindo o ensino universitário). 58 (75,3%) têm experiência com turmas multiculturais, 16 (20,8%) nunca tiveram alunos não nativos nas suas turmas. 46 (59,7%) aplicaram medidas de Português Língua Não Materna (PLNM) e 19 (24,7%) admitem nunca ter aplicado. Por medidas entenda-se apoio em PLNM no campo da avaliação (provas) e no campo da aprendizagem contínua e formal.

Testes de análise univariada ANOVA foram aplicados para comparar resultados amostrais de acordo com a área científica dos participantes e em relação a outras variáveis: idade, ano escolar, experiência de ensino, experiência com alunos não nativos, experiência com aplicação de medidas para alunos não nativos. Os resultados foram $F(5,66) = 3.518$, $p = .001$ para a idade; $F(5,67) = 16.161$, $p = .000$ para o ano escolar; $F(5,68) = 3.198$, $p = .012$ para a experiência de ensino. Não se verificaram diferenças estatisticamente significativas para os grupos com e sem experiencia com medidas de apoio aos alunos não nativos.

Instrumento

Foi aplicado o questionário *Inventory of undergraduate and graduate level – reading, writing, speaking and listening tasks* de Rosenfeld, Leung e Ottman (2001) tendo sido adaptado para a amostra de professores portugueses. Este questionário de autoria norte-americana (EUA) foi desenvolvido originalmente por quatro comissões científicas no contexto do TOEFL e do Educational Testing Service com o objetivo de medir a importância, do ponto de vista de professores universitários norte-americanos e de alunos em cursos de formação para o ensino, das tarefas de leitura, escrita, oralidade e compreensão oral para integrarem um teste capaz de avaliar a competência académica e proficiência de alunos não nativos. O teste original apresenta 42 itens sendo que adaptámos 40 itens distribuídos pelos quatro domínios científicos: leitura (10 itens), escrita (10 itens), oralidade (10 itens) e compreensão oral (10 itens).

O teste original, na versão em Inglês, não apresenta informação das suas propriedades de confiabilidade mas a versão portuguesa apresenta um coeficiente de Cronbach elevado (.94).

Procedimento

A recolha de dados decorreu em 2013 e 2016, em escolas, de ensino básico e secundário, do distrito de Lisboa. Foi feito o contacto com os estabelecimentos de ensino da rede do distrito de Lisboa com o objetivo de propor o estudo e divulgar as metas de investigação envolvidas. A comunicação com as escolas permitiu identificar um grupo de docentes vasto do qual resultaram apenas 77 docentes que responderam integralmente ao questionário. Após o consentimento informado autorizado e a ficha demográfica da população escolar selecionada, o questionário seguiu o procedimento de aplicação e de avaliação (pontuação) de acordo com a informação do teste original. Os professores responderam às quarenta questões apresentadas em formato papel e devolveram o questionário à

Direção de turma e de Departamento que, por sua vez, assegurou a devolução do teste preenchido à Investigadora. O procedimento decorreu da mesma forma e em períodos letivos distintos em todas as escolas.

As informações sociodemográficas foram facultadas pelas escolas após consentimento informado, depois do início de cada ano letivo. A aplicação do questionário inseriu-se no contexto empírico de aplicação de provas linguísticas e cognitivas, em simultâneo, a 108 alunos imigrantes, oriundos de diferentes minorias linguísticas e que frequentavam as mesmas escolas. Os dados foram analisados com o SPSS, versão 21.

Resultados

O presente estudo tem como objetivos: 1) identificar as tarefas mais revelantes para a constituição de itens em testes de proficiência e de competência de alunos aprendentes de Português como L2; 2) averiguar os conhecimentos e representações que esses docentes têm em relação a testes de avaliação, diferenciando os grupos por área científica.

Conduzimos análises estatísticas com recurso ao programa SPSS e foram utilizados testes de frequências para comparação de médias e desvio-padrão entre os grupos nas diferentes tarefas (representadas pelas quatro escalas específicas) e para comparação de resultados com o estudo original; e análises univariadas de variância para identificar diferenças significativas entre grupos e tamanho de efeito.

Univariate analysis of variance (ANOVA): effect size and post-hoc analyzes

Através de análises ANOVA o tamanho de efeito foi determinado para as diferenças de médias entre os grupos utilizando a variável 'área científica'. Para todos os itens verificou-se tamanho de efeito substancial ($\eta 2$ variou entre .178 e .358). Os padrões de referência de Cohen foram estabelecidos como norma para os valores de $\eta 2$ (Cohen 1988). Os resultados de médias, tamanhos de efeito e de testes de tukey (Post-Hoc) das análises univariadas encontram-se, para todas as tarefas (leitura, escrita, oralidade e compreensão oral), na tabela 1.

Leitura: os resultados da ANOVA evidenciaram diferenças significativas entre os grupos determinados pela área científica. Para a competencia "compreensão do tema", os grupos diferiram de forma significativa ($p=.010$; $\eta 2 =.210$). O grupo com maior média nesta tarefa foi o grupo de docentes de História e Geografia (M=4.87), seguido do grupo de docentes de Ensino Básico (1.º Ciclo) (M=4.75), ao contrário do grupo de professores de Ciências Exatas (M=4.00) que valoriza menos este item, comparado com os anteriores grupos.

Para o item "distinção de factos/opiniões", os grupos também apresentaram comportamento diferente e significativo ($p=.027$; $\eta 2 =.178$)

entre eles no que respeita à valorização do item. Os professores de Português e de Ensino Básico (1.º Ciclo) foram os que pontuaram mais (M=3.96), ao contrário dos professores de Ciências (M=2.71).

Para a tarefa "distinção e comparação de textos", os grupos mantiveram diferenças significativas conforme indica o tamanho de efeito (p=.009; $\eta2$ =.211). Os professores de 1.º Ciclo são os que valorizam mais (M=3.71) esta tarefa com diferença significativa comparativamente aos professsores de ciências (M= 2.43).

Os testes Post-Hoc (Tukey) revelaram diferenças significativas entre os grupos de professores de acordo com a sua área científica de origem (p<.05), considerando diferenças para os seguintes itens de Leitura: compreensão do tema (F(5.63)=4.705;p=.001), factos e opiniões (F(5.63)=4.319;p=.002), distinção e comparação dos textos (F(5.63)=.931;p=.009). As diferenças detetaram-se entre professores de Ciências e professores de História e Geografia, professores do 1.º Ciclo e Professores de Português; não se registaram diferenças estatisticamente significativas entre os outros grupos de professores (por exemplo, docentes de LE e de Artes Visuais). A apresentação da tabela de resultados manterá a sua versão original escrita em Inglês.

Escrita: os resultados da ANOVA evidenciaram diferenças significativas entre os grupos determinados pela área científica. Para a competência "escrita para uma específica audiência", os grupos manifestaram-se de forma distinta e significativa (p=.000; $\eta2$ =.317). O grupo com maior média nesta tarefa foi o grupo de docentes de 1.º Ciclo (M=3.79), seguido do grupo de docentes de Português (M=3.44) e dos professores de História/Geografia (M=3.00), sendo que os professores de Ciências são o que pontuam menos (M=2.14) esta tarefa como importante para avaliação de alunos não nativos.

Para o item "constrangimento de tempo da tarefa", os grupos também apresentaram comportamento diferente significativo (p=.007; $\eta2$ =.219) entre eles no que respeita à valorização do item. Os professores de Português valorizam mais (M=4.33), ao contrário dos professores de LE's (M=3.27) que apresentam média abaixo do ponto de corte.

Para o item "regras linguísticas" (ou gramaticais), os grupos diferem entre si com tamanho de efeito significativo (p=.000; $\eta2$ =.358) entre eles no que respeita à valorização do item. As médias revelam a seguinte ordem decrescente: professores de Português (M=4.33), professores de 1.º Ciclo (M=4.04), professores de História/Geografia (M=3.67), professores de Ciências (M=3.29) e professores de LE's (M=3.27). Os únicos grupos de professores de línguas diferem substancialmente entre si na importância que atribuem a este item da escrita.

Os testes Post-Hoc (Tukey) revelaram diferenças significativas para os itens "escrita para uma específica audiência" (F(5.63)=.166;p=.000), "constrangimento de tempo de tarefa" (F(5.63)=1.768;p=.007), e "regras gramaticais" (F(5.63)=1.311;p=.000), entre professores de Ciências e professores de História/Geografia, de 1.º Ciclo e de Português. Tal como as médias indicam (ver tabela 1) as diferenças também se notam entre os professores de Português e os professores de LE's no que respeita à competência de escrita com constrangimento de tempo; diferenças significativas (p <.05) também se observaram entre os grupos de docentes no item de regras gramaticais em L2; entre professores de Ciências e professores de História/Geografia, professores de 1.º Ciclo e professores de Português. E, na mesma tarefa, outros grupos têm um comportamento diferente entre si: entre professores de História/Geografia e professores de Português, e entre professores de LE's e professores do 1.º Ciclo.

Produção oral: os resultados da ANOVA apresentaram diferenças entre os grupos de docentes nos seguintes itens/tarefas: "questionamento" (p=.003; $\eta2$ =.241). O grupo com maior média nesta tarefa foi o grupo de docentes de LE's (M=4.64), sendo que os professores de História/Geografia apresentam menor média (M=3.60); para a tarefa "participação com clareza em contexto turma" (p=.005; $\eta2$ =.227). O grupo de professores do 1.º Ciclo tem a melhor avaliação (M=4.25), seguidos dos professores de História/Geografia (M=3.40) e dos professores de Ciências (M=3.29); para o item "apresentação com clareza em contexto turma"(p=.002; $\eta2$ =.249). O grupo de professores de Português tem maior média (M=4.11), seguido dos professores de LE's (M=4.09) e dos professores de 1.º Ciclo (M=4.00). Com menor importância atribuída à tarefa está o grupo de Ciências Exatas (M=2.86).

O teste Post-Hoc (Tukey) revelou diferenças entre os grupos de professores de varios domínios, para itens específicos da produção oral: "questionamento" (F(5.63)=3.167;p=.013), "participação clara em contexto de turma" (F(5.63)=3.432;p=.008), e "apresentação clara em contexto de sala de aula" (F(5.63)=.697;p=.002). Os testes estatísticos indicam que as diferenças foram observadas apenas entre os professores de História/Geografia e os Professores de Línguas Estrangeiras; para o item "participação com clareza em contexto turma" as diferenças foram observadas entre professores do 1.º Ciclo e professores de História/Geografia; "apresentação com clareza em contexto turma" as diferenças notaram-se significativas entre professores de Ciências Exatas e outros professores (Português, LE's e 1.º Ciclo).

Compreensão oral: para todos os itens/tarefas deste domínio, os resultados ANOVA não registaram diferenças estatisticamente significativas entre os grupos de docentes.

Tabela 1
Means and standard deviations of the comparison among groups according to scientific domain and training

	Scientific domain	Mean	P.Deviation
Reading (writing instructions)	Portuguese	4,89	,333
	Foreign Languages	4,36	,674
	Kindergarten and 1-4 grades	4,58	,584
	Sciences	4,57	,787
	History	4,60	,507
	Arts	4,33	,577
Reading (distinguish facts from opinions)	Portuguese	4,00	,707
	Foreign Languages	3,45	,688
	Kindergarten and 1-4 grades	3,96	,690
	Sciences	2,71	,951
	History	3,67	1,234
	Arts	3,33	,577
Writing (awareness of audience needs)	Portuguese	3,44	,726
	Foreign Languages	3,45	,688
	Kindergarten and 1-4 grades	3,79	,779
	Sciences	2,14	,690
	History	3,00	,845
	Arts	3,33	,577
Speaking (clarity toward teacher)	Portuguese	4,44	,726
	Foreign Languages	4,64	,505
	Kindergarten and 1-4 grades	4,38	,711
	Sciences	3,57	1,272
	History	3,60	,986
	Arts	3,33	,577
Speaking (arguing)	Portuguese	4,22	,833
	Foreign Languages	3,82	,751
	Kindergarten and 1-4 grades	4,08	,584
	Sciences	3,86	,900
	History	3,47	,640
	Arts	3,67	,577
Speaking (to compare and contrast facts and opinions)	Portuguese	3,78	,667
	Foreign Languages	3,45	,820
	Kindergarten and 1-4 grades	3,71	,806
	Sciences	3,29	,488

	History	3,53	,743
	Arts	3,67	,577
Speaking (structuring hypotheses)	Portuguese	3,22	,667
	Foreign Languages	3,09	1,221
	Kindergarten and 1-4 grades	3,67	,917
	Sciences	3,43	,787
	History	2,93	,884
	Arts	4,00	1,000

Identificar as tarefas mais revelantes para a constituição de itens em testes de proficiência e de competência

Os resultados apresentados respondem às questões do presente estudo, sendo que, quanto à primeira questão, efetivamente se constata que os professores portugueses diferenciam tarefas como sendo mais ou menos revelantes, ao longo das quatro áreas específicas académicas, para a constituição de itens em testes de proficiência e de competência de alunos aprendentes de Português como L2. Há diferenças na atribuição de importância aos itens dentro de cada área académica (leitura, escrita, oralidade e compreensão oral) mas também há diferenças nos grupos entre si na perceção quanto a itens específicos conforme os resultados anteriores apresentam. Verificou-se que os itens menos valorizados são das áreas da escrita (o item relacionado com a capacidade de escrever de acordo com o tipo de audiência) e da oralidade (o item relacionado com a capacidade de estruturas hipóteses durante o discurso - argumentação). Estes dados suportam resultados anteriores (Gebhardt & Gebhardt 2013; Graham & Perin 2007) que comprovam como uma das maiores dificuldades da escrita para aprendentes de L2 conseguir produzir textos relacionados com os conteúdos específicos das disciplinas.

Essa dificuldade prende-se com o método de instrução dos professores que foca a gramática e subestima o sentido sociolinguístico, estando nesse sentido a competência para escrever de acordo com específica audiência. Se as dificuldades verificadas nessa dimensão da escrita (*audience awareness*) então a explicação está no tipo de instrução referida e o facto de haver professores que subestimam este item (um dos mais fracos observados neste estudo) indicia que mantêm um método de ensino desadequado. De acordo com Gebhardt e Gebhardt, a forma como os docentes encaram o ensino das regras linguísticas gerou problemas para o ensino correto de necessidades na competência escrita como o saber escrever apropriadamente para interlocutores diferentes (*audience awareness*).

De notar que em estudo passados (Shanahan 1992) é realçado que a escrita depende, para seu bom desenvolvimento, de uma grande consciência da audiência para a qual se escreve e o presente estudo, então, destaca um problema relacionado com a perceção dos professores que afeta diretamente a instrução utlizada. No presente estudo comprova-se que efetivamente os professores valorizam menos este tipo de competência (capacidade de escrita diferenciada face à audiência) e por isso surge como um dos itens com média mais baixa. Constata-se que para esse tipo de tarefa, são os professores de Línguas Estrangeiras que valorizam menos do que os professores de português, e na mesma proporção para a valorização das regras gramaticais.

Os docentes de LEs são os que mais desvalorizam estas duas dimensões de escrita quando deveriam ser os profissionais mais sensíveis à questão gramatical e à sociolinguística da audiência. Contudo estes dados vão ao encontro de um estudo de meta-análise de Graham e Perin (2007) que identificou as prioridades dos professores, nas tarefas de ensino da escrita, em estratégias de ensino e em *'peer assistance'* em detrimento da gramática, de atividades de pré-escrita e de aspetos de processo dos textos escritos pelos alunos. Segundo estudos da década de oitenta (Scarcella 1984), os L2 *writers* têm problemas maiores em escrever para audiências específicas o que se relaciona com "attention engaging" (671) durante a tarefa de escrita. Uma das causas pode estar relacionada com a proficiência incompleta na Língua Materna (LM) do sujeito (Khuwaileh & Shoumali 2000) e com a diferença de processamento cognitivo (portanto diferentes estratégias) nos contextos de LM e L2 (Silva 1993).

Os estudos na área de L2 passaram na última década a focar mais a problemática da competência escrita no que respeita à capacidade de planeamento e processamento, comuns à escrita e à produção oral (Khuwaileh & Shoumali), portanto mais virados para questões específicas da língua e não do aspeto da comunicação social e profissional como se verificava nos estudos da década de noventa (Scott, 1996): os princípios e prioridades da avaliação da escrita dos aprendentes de LE's e L2, por parte dos professores de LE´s, não passavam pelo domínio "language-specific" (1). No presente estudo estas duas dimensões comuns às duas competências são as mais desvalorizadas pelos docentes portugueses o que provavelmente justifica a mudança de foco da investigação em L2. Junta-se a análise de erros gramaticais e de coesão textual que autores como Khuwaileh e Shoumali constataram em composições escritas de aprendentes de L2.

Ainda no que respeita à relevância de tarefas que, aqui, indica que tipo de itens um teste de avaliação em L2 deve integrar, verifica-se que os itens mais fortes encontram-se na leitura (compreensão das instruções dos professores e identificação do tema do texto lido, por exemplo) e na compreensão oral (compreensão das instruções dos professores, por exemplo). Estes resultados são consistentes com as conclusões de Brown (2009) através das quais se identificou que os professores têm perceções das tarefas mais focadas na compreensão dos erros (*language use*) e na sua correção, portanto numa vertente mais "communicative classroom" o que explica a valorização que verificámos quanto a itens que focam a compreensão das indicações dos professores em sala de aula. A dimensão de "communicative classroom" é produtiva se for expandida no sentido de "communicative performance" (Bygate, Swain & Skehan 2013), ou seja, um contexto de ensino em sala de aula que torne extensível a transferência de estratégias cognitivas entre competências (DeKeyser 2007). A compreensão oral de instruções e a leitura (compreensão escrita) das mesmas estão valorizadas de forma equivalente neste estudo porque há uma relação cognitiva testada entre estas duas tarefas/competências (Hinkel 2006). Estamos perante a abordagem *multiple language skills* de Hinkel (2006; 2012) e que já foi anteriormente abordada por vários autores mas na terminologia da transferência comum entre competências durante o processo de aprendizagem em L2 (DeKeyser 2007; Ellis 2003; Van Patten 2007).

Estratégias cognitivas como por exemplo organização do discurso, fluência, inferências podem ser comuns à leitura e à compreensão oral o que promove uma aprendizagem mais eficaz por transferência de competências cognitivas ao longo das quatro competências do que propriamente focando o uso exclusivo de uma abordagem de *ensino top-down* ou *bottom-up* (Hinkel 2006). A correlação positiva entre tarefas de leitura e compreensão oral é corroborada pelo estudo de van Zeeland e Schmitt (2012) e Alderson, Brunfaut e Harding (2015) que, em contexto de Inglês como L2, identificam comuns processos cognitivos dos alunos nativos e não nativos em tarefas de avaliação da compreensão oral e da leitura, mas com maior significância para os alunos aprendentes de L2. Também Chien, Palau e Sun (2014) concluem sobre a relação próxima entre estratégias cognitivas (interdependência) da escrita e da leitura.

Por outro lado, os professores valorizam estas competências (leitura e compreensão oral) dado que são competências que envolvem a retenção de vocabulário (não propriamente a produção) que é a área onde se identificam os maiores problemas para os aprendentes de L2 (August, Carlo, Dressler et al.; Lesaux & Kieffer 2010) e que permite que o aluno conheça a linguagem do texto (repare-se no item "identificação do tema do texto" considerado como relevante) e aceda ao esquema da leitura (Eskey 2002). Ainda, no que respeita especificamente à compreensão oral em L2, os resultados estão de acordo com os estudos de Hasan (2010), Siegel (2013) e Carrier (2003) que analisam como proeminentes as indicações/instruções explícitas dos professores durante exercícios de compreensão oral. A relevância de tarefas dentro de cada um dos quatro domínios prende-se, então, sobretudo com a aquisição do conteúdo e esquema linguístico do texto, já não focando (no método *bottom-up*) aspetos isolados gramaticais e desprovidos da ligação com as técnicas explícitas de instrução e da autenticidade do *input* (Bygate, Swain & Skehan 2013; Siegel 2013; Van Patten 2007; Vandergrift 2003).

Ainda dentro da questão 1 do estudo, no que respeita à correlação entre as quatro competências fundamentais, os docentes parecem dispersar na importância que atribuem às tarefas previstas para o domínio leitura, conforme o questionário original o propõe. A habilidade para comparar e contrastar textos lidos deveria estar relacionada com bons índices de escrita o que supõe uma inerente correlação entre leitura e escrita (Grabe 2003), mas também como importante preditor da aquisição do esquema descrito de diferentes textos dado que é uma habilidade potenciada pela comparação e contraste ao longo de diferentes textos (Grabe 2003).

Averiguar os conhecimentos e representações que esses docentes têm em relação a testes de avaliação, diferenciando por área científica
No que respeita à segunda questão do estudo, os conhecimentos e representações que os diferentes docentes têm em relação a testes de avaliação variam sobretudo de acordo com a predominância da área científica por comparação com outros fatores que se confirmaram como não sendo preditores fortes no modelo: idade, tempo de serviço e experiência com turmas multiculturais. Sobre a área científica na parte inicial da Discussão apresentamos as diferenças de perceções que os docentes, por área científica, exibem e que explica a valorização que fazem de tarefas de leitura e de compreensão oral, em detrimento de tarefas de escrita e de oralidade. Conforme constatámos, estudos anteriores sugerem que os docentes apresentam, então, conhecimentos e representações desadequadas da instrução e da avaliação de tarefas prioritárias em L2 (Graham & Perin; Littlewood 2007; Veenman 1984).

No presente estudo, conclui-se que os professores com perceção mais positiva são os professores de línguas e os professores de ensino básico, que entendem maior número de tarefas, com foco em todas as competências, para avaliar de forma satisfatória os alunos imigrantes. Estes dados contrariam o estudo de García-Nevarez, Stafford & Arias (2010) que examinou uma amostra americana (Estado do Arizona) de professores de Ensino Básico em relação à importância do ajustamento ao ensino de alunos não nativos (Inglês como L2) e detetou uma enorme variabilidade de respostas dependente do tipo de formação desses professores sendo que os certificados para ensino bilingue eram os mais favoráveis e mais suportivos para os alunos aprendentes de L2 ao contrário dos outros (monolingues) e ao contrário dos professores (bilingues e monolingues) mais velhos que comparados com os mais novos apresentavam atitudes negativas perante a LM dos alunos não nativos.

A mesma variabilidade de respostas, embora dependente de outras variáveis, também se verificou nos professores (de escolas do Michigan) examinados por Karabenick e Noda (2004), corroborando a perceção dos docentes face ao bilinguismo dos alunos como sendo uma vantagem em comparação com os alunos não bilingues e em fase de aprendizagem de uma L2. Nos níveis mais avançados do Ensino Básico e no Ensino Secundário, no presente estudo, os professores de áreas das ciências sociais (História e Geografia) e das ciências exatas (e artes visuais) são os que selecionam menos itens, portanto minimizando o número de tarefas e focando mais as competências de leitura e de compreensão oral. Estes resultados estão em conformidade com os dados de Hansen-Thomas e Cavagnetto (2010) que detetaram que os professores na área da matemática não distinguem as tarefas que estes alunos deveriam resolver para poderem desenvolver a linguagem da disciplina. Também, num estudo de Reeves (2006), os professores de ensino secundário revelaram atitudes positivas pouco significativas em relação à inclusão dos alunos imigrantes nas turmas regulares, face ao ensino especificado para a L2 e face à modificação dos planos e programas para adaptação a estes alunos. Ainda, Hansen-Thomas e Cavagnetto (2010) e Rubinstein-Avila e Lee (2014) chamam a atenção para a despreparação dos professores de ensino secundário e a mudança das abordagens do ensino de L2 para "*language-based approach*" o que sensibiliza professores, que não sendo do ensino de línguas, a perceber que para ensinar nas áreas das ciências exatas, por exemplo, a abordagem tem de ser essa e não meramente o conteúdo da disciplina sem a competência linguística. Este tipo de resultados é próximo dos obtidos pelo nosso estudo na medida em que os professores do ensino secundário diferentemente, dos professores do ensino básico, são os que valorizam menos itens como importantes para tarefas de alunos não nativos.

O estudo sobre a cognição dos professores em situação de ensino a alunos não nativos (em contexto de L2) tem sido alvo de várias investigações internacionais (Borg 2003; Tsui 2003; Venman 1984; Wright, Eisenhardt & Mainzer 2010). Os docentes são examinados no que respeita às incongruências entre o conhecimento que têm do ensino de L2 e as práticas em sala de aula. Também focando a diferença entre professores mais jovens e experientes, sendo que as incongruências se identificam com penalização para os alunos (Tsui 2003). O principal problema dos docentes em relação à multiplicidade de tarefas é a decisão e planeamento das mesmas para diferentes contextos (alunos) com proeminência no ensino secundário em que a competência de linguagem académica foca os conteúdos das disciplinas e lhes é simultaneamente transversal (Scheleppegrell & O'Hallaron 2011). Os docentes, noutros estudos empíricos (Hasan 2010; Siegel 2013), apresentaram, sobretudo os oriundos de áreas de ensino de LE's, prioridades na compreensão oral e na leitura, em tarefas que partilhavam as mesmas demandas (compreensão de instruções do professor, por exemplo), desvalorizando gravemente aspetos da competência escrita (audiência e gramática) e da produção oral (Brown 2009; Khuwaileh & Shoumali 2000). Essa prioridade averiguada como opção dos professores também se confirmou no presente estudo, sendo que é consistente com a investigação que confirma a relação positiva entre testes de leitura e de compreensão oral na medida em que partilham aspetos específicos de igual modo no domínio do processamento cognitivo (van Zeeland & Schmitt 2012; Alderson, Brunfaut & Harding 2015). Trata-se da vantagem da interdependência entre competências e parecem os docentes estar conscientes deste recurso positivo para a avaliação e ensino de alunos em contexto de L2 (Chien, Palau e Sun (2014).

Considerações finais
Os resultados apresentados neste estudo apresentam um importante contributo sobretudo em duas dimensões de análise: é uma análise pioneira em Portugal quanto à perceção de tarefas relevantes em L2 por professores. Por outro lado, apresenta um corpus de resultados que corrobora e contrasta resultados de estudos anteriores internacionais, com implicações ao nível do ensino e dos conceitos de práticas que os professores de várias áreas científicas revelam quanto ao ensino de L2 e quanto ao tipo de tarefas a considerar num teste e na sala de aula. Os dados sugerem que os professores poderão estar a desenvolver práticas e conceitos desadequados sobretudo considerando as diferenças por área científica e o nível do Ensino Secundário; que desvalorizam a componente gramatical de todas as competências a desenvolver pelos alunos; que sobrevalorizam a compreensão oral e a sua relação com a leitura; que apresentam um ajustamento mais próximo do modelo de ensino de L2 (de conceção original americana, Horwitz, 1985) só no grupo de professores do Ensino Básico (para alunos entre os 4-11 anos); e que apresentam um défice nos conceitos acerca de tarefas e testes de avaliação em L2, de forma geral.

Bibliografia
Alderson, J. Charles, Tineke Brunfaut, and Luke Harding. "Towards a theory of diagnosis in second and foreign language assessment: Insights from professional practice across diverse fields." *Applied Linguistics* (2014): amt046.
August, Diane, et al. "The critical role of vocabulary development for English language learners." *Learning Disabilities Research & Practice* 20.1 (2005): 50-57.
Bailey, Alison L., and Becky H. Huang. "Do current English language development/proficiency standards reflect the English needed for success in school?." *Language Testing* 28.3 (2011): 343-365.
Bialystok, Ellen. "Acquisition of literacy in bilingual children: A framework for research." *Language learning* 52.1 (2002): 159-199.
Borg, Simon. "Teacher cognition in language teaching: A review of research on what language teachers think, know, believe, and do." *Language teaching* 36.02 (2003): 81-109.

Brown, Alan V. "Students' and teachers' perceptions of effective foreign language teaching: A comparison of ideals." *The Modern Language Journal* 93.1 (2009): 46-60.

Bygate, Martin, Merrill Swain, and Peter Skehan. *Researching pedagogic tasks: Second language learning, teaching, and testing*. Routledge, 2013.

Callahan, Rebecca M., and Kathryn M. Obenchain. "Bridging Worlds in the Social Studies Classroom: Teachers' Practices and Latino Immigrant Youths' Civic and Political Development." *Sociological studies of children and youth* 16 (2013): 97.

Carrier, Karen A. "Improving high school English language learners' second language listening through strategy instruction." *Bilingual Research Journal* 27.3 (2003): 383-408.

Chien, K., V. Palau, and M. Sun. "Reading and Writing Achievement Test for Advanced 1 Students in the Community English Program." (2014).

Cohen, Jacob. "Statistical power analysis." (1988).

Creemers, Bert. "The school effectiveness knowledge base." *Making Good Schools: Linking School Effectiveness and Improvement* (1996): 36.

Cummins, Jim. "The intersection of cognitive and sociocultural factors in the development of reading comprehension among immigrant students." *Reading and Writing* 25.8 (2012): 1973-1990.

Brok, Perry, et al. "The differential effect of the teacher–student interpersonal relationship on student outcomes for students with different ethnic backgrounds." *British Journal of Educational Psychology* 80.2 (2010): 199-221.

DeKeyser, Robert. *Practice in a second language: Perspectives from applied linguistics and cognitive psychology*. Cambridge University Press, 2007.

Derwing, Tracey, et al. "Some factors that affect the success of ESL high school students." *Canadian Modern Language Review* 55.4 (1999): 532-547.

D'hondt, Fanny, et al. "Perceived Ethnic Discrimination by Teachers and Ethnic Minority Students' Academic Futility: Can Parents Prepare Their Youth for Better or for Worse?." *Journal of youth and adolescence* 45.6 (2016): 1075-1089.

Driessen, Geert, and Virgie Withagen. "Language varieties and educational achievement of indigenous primary school pupils." *Language Culture and Curriculum* 12.1 (1999): 1-22.

Ellis, Rod. *Task-based language learning and teaching*. Oxford University Press, 2003.

García-Nevarez, Ana G., Mary E. Stafford, and Beatriz Arias. "Arizona elementary teachers' attitudes toward English language learners and the use of Spanish in classroom instruction." *Bilingual Research Journal* 29.2 (2005): 295-317.

Gebhardt, Richard C., and Barbara Genelle Smith Gebhardt. *Academic advancement in composition studies: Scholarship, publication, promotion, tenure.* Routledge, 2013.

Grabe, William. "1 Q Reading and writing relations: Second language perspectives on research and practice." *Exploring the dynamics of second language writing* (2003): 242.

Graham, Steve, and Dolores Perin. "A meta-analysis of writing instruction for adolescent students." *Journal of educational psychology* 99.3 (2007): 445.

Guo, Yan. "Language policies and programs for adult immigrants in Canada: A critical analysis." *Canadian Ethnic Studies* 45.1 (2013): 23-41.

Hansen-Thomas, Holly, and Andy Cavagnetto. "What do mainstream middle school teachers think about their English language learners? A tri-state case study." *Bilingual Research Journal* 33.2 (2010): 249-266.

Hasan, Ali S. "Learners' perceptions of listening comprehension problems."*Language Culture and Curriculum* 13.2 (2000): 137-153.

Hazenberg, Suzanne, and Jan H. Hulstun. "Defining a minimal receptive second-language vocabulary for non-native university students: An empirical investigation." *Applied linguistics* 17.2 (1996): 145-163.

Horenczyk, Gabriel, and Moshe Tatar. "Teachers' attitudes toward multiculturalism and their perceptions of the school organizational culture."*Teaching and Teacher Education* 18.4 (2002): 435-445.

Horwitz, Elaine K. "Using student beliefs about language learning and teaching in the foreign language methods course." *Foreign Language Annals* 18.4 (1985): 333-340.

Huddleston, Thomas, Jan Niessen, and Jasper Dag Tjaden. "Using EU indicators of immigrant integration." *Final Report for Directorate-General for Home Affairs. Brussels: European Commission* (2013).

Jia, Gisela, Doris Aaronson, and Yanhong Wu. "Long-term language attainment of bilingual immigrants: Predictive variables and language group differences."*Applied Psycholinguistics* 23.4 (2002): 599-621.

Karabenick, Stuart A., and Phyllis A. Clemens Noda. "Professional development implications of teachers' beliefs and attitudes toward English language learners." *Bilingual Research Journal* 28.1 (2004): 55-75.

Khuwaileh, Abdullah A., and Ali Al Shoumali. "Writing errors: a study of the writing ability of Arab learners of academic English and Arabic at university."*Language Culture and Curriculum* 13.2 (2000): 174-183.

Kolano, Lan Quach, and Elena T. King. "Preservice Teachers' Perceived Beliefs towards English Language Learners: Can a Single Course Change Attitudes?." *Issues in Teacher Education* 24.2 (2015): 3.

Lesaux, Nonie K., and Michael J. Kieffer. "Exploring sources of reading comprehension difficulties among language minority learners and their classmates in early adolescence." *American Educational Research*

Journal 47.3 (2010): 596-632.

Levine-Rasky, Cynthia. "Identifying the prospective multicultural educator: Three signposts, three portraits." *The Urban Review* 33.4 (2001): 291-319.

Lightbown, Patsy M., and Nina Spada. "An innovative program for primary ESL students in Quebec." *TESOL quarterly* 28.3 (1994): 563-579.

Littlewood, William. "Communicative and task-based language teaching in East Asian classrooms." *Language teaching* 40.03 (2007): 243-249.

Marshall, Catherine, et al. "Caring as career: An alternative perspective for educational administration." *Educational Administration Quarterly* 32.2 (1996): 271-294.

Nation, Ian SP. *Learning vocabulary in another language*. Ernst Klett Sprachen, 2001.

Pérez-Sabater, Carmen. "A pioneer study on online learning environments following the Common European Framework of Reference for Languages."*Procedia-Social and Behavioral Sciences* 46 (2012): 1948-1955.

Pires, Sónia. *A Segunda Geração de Imigrantes em Portugal e a diferenciação do Percurso Escolar–Jovens de Origem Cabo-verdiana versus Jovens de Origem hindu-indiana*. ACIDI, IP, 2009.

Reeves, Jenelle R. "Secondary teacher attitudes toward including English-language learners in mainstream classrooms." *The Journal of Educational Research* 99.3 (2006): 131-143.

Rogers-Sirin, Lauren, Patrice Ryce, and Selcuk R. Sirin. "Acculturation, acculturative stress, and cultural mismatch and their influences on immigrant children and adolescents' well-being." *Global Perspectives on Well-Being in Immigrant Families*. Springer New York, 2014. 11-30.

Rosenfeld, Michael, Susan Leung, and Philip K. Oltman. *The reading, writing, speaking, and listening tasks important for academic success at the undergraduate and graduate levels*. Educational Testing Service, 2001.

Rubinstein-Avila, Eliane, and En Hye Lee. "Secondary teachers and English language learners (ELLs): Attitudes, preparation and implications." *The Clearing House: A Journal of Educational Strategies, Issues and Ideas* 87.5 (2014): 187-191.

Scarcella, Robin C. "How writers orient their readers in expository essays: A comparative study of native and non-native English writers." *TESOL quarterly*(1984): 671-688.

Schaedel, Bruria, et al. "School Climate and Teachers' Perceptions of Parental Involvement in Jewish and Arab Primary Schools in Israel." *International Journal About Parents in Education* 9.1 (2015): 77-92.

Schleppegrell, Mary J., and Catherine L. O'Hallaron. "Teaching academic language in L2 secondary settings."*Annual Review of Applied Linguistics* 31 (2011): 3-18.

Schmidt, Henk G. "Foundations of problem-based learning: some explanatory notes." *Medical education* 27.5 (1993): 422-432.

Schneider, Barbara, and Yongsook Lee. "A model for academic success: The school and home environment of East Asian students." *Anthropology & Education Quarterly* 21.4 (1990): 358-377.

Shanahan, Timothy. "What reading research says: The promises and limitations of applying research to reading education." *What research has to say about reading instruction* 3 (2002): 8-24.

Siegel, Joseph. "Second language learners' perceptions of listening strategy instruction." *Innovation in Language Learning and Teaching* 7.1 (2013): 1-18.

Südkamp, Anna, Johanna Kaiser, and Jens Möller. "Accuracy of teachers' judgments of students' academic achievement: A meta-analysis." *Journal of Educational Psychology* 104.3 (2012): 743.

Tejada, Antonio J. Rojas, et al. ""Spanish as a foreign language" teachers' profiles: inclusive beliefs, teachers' perceptions of student outcomes in the TCLA program, burnout, and experience." *European journal of psychology of education* 27.3 (2012): 285-298.

Tsui, Amy. *Understanding expertise in teaching: Case studies of second language teachers.* Ernst Klett Sprachen, 2003.

van Zeeland, Hilde, and Norbert Schmitt. "Lexical coverage in L1 and L2 listening comprehension: The same or different from reading comprehension?."*Applied Linguistics* (2012): ams074.

VanPatten, Bill. "Input processing in adult SLA." *Theories in second language acquisition: An introduction* (2007): 115-135.

Veenman, Simon. "Perceived problems of beginning teachers." *Review of educational research* 54.2 (1984): 143-178.

Wright, Edward L., et al. "The Wide-field Infrared Survey Explorer (WISE): mission description and initial on-orbit performance." *The Astronomical Journal* 140.6 (2010): 1868.

Yoon, Bogum. "Uninvited guests: The influence of teachers' roles and pedagogies on the positioning of English language learners in the regular classroom." *American Educational Research Journal* 45.2 (2008): 495-522.

MEMÓRIA DE AULA: UMA TENTATIVA DE SUBJETIVAÇÃO
Agostinho Potenciano De Souza
Universidade Federal de Goiás, Brasil
Fundação de Amparo à Pesquisa do Estado de Goiás, Brasil
Luana Alves Luterman
Universidade Estadual de Goiás, Câmpus Inhumas, Brasil

Introdução
Este estudo sobre uma prática de escrita, a *Memória de aula*, propõe-se uma reflexão crítica sobre os modos de escrever, à procura de um processo de subjetivação, em contraponto a uma tradição escolar que, quando propõe a redação escolar, dificulta que o estudante se assuma como locutor do seu texto.

A escolarização da escrita surge de sua necessidade inerente de aprendizado. Nas últimas décadas, experimentos sobre a aquisição do código têm movimentado os anos iniciais da escolaridade. Entre o código, como memória e agilidade gráficas, e o letramento, como aprendizado do código situado em sua significação sócio-histórica, temos tido muita troca das mãos pelos pés e os caminhos continuam tortuosos para muitos alunos da nossa escola.

Código bem dominado, poderíamos ter práticas de ler e escrever dinâmicas. Porém, em todos os anos de Ensino Básico, ler é sobretudo parafrasear textos curtos (leitura de livros é rara...) e escrever seguindo modelos padronizados (pela influência de vestibulares, ENEM e outras provas) sem chance para a escrita criativa. A leitura e a escrita são práticas ainda muito mais de código do que de letramento.

Com certeza essa generalização merece ressalvas. Há muitos professores que são criativos e praticam um ensino com produtiva perfomance de letramento. Dificilmente,

porém, encontraremos no país mais de 20% de escolas em que o quadro de leitura e escrita seja predominantemente de inserção na vida, ao invés de exercícios escolares insossos, quando não inertes, pois servem apenas para notas e diário de classe.

Já se vão quase cinquenta anos que vozes críticas, muitas delas vindas dos pesquisadores das universidades, apontavam essa falta de ligação das práticas da escola com as práticas da vida. Vários estados brasileiros, na década de 1970, convidaram professores de universidades para fazerem orientações de currículo para as escolas – nessas vozes, com frequência em diálogo com os professores da rede pública do ensino básico, havia fortes mudanças à vista, em busca de mais clareza sobre a formação do cidadão.

Quanto à atividade objeto dessa reflexão, a escrita na escola, o livro, organizado por Wanderley Geraldi, *O texto na sala de aula*, convidava os interlocutores a "um (re)dimensionamento" das atividades, a "um repensar o ensino da língua portuguesa". Para tanto, os autores do livro trazem propostas, porém, Geraldi indica que essa mudança deve

> (...) partir da construção de cada professor. O **saber-fazer** do professor que, concretamente, vive junto com seus alunos as contradições sociais refletidas na vida de cada um de nós – e o tempo da aula não está fora deste tempo da vida – capacita a cada um esta construção. [...] Mas a articulação das propostas com as atividades concretas não é mecânica: ela passa pelo **projeto político** que, explícita ou implicitamente, dá sentido às atividades concretas de nosso cotidiano. E é este **projeto** que precisamos construir e que estamos, na verdade, construindo. Às vezes sem saber qual, ao alienarmos o nosso direito de construir nossas aulas para nos tornarmos meros executores de aulas elaboradas por outros. Reivindicamos para cada professor o direito de construir suas aulas, e através delas dizer a sua palavra (Geraldi: 1984, p. 6).

Num tempo em que a palavra *letramento* não frequentava ainda nosso universo acadêmico, a ligação entre o tempo da escola e o tempo da vida já era uma questão de princípios para esses autores. Tal atitude perante o próprio *fazer* incluía a contradição: *cada um* versus *um projeto político*. Temos a confluência de forças sociais, às vezes sem saber qual projeto elas representam, porém, temos também outra força, a possibilidade de cada um "dizer sua palavra". Entre as forças sócio-políticas de objetivação e as possibilidades de subjetivação, esses pesquisadores já nos convidavam à inserção em um projeto político de ensino que se direcionava a um "professor que, concretamente, vive junto com seus alunos as contradições sociais refletidas na vida de cada um de nós". A escrita desses alunos bem poderia ser uma forma de sabermos mais do que eles enxergam dessas contradições, desde que a eles seja dada alguma voz, também.

Não é diferente a percepção de outro pesquisador, Percival Leme Brito, que, após analisar a questão da redação e das provas de redação, conclui que

> (...) a produção de texto por estudantes em condições escolares já é marcada, em sua origem, por uma situação muito particular, onde são

negadas à língua algumas de suas características básicas de emprego, a saber, a sua funcionalidade, a subjetividade de seus locutores e interlocutores e o seu papel mediador da relação homem-mundo. O caráter artificial desta situação dominará todo o processo de produção da redação, sendo fator determinante de seu resultado final (Britto: 1984).

A artificialidade da situação de escrita do estudante retira sua participação subjetiva ao dizer algo sobre a vida, nega à língua que ele escreve uma de suas principais funções, numa prática em que cuidar da língua padrão torna-se mais persistente que saber dizer algo interessante. As décadas de 1970 e 1980 foram profícuas em pesquisas e indagações. Um desses pesquisadores, Wanderley Geraldi, chega a uma síntese elementar, por isso, óbvia. No entanto, quase ausente dos modos de escrever na escola. Por mais ingênuo que possa parecer, para produzir um texto (em qualquer modalidade) é preciso que:

a) se tenha o que dizer;
b) se tenha uma razão para dizer o que se tem a dizer;
c) se tenha para quem dizer o que se tem a dizer;
d) locutor se constitua como tal, enquanto sujeito que diz o que diz para quem diz (ou, na imagem wittgensteiniana, seja um jogador no jogo);
e) se escolham as estratégias para realizar (a), (b), (c) e (d) (Geraldi: 1991, p. 137).

Escrever é produzir discurso, interlocução - nas páginas à frente, 160-165, Geraldi desenvolve essa questão: faz um gráfico que tem em sua parte superior "assumir-se como locutor" e na inferior "relação interlocutiva" preenchido lateralmente pelos tópicos acima referidos. Essa é uma proposta de inversão: no lugar de muita escrita feita para o professor corrigir e dar nota, um texto para a escola, uma *redação,* fazer uma produção de texto como relação interlocutiva, na qual o aluno assume-se como locutor ("jogador no jogo") e dirige-se a um interlocutor, porque tem uma razão para dizer o que tem a dizer a ele. Essa formulação é suficientemente persuasiva, tanto assim que foi apropriada pelos Parâmetros Curriculares Nacionais (BRASIL, 1998), norteando o ensino de produção de texto no Ensino Básico.

A visada discursiva sobre o tema clareia horizontes ainda pouco explorados. A história da pouca escrita e da escrita para o professor corrigir moldou também um conceito de *língua* escrita e de *sujeito* da escrita: escrever cuidando de não cometer erros gramaticais e, pior, secando a voz própria para jorrar o senso comum e evitar a crítica e as contradições. Essa objetivação das duas últimas gerações conduziu a uma ausência de autoria e sua consequente não descoberta da escrita como processo de subjetivação, esse modo de dizer "tem alguém aqui, sou eu", traduzido em palavras que oscilam conforme a onda da vez: originalidade, criatividade, autonomia, pensamento crítico, protagonismo...

Olhar o texto como discurso é uma atitude inclusiva dos sujeitos: quem escreve leva em conta aquele que vai ler o seu texto. Para Bakhtin, isso é de uma importância muito grande:

Toda palavra serve de expressão a *um* em relação ao *outro*. Através da palavra, defino-me em relação ao outro, isto é, em última análise, em relação à coletividade. A palavra é uma espécie de ponte lançada entre mim e os outros. Se ela se apoia sobre mim numa extremidade, na outra apoia-se sobre o meu interlocutor. A palavra é o território comum do locutor e do interlocutor. (Bakhtin/ Volochinov: 1981, p. 113)

É esse conceito da palavra como "produto da interação do locutor e do ouvinte" que fundamenta a proposta de produção de texto referida acima. Quando o outro lado da ponte é exclusivamente o professor ou o corretor das provas, o locutor fará uma escrita cuja expressão é marcada por essa figura de vigilância e punição, sua voz é amordaçada pela preocupação formal, por uma língua padrão (ou por uma chave "pronta" de usos de conectores que estabeleçam coesão e coerência) que lhe retira o foco de querer dizer algo de si mesmo. Daí essa outra busca, a da palavra que se dirige a alguém para uma enunciação concreta, real.

Muitas narrativas de modos inventivos de incentivar esse tipo de escrita têm sido lidas e ouvidas em eventos sobre ensino de Português. Boa parte delas nasce desse desvio: evitar escrever apenas para o professor. O outro lado da ponte precisa ser procurado, inventado, pois os velhos costumes não nos deixaram legados interessantes. Ora os próprios colegas de classe, ou de outra classe, ou de outra escola, ou de outra cidade têm sido os grandes incentivadores dessa outra escrita, na qual o locutor se preocupa com as melhores estratégias para dizer o que tem a dizer a seu interlocutor. Publicações têm sido mais uma alternativa de procurar leitores outros, ora no mural da escola, em jornaizinhos, ou um livro da turma. Vez por outra a família é convocada a ser o leitor de raras produções, quase sempre marcadas por datas comemorativas. De fato, não é tão simples arrumar leitores do que nossos alunos escrevem – esse é apenas um dos aspectos da produção de textos, embora tão importante, pois pode ser o modificador de toda a ação.

Nessa linha de raciocínios, veio-me o insigth de pedir a meus alunos da graduação e da pós-graduação que escrevessem a *Memória de aula*. Em quatro turmas fiz essa experiência. O comando era simples: em cada aula um dos alunos era escolhido para fazer a memória daquela aula e ler para os colegas no início da aula seguinte. Pensando nos elementos dos gêneros de discurso, segundo Bakhtin (1992): a esfera de atividade bem definida, o tema claro, sem nenhuma orientação sobre a composição e, levemente, um convite ao estilo mais pessoal.

Procurava uma prática de escrita em que a subjetividade brotasse, a voz própria aparecesse. Como professor de estágio, percebera que os relatos de memória escolar – costurar um fio que organizasse a escolha de ser professor de Português – ou propostas pessoais de contar "minha história de leitura" ou "minha história de escrita" tinham como resultado uma escrita com significativas marcas da voz própria. Como leitor, conferia que essa voz era sim social, como nos avisam as teorias do discurso: a minha história é também a história de muitos outros. Sabia que essas memórias eram para ele mesmo se ler, mas o outro lado da ponte era eu, o professor.

Já a *Memória de aula* tinha os colegas como interlocutores. A maior parte dos alunos não se desvencilhava da formalidade de relatar a aula, resumindo conteúdos, seguindo o cronograma da aula dada. Aos poucos, o uso da primeira pessoa, ora no singular ora no plural, tornou-se dominante – havia uma procura de voz própria, mas esta é muito escorregadia. Quando um aluno definia um tom mais pessoal, poético ou irônico, havia efeitos nos enunciados "relativamente estáveis" de um gênero que, eu pensava, estava sendo fabricado por eles.

Estávamos evitando direcionar um conceito, não era "como elaborar uma memória de aula" que interessava. Um padrão de gênero. Era uma experimentação de autoria, esse lado do escritor que busca uma voz singular, mesmo que se negue a ele a origem do seu discurso. Um processo de subjetivação exige a rebeldia, um não às estratégias de objetivação que dominam o espaço escolar. Com essa mesma denominação, memórias de aula, muitos professores definem que seus alunos terão um caderno para registrar o aprendizado de cada aula. Um diário de conteúdos escolares com finalidade de avaliação. Outros, dão a essa denominação um caráter de relatório técnico, predominantemente descritivo. Minha procura era outra: um sujeito que escreve dizendo sua voz.

A grande maioria faz o relato do que aconteceu na aula. O que muda é o ponto de vista. Havia até a pretensão de que se levantassem questões sobre a memória e o discurso que realizavam, de modo que chegassem ao que Pêcheux anunciou:

> Para tratar do memorizável é preciso entender o acontecimento inscrito no espaço da memória sob dupla forma-limite: (1) o acontecimento que escapa à inscrição, que não chega a se inscrever; (2) o acontecimento que é absorvido na memória como se não tivesse acontecido. (Pêcheux: 1999, p. 50)

A variedade de pontos de vista torna possível verificar que a aula está cheia de acontecimentos variados, não há um acontecimento só. Para alguns, a memória é algo definido pelo conteúdo designado pelo professor, para outros, há acontecimentos diferentes, como as reações dos colegas, o que é feito no intervalo ou no momento de chegada dos alunos.

Minha Memória da aula do dia 31/03/2015 - Então começou a chegar os alunos, bem chegou os Três mosqueteiros aquela menina que eu acho bonita e interessante com seus dois amigos La se sentou na fileira de carteira no meio da sala eles dois colocaram os mochilas cada um do lado dela e saíram, ela ficou a mexer no celular quando o rapaz que tinha barba e agora esta de bigodin voltou meio aloprado e disse vamos sentar ali ela olhou e disse pó eu to quieta aqui e você quer mudar (acervo pessoal).

A aluna que fez esse texto foi elogiada pelos colegas que vieram depois como a melhor memória. O tom de brincadeira contaminou o grupo, que estudava a Leitura de Filmes, e várias memórias que se seguiram mostram a subjetividade mais manifesta. Esta outra aluna se aventura a uma poesia:

Choveu três vezes antes de sair!
Chegou!
A moça come uma maçã, a outra ajeita o datashow.
Esqueceu da atividade, recorreu a um empréstimo de papel.
Ouviu falar de Felix! Sim! O gato e seu criador.
Continuou a escrever o que já foi escrito na agenda.
Uma pergunta seguida de exclamação "TV é de 30?!"
Voltou, entre ouvir e escrever
[...]Levantou para partir, ainda em suspenso.
Recordou da memória dois dias depois (acervo pessoal).

Após a leitura da *Memória de aula*, o professor não emitia juízo avaliativo. A reação dos interlocutores-colegas era o que realizava o texto como recepção. Porém, os vícios escolares mostravam olhares cobrando do professor uma avaliação. Fica difícil mudar a direção de práticas únicas, monológicas, como essas de escrever para o professor avaliar. Aos poucos, essa ação de escrever pega uma figura de imersão do sujeito que, mais do que uma tarefa, assume uma locução.

É segunda-feira à tarde e eu estou aqui, em frente a um papel em branco, com a missão de escrever a memória da aula de sexta-feira. Eu queria que isso fosse um documento do Word e que eu estivesse digitando, mas não tem luz aqui em casa há umas 5 horas e eu queria muito entender porque a Celg odeia tanto seus clientes. Quando o professor pediu para escrever essa memória, eu não tinha ideia do que fazer. Pensei em entregar um desenho, um poema, mas no final decidi que eu apenas seria honesta ao escrever esse texto. [...] A aula começou com uma apresentação de propaganda. Preciso ser honesta, então não vou dizer que eu sei o nome dos integrantes do grupo, porque eu não sei. Só sei que um deles era a moça que escreveu o texto do bigodinho e queria aproveitar esse espaço para te dar os parabéns (acervo pessoal).

Trazer um tom informal para a escrita torna o texto palatável, próprio para uma leitura para colegas, gente próxima. Isso não tira a surpresa e o desafio que é preencher uma folha em branco. Em outros momentos, o escritor se enveda por uma metalinguagem mais intensa:

11 de setembro de 2014. **Memória da aula 1.** Não existe modelo para a

memória. O modelo não existe em si mesmo. O que há são práticas para memorizar e ritos de contar história. Mais do que uma moldura, uma memória é um modo de identificação do sujeito com ele mesmo. Mas na memória não está lá o sujeito solitário, estão os seres, os objetos, os lugares, os fatos, as fotos, os amores e ódios. Lá onde habita a memória eu acredito me encontrar, mas não. Lá o que há são fragmentos e durante a travessia no túnel do tempo há de se contar o que não se lembra mais (acervo pessoal).

Voltar-se ao fazer escrito, numa modalidade marcada como memória, sem modelo, levou a essa percepção aguda do tempo, dos fragmentos, da ficção de contar o que não se lembra mais. No final do curso, todas essas memórias foram agrupadas e enviadas a todos os alunos da turma. O professor mesmo, ao reler algumas memórias, surpreende-se de encontrar um acontecimento "como se não tivesse acontecido".

[...] um encontro com um certo Ovídio e sua "Metamorfose". E ele não veio só, veio consigo Tirésias, Juno e o belo Narciso. E pela leitura em voz alta nos foi permitido conhecer a historia desses personagens: Tirésias nasceu homem, se fez mulher e por esta razão se posicionou em favor de Juno afirmando que "Mulher sente mais prazer do que o homem". [...] e nos foi dado o prazer de conhecer Narciso, jovem, belo e objeto de desejo de "moças e moços", quem sabe até secretamente de muitos de nós (acervo pessoal).

E os comentários me deixaram claro a compreensão dessa leitura. Se o nome Narciso é de domínio geral, ler a lenda de Narciso era uma experiência estética. Não só porque o leitor tinha o texto de Ovídio em mãos, mas também porque estávamos juntos e nossos olhos e pele reagiam àquela fantasia milenar, numa fruição ímpar. Num curso sobre Sujeito, Leitura e Escrita, certos textos teóricos produziam forte empatia com os estudantes, que, na *Memória de aula*, podiam mostrar esse envolvimento:

A cada página da história da leitura, escrita sob a ótica desse leitor apaixonado, identificamo-nos mais e mais com a intrigante figura de Manguel. Mais que um leitor de profissão, ele leu para viver e dominou o que ele mesmo chamou de arte de decifrar e traduzir signos. Viajo no tempo. Estou em 1989, leio o livro de Apocalipse para minha avó e desperto nela o medo. Começo a compreender o poder que a leitura tem (acervo pessoal).

A autora dessa *Memória*, num momento de maior aproximação de um dos temas da aula por ela rememorada, levanta a questão: "Será que quem usa óculos lê e quem não usa não lê?" Uma das colegas contesta uma foto ilustrativa do livro, "não acredita na foto da velhinha lendo... para comprovar que uma velhinha lê sem óculos sim, aos 95 anos de idade, tomei a liberdade de trazer esta imagem..." e coloca na *Memória de aula* uma foto de sua própria avó lendo sem óculos. Uma ousadia que foi permitida pelas condições dessa produção de texto situada em um meio mais relacional e menos protocolar. Mesmo assim, escrever não é fácil.

Enfim chegou o momento em que a difícil e gostosa tarefa de relatar ou relembrar as irrepetíveis, únicas e novas aulas (pelo menos na nossa ilusão como sujeitos) está em minhas mãos. Começamos com questões reflexivas sobre o que é leitura e principalmente se é possível fazer uma ciência da leitura, não uma ciência comum, ditadora, que imponha verdades, mas uma ciência que questiona, investiga e é audaciosa. Segundo a discussão, o grande problema nesse sentido é a falta de um espírito científico por parte dos pesquisadores, falta do que está sendo feito por nós: o questionamento (acervo pessoal).

Esse trançado de trechos mais pessoais com relatos e reflexões sobre os conteúdos desenvolvidos em sala de aula passou a ser mais frequente nas turmas em que o relacionamento entre colegas era mais aberto, com espaços para maiores aproximações um do outro. A grande maioria dos alunos, porém, não se soltava, ficava nos registros "no começo da aula", "em seguida", "no final", colhendo paráfrases do que aconteceu e pouco refletindo sobre o que aconteceu. Não chegam a vinte por cento os alunos que escreveram essas *Memórias de aula* como um ato de liberdade, de atrevimentos no dizer.

Terça feira, 26 de maio de 2015 - Senti um grande desconforto ao perceber que estava com o nariz completamente "congelado", e ali começou uma luta interna por realmente não ter colocado um agasalho dentro da bolsa, a Marcella também estava congelando, por um momento cheguei a pensar que ela estivesse passando mal, mais era só frio, ainda bem (acervo pessoal).

O efeito dos discursos uns sobre os outros deixou, na história escolar desses alunos, uma marca de padronização da escrita, com ausência do incentivo ao tom pessoal, à busca de um estilo criativo, próprio. Contudo, o mesmo acontecimento de linguagem, ou seja, discursos gerando efeitos sobre outros discursos, também aconteceu com essa experiência de prática de escrita que estimulou a subjetivação, a inventividade. Não sem contradições, as quais pertencem ao processo de escrever um gênero que se propôs maleável, em construção, vizinho a outros gêneros mais presos, fixos.

Memórias de intervalo – aula 19/11 - Talvez por destino, ou acaso, providência divina ou por simples conveniência humana, perdi o meu caderno de anotações da aula passada. "E agora, José?" Indaguei-me, trêmula, frente à folha de papel em branco, ou melhor, ao arquivo do word insensível ao meu drama. [...] De maneira geral, foram-nos apresentados, no texto, os principais conceitos, o vocabulário e algumas das perspectivas analíticas para se pensar a linguagem como discurso. Mas vou logo deixando de lado esse negócio de ata – por mais preferida que me seja essa fruta – e mergulho em minha memória. Nesse mergulho, talvez por uma tortuosa trajetória de vida, deparei-me com as margens. As margens, neste caso, são os intervalos da aula. Para mim, são um deleite! [...] No intervalo da última aula, oito de nós trocaram o banheiro e o café por uma roda de prosa. Em círculo freireano, tricotamos em desfavor das "pessoas sem sal", dos preconceitos acadêmicos, das estratégias institucionais de disciplinar o pensamento.

Com um cabeçalho efusivamente irônico, essa *Memória de aula*, sem deixar de fazer registro de conteúdos, de modo sumário, foi a uma posição externa, a Memória do intervalo. Não era determinado pelo professor, mas, nessa turma, os alunos faziam cópia de sua *Memória* e distribuíam para todos os colegas, que acompanhavam a leitura do autor. Essa folha causou rumores e risos entre todos. Fazia um interdiscurso paródico a um comentário da aula anterior que elogiava o fato de estarem produzindo *Memória de aula* se afastando do gênero "ata". Há algo mais aí, porém, de um lado perder as anotações (muitos chegaram a gravar a aula, para não perder nada na hora da longa memória registradora!); de outro, a valorização do espaço extraclasse, o intervalo, que também pertence à turma, de outro modo: "os vínculos pessoais que se estreitam, os corpos que se tocam com um aroma de café ao fundo".

O percurso dessa prática de escrita, a *Memória de aula*, procura alternativa a uma tradição de redação escolar que não tem resistido às críticas dos estudiosos, principalmente pelo cerceamento da chance que toda pessoa deveria ter de saber escrever, querer escrever e praticar a escrita como ato de liberdade, de construção de si e do outro. Para isso, contribuem muito as teorias do discurso, que valorizam a "relação interlocutiva": as instâncias concretas de enunciação, em que o locutor tem o que dizer e tem a quem dizer o que ele quer dizer.

Bibliografia

Bakhtin, M. *Estética da criação verbal.* Trad. Maria Ermantina Galvão G. Pereira. São Paulo: Martins Fontes, 1992.

Bakhtin, M./Volochinov, V.N. *Marxismo e filosofia da linguagem.* Trad. Michel Laud e Yara Frateschi Vieira. São Paulo: Hucitec, 1981.

Brasil. *Parâmetros curriculares nacionais: língua portuguesa.* Brasília: MEC/SEF, 1998.

Britto, Luís Percival Leme. Em terra de surdos-mudos (um estudo sobre as condições de produção de textos escolares). In: Geraldi, João Wanderley. *O texto na sala de aula*: leitura & produção. Cascavel: Assoeste, 1984. P. 109-119.

Geraldi, João Wanderley. *O texto na sala de aula*: leitura & produção. Cascavel: Assoeste, 1984.

Geraldi, João Wanderley. *Portos de passagem*. São Paulo: Martins Fontes, 1991.

Pêcheux, Michel. Papel da memória. In: Achard, P. et al. (Org.) Papel da memória. Tradução e introdução José Horta Nunes. Campinas: Pontes, 1999.

RITUAIS E PROBLEMAS DE LEITURA EM LÍNGUA PORTUGUESA E ESTRANGEIRA ENTRE ALUNOS DE LETRAS

Valdenildo dos Santos
Universidade Federal de Mato Grosso do Sul, Campus de Três Lagoas, Brasil

Introdução

A leitura tem sido uma das preocupações de professores de ensino médio e fundamental em conjunto com professores das principais universidades brasileiras nos últimos anos. Ouve-se muito em reuniões pedagógicas, em discussões de reuniões de colegiado, na partilha de informações entre pares, no exercício da interdisciplinaridade, uma problemática que vem atravessando décadas, a saber, "os alunos não leem". Será que não leem mesmo? A leitura crítica, então, afirma-se, torna-se terreno ainda mais preocupante.

Busca-se, neste trabalho, por meio de pesquisa em sala de aula, mediante aplicação de questionário quantitativo/qualitativo, seguir as afirmações de Maria Cecília de Souza em "Pesquisa Social" (2012) sobre o exercício científico como um artesanato intelectual, centralizando seu fazer pragmático no trabalho de campo, contexto de observação, interação, descoberta, análise e interpretação de dados de pesquisa qualitativa, a fim de se verificar se, de fato, os alunos não leem e se não conseguem fazer uma leitura crítica dos textos com os quais se deparam no dia a dia acadêmico.

Para se chegar ao objetivo deste trabalho é, portanto, necessário se trilhar um caminho específico, como se fazer o resgate de reflexões e críticas de (Anderson & Urquhart, 1984) sobre pesquisas que se concentram no produto da leitura, em vez do processo, enveredando-se do pelo ponto de vista de leitura em (Nuttal, 1987), compreensão em (Muñoz, 2005) e interpretação em (Derrida, 1972) e (Coracine, 2011) para se estudar o processo e não o produto, sugerindo-se atraente tipologia textual extraída da mídia impressa, eletrônica e digital como estratégia motivacional (identificação) e os níveis de leitura possíveis do texto (Greimas, 1979), (Fiorin, 1981), (Barros, 1997) como princípios para a análise objetiva e crítica de enunciados de caráter verbal, não verbal e sincréticos.

As investigações são feitas com um grupo de 28 alunos de Letras (futuros professores em formação), Português e respectivas literaturas, Espanhol e Inglês, do quarto semestre, que desenvolveram leituras e apresentaram seminários atendendo a disciplina "Fundamentos e Metodologia do Ensino de Línguas" no segundo semestre de 2013.

Investiga-se o que leem como leem e por que leem essa ou aquela literatura. Os resultados da análise de suas preferências e do modo que leem servem-nos de base para reflexão para uma mudança de atitude em relação à postura pedagógica em sala de aula de nível superior e o possível mito de que os alunos não leem.

Metodologia

Partimos de um levantamento da definição de leitura enquanto sistema de comunicação e interação, passando pelas pesquisas sobre o tema que remontam à década de 1970, chegando aos nossos dias, focando a leitura enquanto compreensão e interpretação na sugestão de que os três níveis possíveis de leitura semióticos teriam por finalidade despertar uma percepção mais aguda do sentido no interior dos textos.

A segunda parte, portanto, deste trabalho verifica, por meio de pesquisa de campo, utilizando-se a sala de aula como o local do diagnóstico com alunos de letras de três licenciaturas, língua inglesa, espanhola e portuguesa e respectivas literaturas.

Um grupo de 28 alunos é exposto ao questionário de ordem quantitativa e qualitativa a fim de se descobrir quais seus rituais de leitura para a partir dos resultados se imprimir uma dinâmica de trabalho pedagógico que venha se traduzir em benefícios a estes futuros novos professores do Ensino Fundamental e Médio no Brasil. A medida que esta descoberta é realizada se promove a reflexão e se checa até que ponto estes alunos não leem de fato e se tem uma postura crítica ou não diante dos textos que se lhe apresentam diante dos olhos no ambiente acadêmico de nível superior.

Leitura enquanto sistema de comunicação e interação.

Christine Nuttal (1987) define "leitura" como sinônimo de (a) "entender", "interpretar", "significar", "sentido"; (b) como "decodificar", "decifrar", "identificar", etc., e (c) "articular", "falar", "pronunciar", etc., (1987, P. 2) e a associa a um sistema de comunicação e interação entre interlocutores.

Como a comunicação se processa no interior do sujeito? No modelo de Nuttal, tem-se o que chama de "sender" (destinador) que chama ainda de "encoder" (codificador), "writer" (escritor) ou "speaker" (falante), a mensagem codificada em enunciados escritos ou falados, decodificados pelo que chama de "receiver" (destinatário), ou "decoder" (decodificador), ou "reader" (leitor) ou "listener" (ouvinte). Admitindo a simplicidade de seu esquema até aqui esboçado, Nuttal sugere que ao se falar em leitura tem que se falar no papel do destinador, do destinatário e do texto em si e chega a seguinte definição de leitura: "reading means getting out of the text as nearly as possible the message that the writer put into it" (1987, p. 5).

Ao comparar o texto a uma jarra cheia de água, afirma que a mente do destinatário funcionaria como uma esponja que a absorve. Alerta, contudo, que o texto fácil para uma pessoa pode ser difícil para outra. O que torna um texto difícil são as crenças partilhadas entre escritor e leitor em relação ao sentido, a leitura enquanto interação, a inferência, o texto, o discurso, a coesão, a coerência, o motivo para se ler, a seleção de tipologia textual, as habilidades e estratégias de leituras, a velocidade de leitura, os movimento dos olhos, o "scanning", o "skimming", os hábitos de leitura, etc.

Nuttal nos remete ao esquema canônico da comunicação de Roman Jakobson caracterizado por um destinador que envia uma mensagem mediante um determinado canal a um destinatário, o que Jakobson chama de emissor e receptor. O domínio do código por parte de ambos é que vai determinar a conclusão do processo. A comunicação, propriamente dita, no entanto, dar-se-á pelo "feed-back" (2012, P. 304).

Algumas das pesquisas realizadas por J. Charles Anderson e A.H. Urquhart (1984), num de seus argumentos quanto às taxonomias de Lunzer e Gardner (1979), apontam para cinco habilidades detectadas por Garret (1968) e uma lista semelhante apresentada por Davis e Widdowson (1974) para se testar a habilidade de leitura. Anderson & Urquhart examinam a longa lista de níveis possíveis de perguntas exemplificadas por Adams Smith (1981) e as perguntas de ordem superiora de Royer, Knold e Bates e concluem que as pesquisas aqui citadas se debruçam sobre o produto, argumentando que o que o leitor consegue extrair do texto não nos dá pistas de "como" chegou a tal entendimento do texto e, não mostram diferentes habilidades de compreensão do texto, embora possam revelar a variação de sentido de aluno a aluno.

J. Charles Anderson e A.H. Urquhart (1984) falam de leitura considerando o leitor e o texto e que as abordagens existentes na década de 80 ofereciam ao aluno uma série de passagens para que esse entendesse e, em seguida, fizesse perguntas ao texto que aproxima à definição de Nuttal do jogo psicolinguístico na relação escritor e leitor. Além disso, criticam Lunzer e Gardner (1979) quanto a sua definição de leitura como uma série de habilidades englobadas que se relacionam entre si ou uma hierarquia, ao que chamam de taxonomia (do grego antigo τάξις táxis, arranjo e nomia νομία , método)[34]: *Many diferente taxonomies or lists have been drawn up over the years, varying*

---

[34] http://pt.wikipedia.org/wiki/Taxonomia visitada em 18 de setembro de 2013.

in content, up tpo the outstanding 36 drawn up by the New York City Board of Education (1984, p. XVI).

Em relação às cinco habilidades apontadas por Barret (1968) como algo similar à proposta de Lunzer e Gardner, ao sugerirem cinco etapas para se processar a leitura, como a) a compreensão literal, b) a reorganização das ideias no texto, c) a inferência, d) avaliação e, e) a apreciação, momento em que o leitor faz um julgamento final, emite sua opinião, dizem não haver nada de novo, mesmo porque há uma lista semelhante apresentada por Davies e Widdowson (1974) para se testar a habilidade de leitura: *"direct reference question, inference, supposition and evaluation question"* (1984, p. XVII). Além do mais, há ainda a longa lista de níveis possíveis de perguntas exemplificadas por Adams-Smith (1981) usando a taxonomia de Bloom e as perguntas de ordem superiora de Royer, Knold e Bates.

Após a longa lista de críticas, Anderson e Urquhart chegam à conclusão de que a maior parte de literatura (livros) produzida com a finalidade específica de leitura em língua estrangeira apresenta formato de textos com várias perguntas que oferecem respostas de múltipla escolha para se avaliar a habilidade de entendimento do texto por parte dos alunos. Para eles, as pesquisas realizadas até então, não demonstravam que existiam essas habilidades separadas.

Eles criticam Lunzer e Gardner porque estes tentam identificar uma hierarquia de habilidades com suas perguntas sobre passagens que levam a variados níveis de sentido do texto. Para eles, fracassaram quanto a sua distribuição em categorias menores que estariam atreladas a uma categoria principal. Ocorre que não conseguiram encontrar, dentre os pesquisados, quem pudesse responder perguntas sobre o sentido de palavras, apesar de terem encontrado leitores que pudessem inferir e fazer tarefas de níveis mais fáceis, embora não conseguissem julgar o que estavam lendo. Nos testes aplicados aos alunos sobre sua compreensão das passagens lidas constataram que não faziam uma leitura, porque o foco era saber o que um estudante compreendeu e não "como" ele compreendeu ou deixou de compreender determinado texto ou passagem.

Diante do exposto, Alderson e Urquhart defendem a tese de que os leitores (alunos) podem usar processos parecidos para chegarem a produtos diferentes, mas *"we are not in a position to describe what the reader was doing as he was reading, in order to arrive at his particular product"* (1984, p. XVIII). Deste modo, as pesquisas deveriam focar no processo de leitura e não em seu produto, como a proposta de seus colegas Hosenfeld, Harri-Augustein e Thomas e Fransson elencados em seu livro. Alderson e Urquhart se fundamentam nas afirmações de Widdowson (1979) de que os textos possuem um potencial para gerar sentido e este último depende de fatores que podem mudar de acordo com o leitor, como o conhecimento e o objetivo, a interação entre o leitor e o texto: *"in this view, meaning is actually created by the reader in his interaction with the text"* (1984, p. XIX).

A leitura é, assim, produto e processo e as pesquisas tendem a se concentrar no produto e não no processo, quando o produto além de variar não pode ser previsto. Conhecer o produto não nos informa como se dá a interação leitor e texto. É a interação, portanto, que lhe interessa ao invés da testagem do resultado. Para Alderson e Urquhart os testes de leitura são importantes, mas apenas informam a consciência da existência de outros níveis de sentido ou diferentes interpretações de um texto, embora isso possa ajudar o leitor no sentido de que perceba outros aspectos da interpretação que podem estimulá-lo à percepção ou mesmo distinguir entre o bom leitor e o leitor não tão bom assim, por meio dos elementos que são comuns numa variedade de textos e que podem estar no processo. Por todas essas razões, o problema das pesquisas calcadas no processo mostra que *"Reading is essensiatly, at least in the twentieth century, in most cultures, a silente, private activity"* (1984, p. XIX).

Segundo Anderson e Urquhart é óbvia a conclusão de que os leitores "bons" fazem menos fixação ao que leem do que os menos "bons". A redução da fixação teria a ver com um nível superior de aquisição da leitura. A estratégia básica de leitura que faz a análise tropeçar é aquela que olha para a previsão, que informa sobre o que poderia ser aquele termo, aquela palavra ou bloco textual, a amostragem, a seleção de informação mínima do texto consistente com a previsão, a confirmação, quando se testa a previsão em consonância com a amostragem e a correção. Caso a previsão não seja confirmada, gera-se uma nova previsão. Os pesquisadores destacam que essas estratégias estão mais para a capacidade de inferir dos pesquisadores que demonstradas pelos leitores. Essa é uma visão negativa quanto às estratégias instrumentais elaboradas pela maioria das pesquisas da época e Alderson e Urquhart recorrem à demonstração de Goodman, citado por Smith (1978) que afirma que tanto a leitura oral quanto silenciosa está propensa a erros. Por outro lado, admitem que seja difícil de provar a conexão entre a leitura em voz alta e silenciosa, por conta da falta de informação sobre o processo de leitura silenciosa, item mais atraente aos pesquisadores.

Leitura como sinônimo de compreensão e interpretação
Respeitadas as pesquisas até aqui retomadas que nos levam à década de 70/80, três décadas depois nos deparamos com Maria José Coracini em "Interpretação, Autoria e Legitimação do Livro Didático (2011) que critica os livros didáticos ao proporem tratamentos diferentes para "compreensão e interpretação como se fossem dois níveis numa hierarquia que vai do sentido literal (compreensão) ao sentido individual (interpretação)" (2011, P. 12). Nesta perspectiva, os livros didáticos conduzem o olhar do leitor primeiro na exploração do texto para depois permitir aos alunos que utilizem seu

repertório cultural. Coracini questiona, desta forma, as teorias que privilegiam a linearidade textual em busca do sentido objetivo do texto.

Sob este ângulo, o professor, segundo Coracini, "prefere se ater à compreensão, alegando a dificuldade que os alunos encontram para realizar as atividades de interpretação ou a falta de tempo, já que `há tantas outras coisas a fazer...`" (2011, P. 13). É que para a autora, compreensão é sinônimo de interpretação, quando o leitor acrescenta "um novo fio", na esteira de Derrida, que dizia ser esta sua "única chance de entrar no jogo" [35].

Esse "acrescentar" a que se refere Derrida é "dar a ler. É preciso empenhar-se para pensar isso: que não se trata de bordar, a não ser que se considere que saber bordar ainda é se achar seguindo o fio dado" (Derrida, 2005, P. 7). A referência de Coracini a Derrida reside no fato de que para este último deve-se descoser, destecer, em nossas palavras, desconstruir o sentido do texto e, no caso dessa possibilidade, temos defendido que toda desconstrução pressupõe uma nova construção, como afirma Derrida, "ler e escrever. E aquele que não tivesse compreendido nada do jogo sentir-se-ia, de repente, autorizado a lhe acrescentar, ou seja, acrescentar não importa o quê" (2005, P. 7-8).

Rosana Acquaroni Muñoz em "La Comprensión Lectora" (2005, P. 943) diz que alcançar o conceito verdadeiro do que seja a compreensão da leitura não é uma tarefa fácil, porque o termo leitura remete a complexidade e variáveis como os aspectos cognitivos, linguísticos, textuais, socioculturais e até biológicos, dentre outros. Recorrendo a Mayor (2000), afirma que todas estas facetas estão interligadas, "interactuam de forma dinâmica" (2005, P. 943), ao que vai chamar de "condição muldidimensional". Além dessas múltiplas dimensões, os textos escritos devem ser considerados do ponto de vista de sua compreensão numa espécie de gradação em níveis, aos quais vai chamar de "compreensión superficial, compreensión profunda. Relectura, etc." (2005, P. 943).

Os três níveis possíveis de leitura segundo Greimas

Estas gradações a que se refere no esquema de níveis de compreensão (leitura) nos remetem aqueles mesmos propostos por Greimas, em sua semiótica, ao que seus seguidores, de uma maneira simplista, vão chamar de nível fundamental, intermediário e profundo (FIORIN, 1989), (BARROS, 1997).

O modelo de Greimas, já no final da década de setenta, apresentava um esquema para mostrar o percurso que gera o sentido no interior do texto, privilegiando o que o texto diz, do jeito que diz o que diz em termos de componente sintático e semântico. No primeiro, as estruturas semio-narrativas apresentam-se em dois níveis, o profundo, em que aparecem a

---

[35] Coracini cita a obra "Farmácia de Platão" de Jacques Derrida de 1972.

sintaxe e a semântica fundamental e o nível de superfície, em que podem ser verificadas a sintaxe narrativa de superfície e a semântica narrativa.

No segundo, as estruturas discursivas em que podem ser verificadas a sintaxe e semântica discursivas. Na sintaxe discursiva o leitor pode procurar os termos englobados do englobante discursivização, como a actorialização, a temporalização e a espacialização. Como englobados da semântica discursiva os leitores podem procurar a tematização e a figurativização, conforme vemos no modelo que segue (1979, P. 209).

	Percurso Gerativo		
	Componente sintático		Componente semântico
Estruturas sêmio-narrativas	Nível profundo	Sintaxe Fundamental	Semântica fundamental
	Nível de superfície	Sintaxe narrativa De superfície	Semântica Narrativa
Estruturas discursivas		Sintaxe discursiva	Semântica Discursiva
		discursivização	Tematização
	actorialização		
	temporalização		Figurativização
	espacialização		

A leitura, para Muñoz, todavia, é uma ferramenta importante na vida dos acadêmicos, para sua própria compreensão das instruções de exercícios, consulta de esquemas gramaticais, preparação de tarefas orais a partir da leitura de artigos para apresentação em seminários nos cursos de graduação.

Observamos assim que todas as pesquisas são importantes, independente de sua data, uma vez que o que se fez foi ciência. Não se pode, portanto, discriminar este ou aquele texto sob o argumento de que não apresenta leituras mais recentes, porque a impressão que temos é que não existe nada de novo na nova era, conforme a própria Coracini sugere em relação à abordagem comunicativa (2011, P.18).

A pesquisa com os alunos de Letras: De olho no processo.

Os alunos pesquisados foram vinte e oito que fizeram leituras regulares durante o segundo semestre de 2013 para apresentação de seminários, matriculados no curso de letras língua inglesa, língua portuguesa, literatura e espanhol, na disciplina Metodologia e Ensino de Línguas. Destes vinte e oito, dez eram alunos de português/literatura, sete de espanhol e onze de inglês.

Um questionário quantitativo/qualitativo foi apresentado seguindo a sugestão de Souza (2012) com um total de vinte perguntas, das quais cinco eram de ordem quantitativa e quinze de ordem qualitativas.

A primeira pergunta buscava resposta para a frequência do ato de ler. Treze dos entrevistados responderam que leem todos os dias. Quatro deles responderam que leem cinco vezes por semana, quatro leem quatro vezes, três responderam três vezes por semana, duas vezes e dois deles não responderam. 50% deles leem todos os dias e 48% estão divididos entre cinco, quatro, três e duas vezes por semana o que nos mostra que a metade dos entrevistados apresenta um bom hábito de leitura contra 48% que não leem com tanta frequência. O resultado mostra que a leitura diária deve ser mais incentivada, porque pesquisas demonstram que o volume de leitura traz consequências cognitivas positivas, contribui para o crescimento de habilidades verbais, influi na aquisição de conhecimentos gerais e determina um nível maior de compreensão da leitura bem como desenvolve outras habilidades de cognição conforme afirmam Anne E. Cunningham e Keith E. Stanovich (2001, P. 142-147).

A segunda pergunta quantitativa buscava resposta para o "como" do processo, isto é, se seguiam um ritual. Os dados revelaram que 46% deles seguem um ritual, técnicas e estratégias pessoais e 54% leem de forma aleatória. Isso mostra que a maioria destes acadêmicos, embora já estivessem no 4º semestre, ou não tiveram nenhuma disciplina que forneça estratégias de leitura ou se tiveram, não conseguiram aplicá-las. Mesmo aqueles que responderam que seguiam um ritual, não demonstraram que conheciam alguma estratégia de exploração do texto.

A terceira pergunta quantitativa foi sobre a frequência de leitura no ambiente acadêmico. 75% disseram que leem diariamente contra 25% que não leem na universidade.

A quarta pergunta da série quantitativa versou sobre o "como" da leitura. Onze alunos responderam que leem e releem o texto parágrafo por parágrafo, o que mostra uma preferência maior pela leitura segmentada do texto. Cinco deles disseram que leem e reescrevem com suas próprias palavras, ou seja, fazem uma espécie de resumo. Dois deles leem frase por frase e recorrem ao dicionário. Outros dois alunos fazem anotações e rascunhos e outros dois responderam que leem e já entendem de imediato. Seis deles deram respostas diversas.

A última questão quantitativa busca saber se após a leitura discutiam com alguém o conteúdo a fim de aprimorar ou reavaliar o seu ponto de vista. Vinte deles disseram que sim e oito disseram que não.

Das quinze questões qualitativas, selecionamos aquelas que achamos mais pertinentes quanto à proposta aqui introduzida. Desta forma, as respostas que complementaram a questão quantitativa de número quatro que procurava saber sobre o ritual de leitura ou uso de estratégias. Observem algumas respostas daqueles que não seguem um ritual e, em seguida, dos que seguem.

Não seguem um ritual

Aluno 01: "não tenho estratégia, leio o que me é proposto e tento compreender (e não dormir)".
Aluno 02: "...a única coisa que evito é ler quando estou com sono, pois não consigo guardar nada na memória".
Aluno 03: "Não utilizo técnicas ou estratégias de leitura".
Aluno 04: "Utilizo em minhas leituras, marcações das palavras que não entendo para pesquisar seu significado, e muitas vezes abordo nestas pesquisas mais assuntos com o mesmo tema sob um olhar diferente, seja ele de um outro autor, pesquisa científica entre outros".

Dos quinze alunos que disseram não seguir um ritual, apenas quatro deles se manifestaram sobre o processo.

O enunciado proposto pelo primeiro aluno desta série mostra uma contradição, porque não existe um ato de leitura sem que haja um ritual, embora seja imperceptível pelo sujeito da leitura. Seguimos, na pior das hipóteses, nossa própria maneira de ler. Todavia, afirma-se que não possui uma estratégia. No final de sua resposta vemos uma fina ironia que nos remete às muitas atividades acadêmicas simultâneas para atender a todas as disciplinas quando, este aluno que trabalha, não encontra tempo para a leitura e se obriga a ler na hora que deveria descansar e dormir.

O relato dois também não mostra nenhuma estratégia nos fazendo crer que lê durante o dia, posto que evita ler quando sonolento, porque não consegue armazenar a informação.

A resposta complementar três se limita a acrescentar que não possui nenhuma estratégia e a quarta apresenta uma contradição, porque diz não possuir um ritual, mas marca as palavras que não entende, pesquisa seu significado, procura conexões com seu significado (tema) e opiniões de outros.

Neste depoimento a leitura é tida como "decodificação" segundo o esquema traçado e criticado por Nuttal e Muñoz, embora a leitora procure fazer relações do sentido do termo desconhecido, que foge ao seu repertório, procurado, provavelmente no dicionário.

Seguem um ritual

Aluno 01: "Quando tenho que ler textos do curso eu prefiro ficar em algum lugar silencioso; gosto de grifar e fazer anotações. Ás vezes em começo do fim/conclusão".
Aluno 02: "Leitura global e decodificada".

Aluno 03: "Gosto de ler somente eu, sem ninguém do lado, para que não desligue a minha ligação sobre o livro. Tenho que ler com anotações".

Aluno 04: "Leio o texto, grifo e vou fazendo um resumo do que acho importante, estilo fichamento".

Aluno 05: "Eu vou lendo e marcando os pontos que achei mais importantes e depois faço um resumo (ou fichamento) do texto, para ter uma maior fixação do conteúdo".

Aluno 06: "Leio durante o dia, e a noite na hora que vou dormir, gosto de estar sozinha na leitura para ler em voz alta".

Aluno 07: "O meu ritual de leitura é sempre pela manhã, e necessito de total silêncio".

Aluno 08: "...quando começo a me cansar da leitura vou até a última página do livro para ler a última frase pois isso me deixa curiosa e me leva a querer saber sobre como ocorreu a história pra chegar até ali, lendo, lendo e lendo e quando não entendo uma palavra procuro ela no dicionário e vejo qual o significado se aplica melhor".

Aluno 09: "Eu sempre crio uma história na minha mente sobre tudo que eu leio, sempre transformo alguém em personagem e imagino como aquilo aconteceu, por mais complexo ou sem sentido, eu sempre consigo transformar toda leitura em narração de uma história situando o lugar, tempo e personagem e realmente tentando entender tudo o que eu leio, o por quê do autor dizer isso e dessa forma".

Aluno 10: "...tenho que estar em local silencioso preferencialmente à noite e lendo em voz alta".

Aluno 11: "Eu uso anotações das aulas em sala, faço rascunhos sobre minhas anotações; grifo palavras desconhecidas e tento buscar seus significados e gosto de ler em silêncio (sem barulhos)".

Aluno 12: "As maiores e melhores estratégias para mim é ler, participando da história ao ponto de identificar-se com a leitura relacionando até mesmo fatos da minha vida a vida de autores que já passaram por algo semelhante".

Aluno 13: "Leio com música quando não consigo entender no silêncio e assim consigo fazer leituras e anotações".

Treze alunos disseram seguir um ritual e todos se manifestaram quanto ao ritual, o processo de leitura na busca da compreensão do texto.

O depoimento número um voltado à leitura do texto acadêmico prefere a leitura silenciosa sugerida por Nuttal, na tentativa de entender o que lê, não mais nos rudimentos da leitura não silenciosa, destinada às crianças. Aqui leitura é sinônimo de interpretar, buscar o sentido do texto.

O ato de "grifar" e "fazer anotações" nos remetem às estratégias de leitura sugeridas por Ruth Spack no livro "Guidelines, A Cross-Cultural Reading/Writing Text" (2005, P. 4-6) por conta das anotações. Este acadêmico, do ponto de vista das pesquisas aqui levantadas, tem o perfil de um "bom leitor". Porém, ao começar pelo fim, pela conclusão, revela sua ansiedade de realizar logo a tarefa, a missão que lhe foi delegada pelo destinador professor (a), posto que na conclusão retoma-se a introdução, numa espécie de "resumo" do que foi feito.

O segundo depoimento remete ao modelo criticado pela maioria dos pesquisadores aqui referidos, porque se reporta à leitura enquanto decodificação, o que Muñoz chama de leitura "mecânica". No entanto, a "leitura global" insere-se nas estratégias instrumentais a qual chamamos de "skimming" e numa das cinco habilidades apontadas por Barret (1968) como algo similar à proposta de Lunzer e Gardner, ao sugerirem cinco etapas para se processar a leitura, cuja primeira é a compreensão literal do texto (Anderson & Urquhart, 1984).

O enunciado produzido pelo terceiro depoente reflete o esquema sugerido por Spack (2005), quando lê por meio de anotações e a necessidade de concentração para não perder a "ligação" com o sentido.

Os relatos quatro e cinco também pressupõem essas anotações inspiradas, mesmo que sem provavelmente conhecerem as sugestões de Spack, acrescentando-se o resumo e fichamento, possíveis produtos de aulas anteriores em que seus professores lhe pediram estas tradicionais e corriqueiras práticas.

Os depoimentos seis e sete buscam o silêncio como meio de concentração. A leitura em voz alta é um mecanismo utilizado no sétimo relato para memorização, numa remetência às leituras das crianças, criticadas pela maioria dos autores aqui relacionados, estratégia também adotada no décimo relato.

O relato oitavo nos traz um mecanismo bastante pessoal e inusitado, posto que o final do texto aqui é buscado não para se resumir, mas como desfecho de uma trama que provoca o desejo de ler toda a história. A curiosidade aqui é aguçada em leitura literária. A procura, no dicionário, pelo significado de palavra que foge ao seu repertório é indicadora da leitura enquanto decodificação mecanicista.

O nono depoimento mostra também um modo todo particularizado de ler, criativo, lúdico ao criar histórias, relacioná-las. Ao tentar compreender o percurso desenvolvido pelo narrador textual, essa postura tem a ver com a definição de leitura de Nuttal (1987), enquanto uma constante interrogação do texto, um fazer e refazer de hipóteses, um jogo de adivinhação, nos fazendo lembrar de Goodman (1976), Muñoz (2005) e Coracini (2011).

O décimo primeiro depoimento mostra a repetição do mesmo processo utilizado pelos quarto e quinto discentes, numa mescla de inspiração, mesmo que inconsciente, em Spack, por conta das anotações e rascunhos, no conceito de leitura tradicional e rudimentar como se ensinam as crianças nas primeiras séries e na leitura silenciosa em lugar também silencioso o que se pressupõe a necessidade do silêncio como objeto modal da concentração e armazenamento da informação.

O depoente décimo segundo insere-se na abordagem de leitura interativa sugerida por Muñoz, por conta da busca dos traços de identificação com o texto e o acionamento do conhecimento prévio, posto que demonstra "fatos" de sua vida em relação aos autores.

O enunciado décimo terceiro mostra-nos uma contradição, porque o silêncio é utilizado para concentração, mas quando não consegue se concentrar, usa a música como mecanismo para tal, nos remetendo a Lozanov e sua suggestopedia[36]. As anotações, a exemplo dos depoimentos (01), (03), (04), (05), (11) e (13) remetem ao modelo proposto por Spack (2005).

O que observamos pela análise dos relatos até aqui é que, embora ainda não conhecessem as obras e pesquisas aqui elencadas, estes alunos apresentaram hábitos de leituras que remetem a estas questões teóricas em algum aspecto. O aprendizado sobre as teorias e pesquisas que tratam da leitura e compreensão de textos pode ajudá-los a identificar-se com algumas delas e pelo seu conhecimento e exploração aprimorar sua capacidade de percepção do sentido.

Outra questão que merece especial atenção é que, na maioria dos depoimentos, não se percebe o uso de estratégias específicas para se chegar à interpretação e a leitura crítica do texto. O que se tem, na maioria absoluta dos casos, é uma tentativa de se "decodificar", "compreender" o texto, recorrendo-se ao dicionário para descobrir as novas palavras que fogem a sua "caixa" lexical, seu repertório cultural.

As perguntas de ordem qualitativa procuravam saber o tipo e o motivo de leitura realizado durante os dias da semana, conforme mostram os gráficos que seguem:

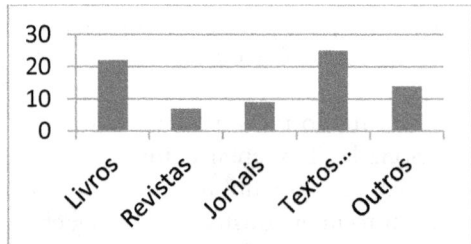
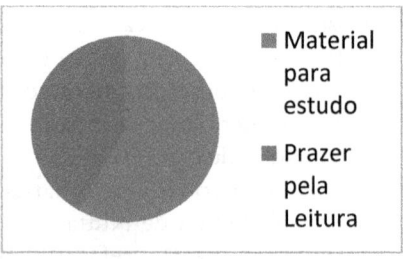

---

[36] Método criado nos anos 70 pelo psicoterapeuta búlgaro Georgi Lozanov, inspirado em técnicas de relaxamento yoga e baseado na ideia principal de que línguas podem ser aprendidas melhor em aulas em ambiente confortável, música ambiente que promovam relaxamento mental para a compreensão e memorização de vocabulário a partir da leitura de diálogos e uso da língua materna para discutir significados.

Os livros e textos acadêmicos, por força das atividades acadêmicas acabam sobressaindo o que faz com que 58% leiam por obrigação e 42% por prazer.

Em relação ao "como" melhor apreendem o sentido do texto, nove deles responderam que releem o texto, sete disseram que leem com atenção, (concentrando), seis leem em voz alta, três reescrevem e três o fazem de outras maneiras não declaradas.

A maioria dos alunos pesquisados apresentam dificuldades para compreender e explicar os textos acadêmicos e arriscamos em dizer que isso se dá justamente por uma falta de estratégias, de preparação para essa tipologia textual com a ajuda do professor.

Seria o caso do professor se utilizar de enunciados dos mais variados na apresentação de suas aulas com um elemento de coesão que leva aos termos de maior dificuldade encontrados na leitura. Isto é possível por meio de aulas não apenas expositivas, mas com a oportunidade de disponibilizar aos alunos não somente o formato dos textos acadêmicos, de linguagem hermética, mas outros elementos que agucem a linguagem não verbal, imagética ou mesmo sincrética.

Alguns exemplos são depoimentos em vídeos sobre o mesmo assunto, filmes, ilustrações que podem facilmente serem encontradas mediante pesquisa na *internet*. Há, por exemplo, no caso das teorias de ensino de línguas, não só documentários, mas aulas e conferências disponibilizadas no *youtube*. Para o ensino de Língua Inglesa então o material é ainda mais farto. A ideia não é trocar os livros por esta vastidão de material encontrado hoje na *internet*, mas aproveitar este filão como suporte para se compreender o obscuro.

Observamos que a minoria lê por prazer. Então, se o produto da leitura tiver uma relação de identificação, como esse objeto mágico que se tornou a grande rede internacional, parte integrante da vida não só de adolescentes, será mais atraente para os alunos. Para se ter uma ideia, mesmo esse grupo específico pesquisado no ambiente acadêmico respondeu em sua maioria absoluta que usa a *internet* como principal acesso a leitura (vinte e três deles responderam que tem acesso a leitura via *internet*). Outras pesquisas indicam que a rede internacional tornou-se a principal fonte de leitura para os adolescentes. É ali que eles encontram "prazer" para ler e se comunicar, gostemos ou não. Tudo isso por conta de um narcisismo que precisa ser pesquisado e aprofundado, como é o caso específico do uso do *Facebook*. Daí a necessidade de se saber o que se lê por prazer, uma das perguntas que fizemos ao grupo.

Ao que nos parece, à questão crucial no que se refere à leitura, conforme aponta Nuttal, diz respeito a motivação e o processo de leitura, como o querem Alderson e Urquhart, acrescentando a questão das várias possibilidades de leitura que um determinado texto pode apresentar de acordo com o repertório do leitor. Nossa sugestão, quanto à motivação, como sugere Nuttal, é a utilização de textos autênticos como desencadeadores do estimulo e a identificação do aluno como gerador do prazer pela leitura.

O fator prazer auxilia na gradação do nível de aceitação ou repulsa da mensagem de que observou Greimas, na semiótica, ao se referir às modalidades tímicas (2012, P. 505). A aceitação ou repulsa poderia ser formulada por meio da categoria asserção/negação. Pelas combinatórias efetuadas, podem ser observadas oito posições de aceitação e outras oito de repulsa, considerando que a repulsa também é um contrato que leva o sujeito na direção oposta à proposta do destinador. É possível, agora, ter-se a distribuição dos papéis actanciais do sujeito da aceitação e do sujeito da repulsa (1989, p. 102-103):

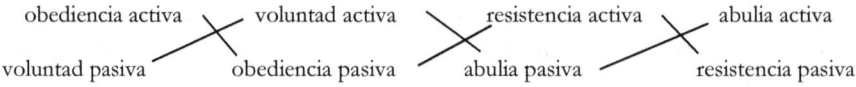

Há de se entender, portanto, conforme constatamos, que é mito. De fato, achar que os alunos não leem. O que ocorre é o que estão motivados a ler e o que não tem estímulo para a leitura. Os textos acadêmicos, como se pôde ver, são aqueles a que tem aversão, porque leem por obrigação, desprovidos do /querer-ler/, mas revestidos do /dever-ler/, o que é uma obrigação. Resta, portanto, se promover uma leitura lúdica que tenha sentido para estes alunos por meio da criação de estratégias e ferramentas com as quais se identifiquem e que possam convertes uma atividade chata, obrigatória, numa atividade lúdica e prazerosa.

Considerações finais

O "como" se chegar ao sentido do texto é, portanto, de suma importância para entendermos melhor como esse processo se dá. Afirmar categoricamente qualquer coisa definitiva somente com essa pesquisa preliminar, no entanto, parece-nos prematuro. As pesquisas de olho no processo em detrimento do produto devem continuar. Todavia, o que se pode abstrair desta pesquisa, enquanto efeito de sentido, é que ao conhecermos melhor o processo de leitura, como os nossos alunos leem, suas dificuldades, suas estratégias, aliando à teoria a prática, poderemos vislumbrar algumas expectativas. A falta de tempo que se alega poderá ser resolvida com um material com o qual se identifiquem e tenham prazer de ler, não por obrigação, mas por prazer.

Para se atingir a adesão do crer, no entanto, é preciso ir além da adaptação da linguagem, dos textos, das formas de comunicação propiciadas pelo delírio tecnológico. Há de se explorar os aspectos emocionais dos alunos, entrar nos seus mundos, confirmando valores estabelecidos, identificando novas ideias, propiciando-lhes a impressão de completude. E isso é possível por meio de textos que resgatem e identifiquem valores que já fazem parte de seu repertório cultural. Não é difícil identificar aquilo que os jovens têm em comum.

Essa é uma artimanha para se adquirir a adesão do sujeito a esse contrato de confiança entre aluno e professor e professor e aluno. Isto funcionaria como um pretexto para uma posterior reflexão mais profunda em que se questionariam os valores, levando-os a uma tomada de posição crítica e transformacional.

Dentre estes enunciados, o enunciado musical parece pertinente. Trechos de filmes, análises de partes de novelas, jornais televisivos, diálogos ou conversas do "facebook", etc., parece material pertinente, pelo menos, do ponto de vista da atratividade, da motivação o que, pressupostamente, geraria o "prazer" pela leitura (examinar) destes textos que assumem ou acoplam a linguagem verbal e não verbal, aos quais estão expostos em boa parte de sua vida cotidiana.

No caso de uma proposta de leitura, por exemplo, em Língua Inglesa, esse não/querer-ler/ pode ser transformado na prática da modalidade volitiva e não simplesmente deôntica. Esse /dever-ler/ (obrigatoriedade) pode ser positivamente transformado pelo emprego de textos musicalizados, da mídia cinematográfica, televisiva e digitalizada em /querer-ler/ (desejo, vontade, "liberdade"). A obrigatoriedade manifesta as cores da opressão em oposição à liberdade que, para alguns estudiosos do comportamento, está associada ao número de alternativas positivas que se tem. Em síntese, deixar que os discentes escolham o que ler pode ser o início de um processo, de fato, novo.

Bibliografia

Acquaroni Muñoz, Rosana. La comprensión lectora. In: Sanchez Lobato; Alderson, J. Charles et Urguhart, A. H. *Reading in a Foreign Language*. Longman, London and New York, 1984.

Barros, Diana Luz Pessoa de. *Teoria Semiótica do Texto*. São Paulo: Ática, 1990.

_____. *Teoria do Discurso. Fundamentos Semióticos*. São Paulo, Atual, 1988.

Coracini, M.J.R.F. *Interpretação, Autoria e Legitimação do Livro Didático*. Campinas, Pontes Editores, 2011.

Cunningham, Anne E. & Stanovich, Keith E. What Reading Does for the Mind. Journal of Direct Instruction. 2001, P. 142-147 http://www.csun.edu/~krowlands/Content/Academic_Resources/Reading/Useful%20Articles/Cunningham-What%20Reading%20Does%20for%20the%20Mind.pdf visitado em 21 de outubro de 2014.

Derrida, J. Farmácia de Platão. Trad. tradução de Rogério, 3ª edição revista, Iluminuras, 2005, página 7. Original La Pharmacie de Platon, Editions du Seuil, 1972.

Coracini, M.J.R.F. *Interpretação, Autoria e Legitimação do Livro Didático*. Campinas, Pontes Editores, 2011.

Fiorin, José Luis. *Elementos de Análise do Discurso*. Ática, São Paulo, 1989.
Greimas, Algirdas Julien e Courtés, Joseph. *Dicionário de Semiótica*. Trad. Editora Cultrix. São Paulo, 1973.
_____. *Dicionário de Semiótica*. Contexto, 2012.
Larsen-Freeman, Diane. *Techniques and Principles in Language Teaching*. Oxford University Press, New York, 2008.
Nuttall, Christine. *Teaching Reading Skills in a Foreign Language*. Heinemann Educational Books, London, 1996.
Santos, Valdenildo dos. "Na Interface das Estratégias de Leitura Instrumental e a Leitura Crítica: Reflexões e Sugestões, Foi aprovado para publicação na Diálogos Pertinentes, vol.9 n.2 que deverá estar online em Março de 2014.
_____. O Ensino do Inglês por meio da música via Programa Radiofônico. Revista Eletrônica Diálogos Pertinentes, n° 1, vol. 8, 2012, http://publicacoes.unifran.br/index.php/dialogospertinentes/article/view/639/510.
_____. Semiótica e a formação de professores de português e literartura de Três Lagoas. Edição atual – Anais do SIELP. Volume 3, Número 1. Uberlândia: EDUFU, 2014. ISSN: 2237-8758
_____. O Ensino de Inglês por meio da música via Programa Radiofônico. In: Diálogos Pertinentes, 2012, v. 8, p. 1-15.
Teixeira, Elizabeth. *As Três Metodologias: Acadêmica, da Ciência e da Pesquisa*. 8. Ed. – Petrópolis, Rio de Janeiro, Vozes, 2011.

UNIÃO DE IDEIAS: UMA ABORDAGEM SEMÂNTICA DOS PROCESSOS DE COORDENAÇÃO E SUBORDINAÇÃO

Afrânio da Silva Garcia
Universidade do Estado do Rio de Janeiro, Brasil
Academia Brasileira de Filologia, Brasil

Introdução

A abordagem sintática dos processos de coordenação e subordinação é a tradição nas gramáticas e compêndios sobre a língua portuguesa. Não podemos negar a acuidade científica desta abordagem, visto haver uma diferença nítida entre o desempenho sintático das orações coordenadas e das orações subordinadas. Um exemplo flagrante desta diferença consiste na capacidade de deslocamento das orações subordinadas, podendo vir antes, depois e, às vezes, intercaladas em relação à oração principal, enquanto as orações coordenadas sindéticas, em que a conjunção coordenativa está presente, virem sempre depois da coordenada dominante.

O problema da abordagem sintática do estudo das orações é que ela, ao ignorar o papel primordial do significado nos processos de coordenação e subordinação, dificulta enormemente a aprendizagem dos princípios norteadores da coesão oracional e da escolha dos elementos coesivos oracionais (os conectivos da terminologia tradicional).

Por um lado, muitas noções semânticas e discursivas são estudadas repetidamente e separadamente, como é o caso das orações que exprimem causa ou motivo, estudadas primeiro nas orações coordenadas explicativas e depois nas orações subordinadas causais, ou das sentenças que expressam oposição, ora vistas como orações coordenadas adversativas e alternativas, ora vistas como orações concessivas.

Por outro lado, como é difícil ter certeza do papel sintático de um elemento ou oração a menos que ele venha claramente delineado num texto acabado, estuda-se os processos de coordenação e subordinação de orações a partir de períodos já feitos, com pouca ou nenhuma preocupação em saber o que fez com que eles fossem organizados ou feitos desta ou daquela maneira, com esta ou aquela conjunção ou elemento coesivo.

A abordagem dos processos de coordenação e subordinação proposta por Halliday & Hasan em *Cohesion in English* (1976) ao tratar da coesão oracional, centrada em fatores semânticos e discursivos, parece-nos muito mais proveitosa em termos de ensino-aprendizagem, visto que apresenta os fatores semânticos que descrevem e norteiam a opção por um determinado tipo de oração e, consequentemente, de elemento coesivo.

Como este artigo é voltado mais especificamente para o ensino da língua portuguesa para nativos e não-nativos, tomamos a liberdade de dedicar maior esforço e atenção aos pontos do assunto (coesão oracional) que provocam maior dificuldade na aprendizagem e no domínio do uso correto, citando brevemente os casos que não apresentam maiores complicações.

Os processos coesivos oracionais e seu papel discursivo

Halliday & Hasan reúnem os processos coesivos de coordenação e subordinação sob uma única denominação: *conjunction* (conjunção) e os dividem em quatro tipos:

- Aditiva – incluindo as orações aditivas, comparativas e alternativas;
- Adversativa – incluindo as orações adversativas e concessivas;
- Causal – incluindo as orações causais, conclusivas, explicativas, consecutivas, finais e condicionais;
- Temporal – incluindo as orações temporais e proporcionais.

Como o nosso artigo é voltado para o ensino, optamos por utilizar uma terminologia que não lembrasse a terminologia tradicional associada à gramática e à sintaxe. Também achamos mais prático associar as orações alternativas à ideia de oposição, ao invés de à ideia de adição, e criar uma classe à parte para a comparação. Decidimos ainda adicionar uma outra classe, correspondendo às orações substantivas e adjetivas. Por último, decidimos desvincular o nome do nosso estudo dos estudos gramaticais e sintáticos e vinculá-lo aos estudos retóricos e discursivos. Fascinados pela frase de GARCIA em *Comunicação em prosa moderna* (2002; p. 301): *Aprender a escrever é aprender a pensar*, e partindo do fato de que a relação entre orações, sentenças e parágrafos nada mais é do que uma relação entre ideias expressas por orações, sentenças e parágrafos, optamos por denominar nossa abordagem de União de Ideias.

Assim sendo, temos os seguintes tipos de União de Ideias, que desenvolveremos nas próximas seções:

- Adição – incluindo as orações aditivas simples, negativas e enfáticas;
- Comparação – incluindo as orações comparativas;
- Oposição – incluindo as orações adversativas, alternativas e concessivas (optamos por omitir as corretivas).

- Causalidade – incluindo as orações causais, conclusivas, explicativas, consecutivas, finais, conformativas e condicionais;
- Temporalidade – incluindo as orações temporais e proporcionais;
- Inclusão – incluindo as orações substantivas e adjetivas.

Adição

A forma mais fácil e generalizada de se unir ideias é a adição, em que se juntam simplesmente duas enunciações que tenham algum ponto (mesmo que distante) em comum, como nos exemplos:

1) Ele trabalha como ator e ela é lutadora. (vejam que ator e lutadora só têm em comum o fato de serem atividades)
2) Nas florestas do Brasil, não existem coalas nem najas. (reparem que o nexo entre as ideias consiste apenas no fato de serem animais, pois coala é um mamífero e naja um réptil).
3) Crianças gostam de cafuné e de doces. (note que os campos semânticos de cafuné e de doces são muito distintos, mas como ambos compartilham o traço semântico prazeroso, podem ser unidos pelo processo de adição).

A adição comporta três tipos: simples, expressa pela conjunção *e* e pelo advérbio *também*; negativa, expressa pela conjunção *nem*, pelo advérbio *tampouco* e pela locução *também não*; e enfática, expressa pela conjunção *além de*, pelo advérbio *ademais* e pelas combinações das conjunções *não só* ou *não apenas* com *mas também* ou *como também* ou mas ainda (há ainda uma adição enfática negativa, expressa pelo advérbio *sequer* e pelas locuções *nem sequer* e *nem ao menos*), como nos exemplos:

4) Ela estuda e trabalha. (adição simples)
5) Gosto de rúcula. Também gosto de rabanete. (adição simples)
6) Ele é nem-nem: não estuda nem trabalha. (adição negativa)
7) Eu não sei o que ela faz, tampouco me interessa. (adição negativa)
8) Eu não brinquei, você também não brincou. (adição negativa)
9) Além de matar milhões de judeus, Hitler executou centenas de milhares de gays, ciganos e católicos. (adição enfática)
10) Não sei o que ela viu nele. Ele é estúpido e violento; ademais, é feio como a fome e pobre como Jó. (adição enfática)
11) Carlos Lacerda não apenas construiu os túneis Rebouças e Santa Bárbara, como também fez o Aterro do Flamengo, a Adutora do Guandu e a UERJ. (adição enfática)
12) Ela não só namorou o Rodrigo Santoro, mas também o Brad Pitt. (adição enfática)
13) Eles não sabem ler, sequer falar. (adição negativa enfática)

A adição está bem descrita nas gramáticas, sendo expressa pelas orações coordenadas aditivas, não causando maiores dificuldades na aprendizagem. O professor deve apenas insistir na diferença entre a adição simples e a adição enfática e fazer seus alunos entenderem quão menos expressivas ficariam as sentenças do tipo das dos exemplos 9 a 12 se fosse empregada uma conjunção ou advérbio que expressa oposição simples:

9.a) Hitler matou milhões de judeus e executou centenas de milhares de gays, ciganos e católicos. (adição simples ?)
10.a) Não sei o que ela viu nele. Ele é estúpido e violento; e é feio como a fome e pobre como Jó. (adição simples ?)
11.a) Carlos Lacerda construiu os túneis Rebouças e Santa Bárbara; também fez o Aterro do Flamengo, a Adutora do Guandu e a UERJ. (adição simples ?)
12.a) Ela namorou o Rodrigo Santoro e o Brad Pitt. (adição simples ?)

Comparação

A comparação também está bem descrita nas gramáticas, sendo representada pelas orações subordinadas adverbiais comparativas, além de ser bem fácil de explicar: quando uma ideia se refere a uma outra ideia de forma comparativa, podendo ser uma comparação de superioridade (expressa pela locução mais do que e variantes), uma comparação de inferioridade (expressa pela locução menos do que e variantes), ou uma comparação de igualdade ou de similaridade (expressa por uma variedade de conjunções, advérbios e locuções: como, tal qual, tão/tanto quanto, tal como, igual, assim como, da mesma forma/maneira/modo que, o mesmo que, como que, como se, etc).

14) Não se preocupe. Ela é mais forte do que aparenta. (comparação de superioridade)
15) Há menos casos de zika agora do que nos meses anteriores. (comparação de inferioridade)
16) Elas eram belas como / tal qual anjos. (comparação de igualdade)
17) Ele anda com a cabeça inclinada igual / do mesmo modo que seu pai. (comparação de igualdade)

Oposição

Relação de ideias em que uma ideia se opõe à outra, quer por ser contrária, quer por ser diferente. Podemos dividir a relação de oposição em três tipos:

Oposição simples – expressa pelas orações coordenadas adversativas, introduzidas pelas seguintes conjunções: mas, porém, todavia, contudo, entretanto, no entanto, além das locuções e sim, e não (estas últimas, fruto da pesquisa do Autor). Nelas, o locutor indica meramente que há uma relação de oposição ente duas ideias, sem uma relação causal ou temporal necessária ou esperada. Também pode ser expressa por meio de frases (orações sem verbo).

18) Bonitinha, mas ordinária. (oposição simples)
19) Viúva, porém honesta. (oposição simples)

20) Esforçou-se muito para subir na vida; contudo / todavia, não conseguiu. (oposição simples)
21) A Terra vivia inconsciente; no entanto / entretanto, no espaço, seres vis tramavam sua destruição. (oposição simples)
22) Ele não é burro, e sim surdo. (oposição simples)
23) Eu quero ser feliz, e não ser rico ou poderoso. (oposição simples)

Oposição ao esperado – expressa pelas orações subordinadas adverbiais concessivas, introduzidas pelas seguintes conjunções: embora, apesar de, ainda que, posto que, se bem que, mesmo que, conquanto, nem que, por menos que / por mais que / por muito que, etc. Neste caso, uma ideia gera uma intensa expectativa, que é negada ou frustrada pela outra ideia.

24) Embora já tivesse onze filhos, ficou feliz ao saber que estava grávida novamente. (oposição ao esperado)
25) Apesar de trabalhar em três empregos, ganhava pouco. (oposição ao esperado)
26) Nunca, nem que o mundo caia sobre mim as pazes contigo eu farei. (oposição ao esperado)
27) Ela é muito bonita, se bem que mulher bonita geralmente é infiel. (oposição ao esperado)
28) Mesmo que / ainda que chova canivetes, eu vou a essa festa. (oposição ao esperado)

Em termos de ensino-aprendizagem, é preciso ressaltar a diferença entre a diferença entre a oposição simples e a oposição ao esperado, inclusive devido ao fato de que a maioria das orações expressas como oposição ao esperado (orações subordinadas adverbiais concessivas) também podem ser expressas como oposição simples (orações coordenadas adversativas), mas a opção pela expressão da ideia como uma oração subordinada adverbial concessiva implica uma ênfase justamente no fato de que a apódose ou consequente contradiz a prótase ou antecedente. Repare como as orações acima perderiam força expressiva se fossem substituídas por orações coordenadas adversativas.

23.a) Já tinha onze filhos, mas ficou feliz ao saber que estava grávida novamente. (oposição simples ?)
24.a) Trabalhava em três empregos, mas ganhava pouco. (oposição simples ?)
25.a) O mundo pode cair sobre mim, mas / porém não farei as pazes contigo. (oposição simples ?)
26.a) Ela é muito bonita, mas / todavia mulher bonita geralmente é infiel. (oposição simples ?)
27.a) Está chovendo canivetes, mas / entretanto eu vou a essa festa. (oposição simples ?)

Vale a pena notar a sensível perda de expressividade e até uma certa inaceitabilidade das sentenças resultantes, principalmente as três últimas.

Oposição alternativa – expressa pelas orações coordenadas alternativas, introduzidas tanto pela conjunção *ou* quanto pela repetição de determinados vocábulos, introduzindo a oração coordenada dominante e a oração coordenada alternativa: ou...ou, ora...ora, quer...quer, seja...seja, nem...nem, etc. Como sua definição é bastante lógica, são fáceis de ensinar, sendo difícil encontrar um aluno esforçado ou interessado que não as empregue corretamente.

29) Perguntou-me se eu queria estudar filosofia, medicina ou engenharia? (oposição alternativa)
30) É um bipolar moral. Ora quer salvar os índios, ora quer ficar rico às custas deles. (oposição alternativa)
31) Seja rico, seja pobre, o velhinho sempre vem. (oposição alternativa)
32) Nem vai, nem fica. (oposição alternativa)

Causalidade

Sob essa terminologia, podemos reunir todos os tipos de ideias relacionadas à relação causa-efeito, tenham elas como foco a causa, o efeito ou a condição necessária para que uma causa ocasione um efeito. Devido à amplitude de situações que envolvem causalidade, este tipo de relação de ideias se divide em sete tipos:

Causa essencial – indica a causa necessária, verdadeira, de uma determinada situação ou consequência; expressa pelas orações subordinadas adverbiais causais, introduzidas pelas seguintes conjunções e locuções: já que, visto que, uma vez que, porque, que (= porque), pois que, como (geralmente com imperfeito do subjuntivo), por + infinitivo, visto + infinitivo, posto que, dado que, na medida em que, etc.

33) Desistimos de ir ao jogo porque não conseguimos ingresso. (causa essencial)
34) Já que / uma vez que temos que votar em alguém, vamos tentar votar no melhor ou no menos ruim. (causa essencial)
35) Como estivesse cansado, foi dormir. (causa essencial)
36) Por / visto estar desarmado, não pôde impedir o assalto. (causa essencial)
37) Que não seja imortal, posto que / visto que é chama, mas que seja infinito enquanto dure. (causa essencial)
38) A criminalidade infantil é um tema muito complexo, dado que / na medida em que a inimputabilidade do menor infrator leva-o à repetição do delito. (causa essencial)

Causa acessória ou explicação – indica um motivo secundário, uma explicação possível, ou ainda uma causa atenuada, para uma determinada situação ou consequência; expressa pelas orações coordenadas explicativas, introduzidas pelas conjunções: pois, que (= porque), porque, porquanto.

39) Espere, que / pois o médico já vem. (causa acessória)

40) Vou embora, pois / porque já é tarde. (causa acessória)

O ensino da distinção entre as orações que exprimem causa (causa essencial ou necessária) e explicação (causa acessória ou secundária) apresenta alguma dificuldade, devido ao fato de, na linguagem informal (mesmo culta) usar-se normalmente a mesma conjunção: *porque*, para ambos os tipos de oração, sendo as demais conjunções causais restritas ao português escrito ou formal. Uma possibilidade de diferenciação entre essas orações seria a impossibilidade de usarmos *já que* nas coordenadas explicativas, bem como de usarmos *pois* nas subordinadas adverbiais causais (exceto em casos raríssimos e de feição arcaica de português formal erudito, cf. AZEREDO: 2008, p. 324). Outro fator de dificuldade nessa distinção é que o mesmo período pode ser expresso com os mesmos elementos ora como coordenada explicativa, ora como subordinada adverbial causal.

41) a. Voltei, pois estava com saudade. (causa acessória; o falante parece não estar muito envolvido na situação)

b. Já que estava com saudade, voltei. (causa essencial; a verdadeira razão de o falante voltar foi a saudade)

42) a. Perdoe-os, pois são crianças. (causa acessória; parece dizer que não foi algo tão ruim e, além disso, são crianças)

b. Perdoe-os, já que são crianças. / Já que são crianças, perdoe-os. (causa essencial; embora as crianças tenham cometido um erro grave, devemos perdoá-las em razão de serem crianças)

Um terceiro fator de dificuldade nesta distinção é que o simples fato de uma oração estar no *modo imperativo* impede o emprego da oração subordinada adverbial causal, mesmo que a situação expresse uma causa essencial, inescapável; temos então que expressar o nexo causal por meio de uma oração coordenada explicativa.

43) a. Corra, que / pois / porque o teto vai desabar. (perfeitamente aceitável de acordo com o uso do português)

b. Corra, já que / visto que / uma vez que o teto vai desabar. (pouco aceitável ou inaceitável de acordo com o uso do português)

44) Espere, já que / visto que / uma vez que o médico já vem. (pouco aceitável ou inaceitável de acordo com o uso do português)

Consequência lógica – quando uma ideia expressa simplesmente a consequência de outra, expressa pelas orações coordenadas conclusivas, introduzidas pelas conjunções e locuções: portanto, pois (em meio de frase), logo, por isso, por conseguinte, etc.

45) Comportou-se mal; portanto / por isso, foi expulso da festa. (consequência lógica)

46) Não penso; logo, sou popular. (consequência lógica)

47) Ele nunca trabalhou; condenou-se, pois / portanto, a uma vida de necessidade. (consequência lógica)

Consequência enfatizada – quando um determinado termo da oração principal enfatiza a necessidade de que sua consequência venha expressa; expressa pelas orações subordinadas adverbiais consecutivas, introduzidas pelas conjunções: que (vinculada aos advérbios tão, tanto, tal, tamanho, de tal modo presentes na oração principal), de sorte que, de modo que, de forma que, de maneira que, etc.

48) Gritou tanto que ficou rouco. (consequência enfatizada)
49) Falou tamanha bobagem que todo mundo riu. (consequência enfatizada)
50) Brizola era estimado de tal modo que até hoje existem brizolistas. (consequência enfatizada)

Consequência de acordo com o esperado ou conformidade – quando uma ideia expressa a consequência de outra conforme era esperado acontecer; expressa pelas orações subordinadas adverbiais conformativas, introduzidas pelas conjunções: segundo, consoante, conforme, como (= segundo), etc.

51) Os ingleses ganharam a guerra, como / conforme Churchill vaticinou. (consequência de acordo com o esperado)
52) Todos os alunos daquele professor passaram no concurso, segundo / consoante ele tinha previsto. (consequência de acordo com o esperado)

Consequência pretendida ou finalidade – quando uma ideia expressa o resultado ou finalidade presente em uma outra ideia; expressa pelas orações subordinadas adverbiais finais, introduzidas pelas conjunções ou locuções: que ou por que (= para que), para que, a fim de que, para + infinitivo, de modo a, por etc.

53) Vamos ter que trabalhar nas férias para que os alunos completem os dias letivos. (consequência pretendida ou finalidade)
54) Seja honesto para que / porque / que seus pais se orgulhem de você. (consequência pretendida ou finalidade)
55) Os alunos devem estudar para aprender ou para passar de ano? (consequência pretendida ou finalidade)

Condição – quando uma ideia expressa os requisitos necessários para que uma determinada situação ou consequência ocorra; expressa pelas orações subordinadas adverbiais condicionais, introduzidas pelas conjunções e locuções: caso, se, contanto que, se não, caso contrário, em se + gerúndio, gerúndio, desde que, uma vez que (= caso), etc.

56) Caso seja eleito, prometo dobrar o salário dos professores e reformar todas as escolas. (condição)
57) Até amanhã, se Deus quiser. (condição)
58) Em se plantando, tudo dá. (condição)
59) Fazendo assim, irás piorar situação. (condição)
60) Contanto que / desde que / uma vez que você consiga o diploma, será bem mais fácil conseguir um emprego. (condição)

61) Se fizer sol, eu vou à praia; se não / caso contrário, vou ficar em casa. (condição)

Temporalidade
Consiste no fato de uma ideia que expressa uma situação estar, implicitamente, vinculada ao tempo. Compreende dois tipos:
Localização no tempo – em que uma determinada situação é localizada em relação a um tempo dado ou a uma outra situação, podendo ocorrer antes, durante ou depois; expressa pelas orações subordinadas adverbiais temporais, introduzidas por uma variedade de conjunções, advérbios e locuções: quando, enquanto, ao + infinitivo, em + gerúndio, gerúndio, antes que, depois que, mal, apenas, desde que, assim que, logo que, eis que, até que, agora que, sempre que, todas as vezes que, etc.
62) Quando for viajar, em avise. (localização no tempo)
63) Ao chegar / em chegando / chegando em casa, encontrou-a vazia. (localização no tempo)
64) Antes de sair, desligue o ar-condicionado. (localização no tempo)
65) Enquanto dormia, esquecia dos problemas. (localização no tempo)
66) Depois de pensar muito, concordou com a proposta. (localização no tempo)
67) Assim que / tão logo / apenas / mal soube do ocorrido, corri a visitá-lo. (localização no tempo)
Correlação no tempo ou proporcionalidade – quando uma situação ocorre ou se desenvolve paralela a outra situação no tempo; expressa pelas orações subordinadas adverbiais proporcionais, introduzidas pelas conjunções e locuções: à proporção que, à medida que, quanto mais / menos... tanto mais / menos, conforme (= à medida que).
68) À proporção que / à medida que envelhecemos, os anos passam mais rápido. (correlação no tempo)
69) Quanto mais eu te vejo, tanto mais eu te amo. (correlação no tempo)
70) Conforme / à medida que andava, sacudia a cabeça. (correlação no tempo)

Inclusão
A última forma de união de ideias consiste em transformar uma ideia em parte de outra ideia. Como ideias são normalmente expressas por sentenças ou orações, isso implica em incluir uma oração como parte de outra sentença. A relação de inclusão se divide em dois tipos:
Inclusão substantiva – quando a ideia transformada em parte de outra ideia adquire função de substantivo; expressa pelas orações subordinadas substantivas, introduzidas pelas conjunções integrantes (ou transpositores) *que* e *se*, que são classificadas de acordo com a função que desempenham na

oração principal: subjetivas, objetivas, completivas nominais, predicativas e apositivas. Como essa classificação é parte da sintaxe e assunto de grande vastidão e discussão, não nos deteremos nela.

71) É verdade que o Luís vai ser papai de novo? (inclusão substantiva)
72) Não sei se isso vai ser bom. (inclusão substantiva)
73) Os antigos tinham medo de que o céu caísse sobre suas cabeças. (inclusão substantiva)
74) A verdade é que ninguém sabe o dia de amanhã. (inclusão substantiva)
75) Peço-lhe um favor: que não fale disso para ninguém. (inclusão substantiva)

Inclusão adjetiva – quando a ideia transformada em parte de outra ideia adquire função de substantivo; expressa pelas orações subordinadas adjetivas, introduzidas por pronomes relativos ou locuções contendo pronomes relativos: o qual e variantes, que (= o qual e variantes), cujo e variantes, por que (= pelo qual), quando e onde (= no qual, em que), aonde (= para o qual), etc.

76) A mulher que ama rejuvenesce. (inclusão adjetiva)
77) Aquela mulher, que eu conheci ontem, foi sua professora? (inclusão adjetiva)
78) A razão por que (= pela qual) fez isso até hoje não sei. (inclusão adjetiva)
79) O lugar aonde (= ao qual) eu vou não interessa a ninguém. (inclusão adjetiva)

As orações subordinadas adjetivas dividem-se em *restritivas*, quando delimitam, contrastam ou individualizam o substantivo a que se referem, e *explicativas*, quando apenas acrescentam alguma informação ou explicação ao substantivo a que se referem. O exemplo 76 acima apresenta uma oração subordinada adjetiva restritiva, ao passo que o exemplo 77 mostra uma oração subordinada adjetiva explicativa. Não nos deteremos em maiores explicações por ser assunto que foge ao escopo do presente trabalho.

Vantagens da abordagem semântica em termos de exercícios e avaliação

Como dissemos anteriormente, a abordagem semântica no ensino dos processos de coesão entre orações oferece a vantagem de, partindo-se de determinados princípios, podermos testar em nossos alunos sua real capacidade de unir ideias por meio de orações, sentenças e parágrafos. Podemos apresentar a eles exercícios em que apareçam duas ou mais sentenças isoladas e pedir a eles que as reúnam em um período complexo, como no exercício abaixo:

80) Junte as seguintes sentenças, retirando os elementos desnecessários:

a) Ele foi dormir. Ele estava cansado.
b) Nós vamos à praia amanhã. Nós não vamos à praia quando chove.
c) Ela come sem colocar os cotovelos sobre a mesa. Sua professora lhe ensinou a não colocar os cotovelos sobre a mesa.
d) Ele come de boca aberta. Seus pais lhe dizem para não comer de boca aberta.

Após algum treino e alguma teimosia (a natural resistência a aceitar uma proposta inovadora), a grande maioria dos alunos fornecerá as respostas corretas:

81. a) Ele foi dormir porque estava cansado.
81. b) Nós vamos á praia amanhã, se não chover.
81. c) Ela come sem colocar os cotovelos sobre a mesa, conforme sua professora lhe ensinou.
81. d) Ele come de boca aberta, apesar de seus pais lhe dizerem para não comer de boca aberta.

Ou seja, os alunos que aprendem por meio da abordagem semântica ficam capacitados a produzirem sentenças complexas com propriedade, e não apenas a descrever ou classificar as sentenças complexas já prontas que lhes são apresentadas. Uma enorme vantagem sobre o ensino da coesão oracional com base na sintaxe!

Considerações finais

Somos de opinião de que a tradição do ensino dos processos de coordenação e de subordinação, em que pese sua pertinácia e correção, não facilita a aprendizagem desse ponto tão importante para inúmeras habilidades, como a produção textual, a argumentação, a correção no falar e na escrita.

Acreditamos que uma abordagem semântica produziria mais e melhores resultados, principalmente se levarmos em conta que o emprego de uma conjunção ou oração equivocada compromete a qualidade e, ocasionalmente, a inteligibilidade do texto como um todo, podendo reduzir o que seria uma argumentação brilhante a um amontoado de palavras com escassa capacidade comunicativa, reduzindo em muito a empregabilidade e inserção social do estudante.

Bibliografia

Alexander, L. G. *Fluency in English.* London: Longman, 1987. p. 5-34.
Azeredo, J. C. *Gramática Houaiss da língua portuguesa.* São Paulo: Publifolha, 2008. p. 289-351.
Bechara, E. *Moderna gramática portuguesa.* Rio de Janeiro: Nova Fronteira, 2009. p. 462-539.
Cunha, Celso. *Nova gramática do português contemporâneo.* Rio de Janeiro: Lexicon, 2013. p. 607-631.
Garcia, O. M. *Comunicação em prosa moderna.* Rio de Janeiro: FGV, 2002. p.

301-302.

Halliday, M. & Hasan, R. *Cohesion in English*. London: Longman, 1976. p. 226-273.

Lima, C. H. da Rocha. *Gramática normativa da língua portuguesa*. Rio de Janeiro: José Olympio, 1997. p. 321-358.

Ribeiro, Manoel P. *Gramática aplicada da língua portuguesa*. Rio de Janeiro: Metáfora, 2011. p. 326-349.

AS CULTURAS DO GRUPO TEXTO LIVRE: UM ESTUDO DE VIÉS ETNOGRÁFICO SOB A ÓTICA DA COMPLEXIDADE

Carlos Henrique Silva de Castro
Universidade Federal dos Vales do Jequitinhonha e Mucuri, Brasil

Introdução

Como um estudo de viés etnográfico (Green *et al.*, 2005; Agar, 2006a), este trabalho traz um pouco da leitura construída das práticas culturais do grupo Texto Livre (doravante, TL). O TL trabalha com cursos de graduação e pós-graduação, presenciais e a distância, bem como promoção de congressos nacionais e internacionais, manutenção de um periódico científico, desenvolvimento de software para o auxílio ao professor, entre outros. O grupo tem por objetivo principal "promover um campo de pesquisa e produção interdisciplinar no uso das tecnologias livres para o ensino" (Texto Livre, 2011).

É a partir da pesquisa de registros de interações diversas e sobre o grupo, como artigos e *websites*, que o objeto de estudo é construído. Os registros nos mostra que, desde sua concepção, o TL está diretamente ligado à cultura livre. O conceito de cultura aqui utilizado tem como base Agar (2006b) e refere-se à leitura dos significados das práticas do outro. Contudo, quando me refiro à cultura livre, refiro-me a uma expressão utilizada pelo próprio grupo que tem como princípios a colaboratividade, o compartilhamento e a meritocracia (Matte & Castro, 2012).

O tratamento dos dados reuniu em suas bases as teorias da complexidade (Morin, 2005; Larsen-Freeman, Cameron, 2012), e das comunidades de prática (Wenger *et al.*, 2002). No TL há vários subgrupos, como subcomunidades, dos quais elejo três para minhas análises: a disciplina Oficina de leitura e produção de textos, a UNI003; o congresso EVIDOSOL (Encontro Virtual de Documentação em Software Livre)/CILTEC (Congresso Internacional de Linguagem e Tecnologia Livre); e a revista *Texto Livre: Linguagem e Tecnologia*.

Cada um desses subgrupos se divide em equipes de trabalho que, eventualmente, se comunicam e constroem, assim uma rede interativa com significados específicos. Para todos esses subgrupos adoto o conceito de comunidades de prática (CoP) de Wenger *et al.* (2002). CoPs, para eles, referem-se a grupos sociais com três elementos fundamentais: um domínio de pensamento, como um assunto de interesse comum; uma comunidade de pessoas que se interessam pelo domínio; e que constroem práticas interativas em prol desse domínio.

O objetivo geral do trabalho é apresentar uma leitura das culturas do grupo Texto Livre a fim de se identificar padrões e emergências. Para tanto, conto com três objetivos específicos: descrever os padrões interacionais do grupo a partir da leitura das práticas das comunidades em estudo; identificar a existência de emergências nas comunidades; e, caso existam, identificar como acontecem tais emergências.

A lógica em uso definiu uma metodologia que envolveu três momentos de análise: uma grande turnê (Spradley, 1980) nos dados gerais do TL; três miniturnês em três subcomunidades do TL; e contraste de todos os dados e conclusões, a serem explicados oportunamente. O trabalho é dividido em cinco partes, sendo esta uma parte introdutória; a segunda refere-se às questões teóricas; a terceira às questões metodológicas; a quarta à apresentação de resultados; e a quinta às considerações finais.

O quadro teórico que a pesquisa se insere

O quatro teórico aqui adotado parte do entendimento de comunidades como sistemas adaptativos complexos (SAC). Tal pressuposto encontra apoio nas pesquisas de Paiva (2006) e Odell (2002) que entendem que comunidades virtuais funcionam como SAC, pois suas naturezas são emergentes, o que faz com que "a soma das partes seja maior que o todo". Um fator que os define, segundo Larsen-Freeman & Cameron (2012), "[...] é que seu comportamento emerge das interações de seus componentes"[37]. Os SACs, assim como as comunidades, são compostos, como descreve Palazzo (2004), "[...] por muitos componentes independentes que interagem localmente produzindo um comportamento geral organizado e bem definido independente da estrutura interna dos componentes". E, ainda, apresentam resultados ligados à ordem existente nelas e, quando há a mudança de qualquer um dos seus elementos, essa mudança tem o potencial de gerar um caos que retorna à ordem, a partir de uma nova emergência (MORIN, 2005; PALAZZO, 2004). São, portanto, abertos, não-lineares, auto-organizáveis, adaptáveis e sujeitos a emergências.

Para entendermos comunidades como SAC, então, devemos entender que as interações entre as partes podem extrapolar seus objetivos com, por

---

[37] Todas as traduções deste artigo foram feitas livremente a partir dos originais.

exemplo, a emergência de novos objetivos. Como SACs que são, se estudadas com foco nas partes em comunicação com o todo, perceberemos que as emergências, motivadas pelo diálogo e fruto do seu dinamismo inerente, permitem aprendizagem além do que se espera com a simples soma dos esforços individuais.

Esclarecidas as questões teóricas apropriadas que envolvem os fenômenos em estudo, a terceira seção, a seguir, busca delimitar o que considero como etnografia, uma epistemologia dedicada a estudos de culturas que traz uma lógica de investigação que fundamenta toda a metodologia e os métodos definidos para a pesquisa.

Uma metodologia para um estudo etnográfico com dados digitais

A metodologia é guiada pelo fazer etnográfico que nos indica que a pesquisa deve ser iterativa, reflexiva e abdutiva (Agar, 2006a). Spradley (1980) sugere que se comece o estudo etnográfico em uma grande turnê com perguntas mais gerais, de onde se originam as perguntas mais específicas que, por sua vez, guiarão miniturnês. A partir de tal lógica, foram definidos três momentos de análise. No primeiro momento analisei os documentos que se referem ao grupo e às suas atividades como um todo a fim de contextualizar o trabalho e encontrar pontos obscuros. As miniturnês, por sua vez, tratam da abdução dos dados específicos que podem levar a respostas para as questões pouco claras. Foram feitas três miniturnês que configuraram o segundo momento de análises. Os pontos obscuros, sem uma significação clara em um primeiro olhar, são chamados na etnografia de pontos relevantes e podem ser encontrados ao longo de toda análise (Green et al., 2005). Demandam, para sua solução, abdução de dados específicos a fim de se construir significado cultural.

Os dados referentes à comunidade UNI003, a Oficina de Leitura e Produção de Texto para graduação, encontram-se na forma de e-mails. O trabalho foi autorizado via por 100% dos membros. No que se refere aos dados da Revista Texto Livre e aos do EVIDOSOL, foram utilizados e-mails, informações dos próprios websites das comunidades em estudo, e uma entrevista adicional, todos com consentimento na utilização.

O terceiro momento de análises é dedicado ao contraste de todos os dados obtidos a partir da análise dos padrões culturais e dos pontos relevantes encontrados e referem-se às considerações finais do trabalho.

As dimensões significativas foram identificadas por uma técnica que Spradley (1980) denomina análise de domínio. Trata-se da construção das relações parte-todo por meio da consideração das relações semânticas: x é um tipo de y, um lugar para y, uma razão para y, etc. O resultado é o domínio cultural que compreende categorias de relações significativas como objetos diversos agrupados conforme suas formas ou suas funções.

A próxima seção apresenta a taxionomia cultural do TL dentro dos espectros teórico e metodológico apresentados.

Taxionomia cultural do grupo Texto Livre

A análise foi iniciada a partir dos dados gerais do grupo, a grande turnê, como orienta Spradley (1980). O primeiro domínio de significação trabalhado refere-se às motivações para a emergência do TL. A origem do grupo tem como base um trabalho com o tripé ensino e extensão, garantido por um espaço instigante à pesquisa, conforme opinião da coordenação do TL, o espaço da cultura livre. O início do grupo se deu a partir de aulas online a partir das quais havia um trabalho colaborativo entre estudantes e comunidades de SL. Tal relação trata-se do nosso primeiro ponto relevante para esta pesquisa: a interação entre estudante e cultura livre. Questões relevantes para a construção de significados desse ponto referem-se às práticas que suportam essa interação e aos "comos" e às "condições" em que estudantes interagem e realizam suas práticas. As respostas a essas questões foram dadas na abdução dos dados da disciplina UNI003, no segundo momento de análises.

O segundo ponto relevante, por sua vez, abarca as questões de extensão universitária, a partir do estudo dos eventos científicos promovidos pelo TL, como o EVIDOSOL e o UEADSL (Congresso Nacional Universidade, EAD e Software Livre). Assim, no campo da extensão universitária, importa questões como as características desses eventos; as relações interacionais, como acontecem e em quais condições; e os atores envolvidos nessas interações.

Continuando na busca de domínios culturais, chegamos ao ambiente interativo do grupo. De acordo com os dados, as interações extrapolam os limites do país e atingem sujeitos dos continentes americano e europeu. A rede interativa do TL mostra-se, assim, cada vez mais ampla. Nos dados, há informações de que os eventos do grupo atingiram dezenas de milhares de pessoas, ao longo de sete anos – até 2013. A partir desses padrões culturais, temos um novo ponto relevante para novas observações. O terceiro ponto relevante, então, refere-se às ferramentas utilizadas para toda essa interação.

Retomando a análise das dimensões de significados, encontramos a organização que faz funcionar os projetos do TL. Tal dimensão vai ao encontro dos três pontos relevantes já identificados, uma vez que essa dimensão é relativa a como as comunidades do grupo se organizam para alcançar seus objetivos. O que inicialmente se pode notar é que há planejamento gerencial bem definido. Aparece nos dados mais um evento que registra uma emergência do SAC Texto Livre. Três anos após o início do grupo, em decorrência das várias mudanças que experimentou, e da existência de vários projetos, investe-se no que a coordenação nomeia de "gerenciamento por projetos", que confere relativa autonomia aos projetos.

Como informação adicional, os projetos são divididos por sua temporalidade e, nesse sistema, há os cargos de diretoria e coordenação, nos quais há um rol de atividades que implicam práticas que devem fazer parte da cadeia interativa do TL. Temos, nesse ponto, uma nova área obscura que aponta para questões relativas à interação social, ao engajamento em práticas, à organização dos membros do grupo, a fim de fazerem funcionar seus projetos. Assim, acrescento o quarto e último ponto de abdução dos dados deste primeiro momento de análises e seus focos de atenção específica: as relações interativas entre comunidades do TL. Interessa, nesse sentido, entender a interação entre os colaboradores de diferentes comunidades do TL; o engajamento em atividades e a colaboração entre os membros; bem como a hierarquia e horizontalidade de relações interativas para práticas.

Uma nova dimensão em análise nesta grande turnê refere-se à questão das emergências, que vem exemplificar o sistema como complexo. Dentre várias emergências encontradas nos relatos textuais, destaco alguns exemplos no Quadro 1, a seguir:

2006	Reunião com entusiastas da Cultura Livre que resultou na Metodologia TL;
	Registro da Metodologia TL no SourceForge;
	Fase "alpha" da Metodologia TL;
	Indicação da Metodologia TL ao Prêmio TIC Brasil 2006.
2007	1º EVIDOSOL;
	Proposta do SL Livrinho.
2009	1º Dia da Cultura Livre;
	Alteração da organização do grupo para um gerenciamento em projetos.
2010	1º UEADSL
2011	Texto Livre torna-se, formalmente, grupo de pesquisa em substituição ao SEMIOFON;
	Último Dia da Cultura Livre.
2012	O TL passa a integrar a organização do Grupo de Trabalho em educação no FISL

Quadro 1: *As emergências do TL em eventos ao longo do tempo*

A partir desse quadro, fica evidente que o todo Texto Livre é um SAC: relativamente estável, com momentos de caos e de auto-organizações que resultam em emergências.

A partir dos dados até então construídos, definiram-se três as miniturnês que preocupam-se em elucidar os quatro pontos relevantes encontrados. Primeiramente, abduzo o ponto relevante ligado à interação entre os universitários e a cultura livre. Esse diálogo se desenvolveu com a adoção da Metodologia Texto Livre, que, por meio de um curso acadêmico e de eventos científicos, passou a promover a discussão da temática no âmbito acadêmico. A principal ligação entre os alunos da FALE/UFMG e a cultura livre é a disciplina UNI003 cujos dados são objeto da primeira miniturnê.

No que se refere ao quarto ponto relevante, relativo às questões sobre interação entre as comunidades que formam o TL, recorro ao texto da *wiki* do grupo TL, atualização de agosto de 2011. O documento nos informa que um de seus objetivos é apresentar a organização dos projetos do grupo por temporalidades, como mostra a FIG. 1, a seguir:

Figura 1: A rede interativa entre os colaboradores do TL. Fonte: <http://www.textolivre.org/wiki/Projetos_do_Texto_Livre>

O que fica evidente nessa figura é a relação de interessados no diálogo, de ambos os lados, em torno de um centro, que é a documentação em SL. Do lado esquerdo da figura, aparecem os desenvolvedores e os usuários de *software*, que podem ser beneficiados com as traduções de SL, para educação ou para documentação de *software* destinados a outro tipo de usuário, como o doméstico. Do lado direito da imagem encontram-se professores, de todos os níveis, de escolas públicas ou privadas, pesquisadores em Linguagem e Tecnologia e artistas interessados em contribuir. Para que tudo funcione, há um sistema de diretorias que funciona por projetos e dividem-se em cinco: de Projetos; de Software; de Comunidades; Institucional; e de Comunicação. Elas abarcam inúmeros projetos e algumas, como a Diretoria de Software, dialoga com todas as outras.

O que concluo das relações entre as comunidades do TL é que a interação entre comunidades do TL ocorre a partir de uma organização bem definida que faz funcionar várias práticas que estão interligadas. O que favorece toda essa interação continua sendo meu objeto de estudos. A fim de clarear tal ponto, acrescido dos pontos relevantes já elencados, passo às miniturnês, no segundo momento de análises.

Segundo momento de análises

A primeira miniturnê é feita nos dados na UNI003 e busca elucidar o ponto relevante relativo à interação entre universitários e a cultura livre. Os registros disponíveis para a construção de dados referem-se a um grupo de e-mails trocados entre os grupos de tutores, monitores e coordenação e entre tutores e coordenação no primeiro semestre de 2011.

O primeiro domínio de significação analisado refere-se ao ambiente interativo e ferramentas de interação. Os dados mostraram que existem variações, mas a maioria da interação se dá por listas de e-mails. As outras ferramentas utilizadas atendem a demandas específicas, como é o caso das ferramentas de chat como IRC, Konversation, Skype e chat no navegador; das videoconferências via *software Big Blue Button*; e face a face.

Um segundo domínio de significação que aparece na construção da taxonomia cultural do grupo refere-se aos atores e suas responsabilidades. Conforme dados disponíveis, a coordenação é a responsável pelas principais decisões, mas mantém um diálogo notadamente horizontal com os outros atores sociais. Os tutores são os pós-graduandos da instituição que são responsáveis, sobretudo, pela correção das atividades e interação a respeito dessa produção com os alunos. Os monitores atendem às questões de nível mais técnico e são o primeiro contato do aluno. Na busca por clarear tal ponto obscuro, exemplifico as culturas da CoP UNI003 em quatro diferentes domínios de significação: as emergências proporcionadas na interação entre membros da comunidade de tutores da UNI003; as emergências proporcionadas na interação entre membros das comunidades de tutores e de monitores da UNI003; como e em quais condições acontecem as interações; e as emergências proporcionadas na interação entre membros das comunidades do TL e membros de comunidades externas.

No que se refere às emergências proporcionadas pela comunidade de tutores, o que se nota é uma comunidade essencialmente emergente em decorrência de momentos de caos diversos. Foi identificado, por exemplo, caos estabelecido no fato de um aluno enviar, em uma atividade no ambiente virtual, um arquivo que a tutoria não conseguia abrir em seu computador. A emergência vem com a solução proposta por um tutor que altera o formato do arquivo.

As emergências também são proporcionadas pela interação entre membros da comunidade de monitores da UNI003. Um exemplo de caos, nesse caso, pode ser o fato relatado por e-mail em junho de 2011 no qual o líder do grupo dos alunos postou uma atividade e não informou o nome dos membros do grupo. A emergência ocorre com a sugestão de se verificar no sistema os nomes dos componentes do grupo para, então, lançar as notas de todos. Identificadas emergências na comunicação entre tutores e entre tutores e monitores, em diálogo com estudantes e coordenação, além de outros aqui não exemplificados por questões de espaço, os padrões de emergências da comunidade UNI003 podem ser descritos conforme FIG. 2, a seguir:

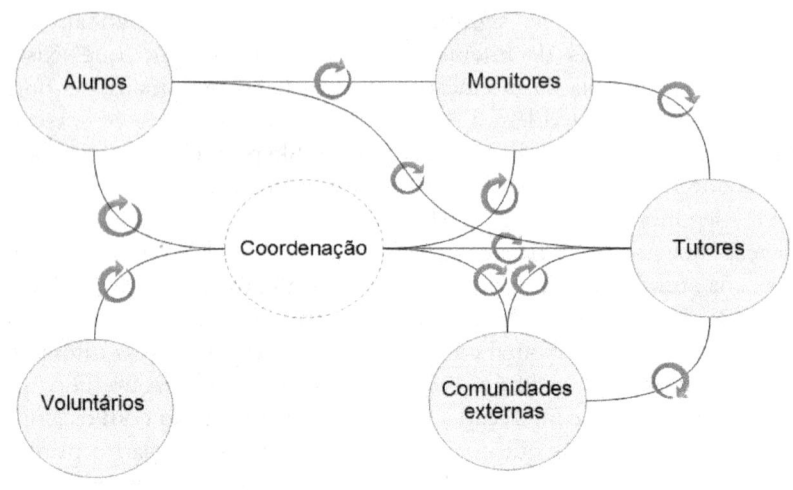

○ Comunidades ——— Interação entre as comunidades ↻ Emergências

Figura 2: Padrão da complexidade da comunidade UNI003

Nota-se que temos duas comunidades bem definidas no escopo da UNI003 – a de monitores e a de tutores –, que os sistemas são abertos e as comunidades se comunicam entre si, o que possibilita a emergência de comunidades de prática nessas interações. Esse processo interativo, em todas as possibilidades analisadas de interação intergrupo, apresenta uma lógica que possui um padrão, como se pressupõe de SACs, que está ligado ás emergências causadas pela abertura do sistema. Uma vez exemplificados os padrões de interação da UNI003, parto para a investigação da CoP EVIDOSOL, conforme seção a seguir.

As culturas da CoP EVIDOSOL

Partimos agora a miniturnê da CoP EVIDOSOL que busca elucidar o segundo ponto relevante, referente ao diálogo entre academia e comunidades externas, possível a partir desse projeto de extensão.

Nos dados disponíveis para tal miniturnê, compostos pelo *website* do evento, o primeiro domínio de significação refere-se à emergência, aos objetivos, aos atores e suas práticas. O evento é 100% gratuito e on-line e tem como público-alvo estudantes, professores, pesquisadores, comunidades de *software* livre e simpatizantes. Dentre as ferramentas de interação que utilizam, encontram-se IRC e o Chatslide – responsável por agregar aos chats slides e fóruns. A partir dos dados inicialmente analisados, não foram solucionadas todas as questões de relevância. Fiz, então, uma entrevista com a coordenadora do evento com várias questões ligadas às emergências da CoP. A partir dessa entrevista, construí um quadro com todas as emergências

da CoP, como pode ser visto a seguir:
Quadro 2: As emergências da comunidade EVIDOSOL

2007	1º EVIDOSOL;
2008	Apresentações no formato de chats com o aumento de um dia de evento;
	SLINGTEC 2008 aparece como uma tentativa de diálogo da linha de pesquisa Linguagem e Tecnologia, da qual o projeto Texto Livre faz parte na UFMG;
	Uma segunda edição do evento que vem tornar o evento em semestral;
2009	A internacionalização do evento com a criação do CILTEC-online;
2010	O evento firma-se como de pós-graduandos e pesquisadores formados, a partir da saída dos graduandos para o UEADSL;
2011	O evento passa a ser anual;
	Os autores começam a apresentar artigos escritos, além das apresentações;
	As apresentações se dividem em seções de chat e fóruns;
2012	Inicia-se a publicação de anais.

A partir dos exemplos de emergências do quadro, confirmo a CoP EVIDOSOL como um SAC. As emergências ocorreram, também, nas interações entre membros e congressistas. As interações entre aqueles que organizam o trabalho se estabelece, sobretudo, por *e-mails*. É a comissão executiva que busca voluntários para o trabalho e os orienta. Essa orientação, por sua vez, se realiza, majoritariamente, a partir de tutoriais sobre como se fazer a atividade. Além dos tutoriais, ajustes são feitos em interações por *e-mails*. Os tutoriais, por sua vez, são fruto da observação do trabalho feita pela comissão executiva, bem como de discussões e sugestões dos colaboradores diante de situações de caos. A fim de evidenciar tais momentos de caos e suas consequentes emergências, trago um trecho de e-mail da líder do TL, a seguir:

E-mail 1 - Em 13 de maio de 2012 - por Líder do TL
[...] acho que termos mudado o esquema, recebendo os textos completos (em .PDF), tornou a nossa tarefa muito mais decisiva para o sucesso do evento (antes era um pouco na sorte mesmo...) e vocês foram todos ótimos, sem essa troca eu não teria essa sensação de que cumprimos nossa missão! [...]

O que se lê nesse trecho é o relato de uma mudança de procedimentos na prática em estudo. O evento passa a receber o texto para avaliação completos em .PDF em um formulário online que tinha como vantagem a contagem do número de caracteres. Esse procedimento foi adotado desde o evento de 2011 em decorrência de negociação da prática entre os membros da CoP. A abertura do sistema ao diálogo das práticas também é ressaltada pela coordenadora nesse primeiro e-mail: "[...] sem essa troca eu não teria essa sensação de que cumprimos nossa missão!".

As trocas e emergências também ocorrem na comunidade específica dos congressistas. Como já expus sobre as diversas auto-organizações pelas quais o evento passou, o evento cresceu em número de congressistas e, consequentemente, em números de interações, que, conforme a base teórica deste trabalho, contribuem para as emergências do SAC. Nesse processo, já identifiquei diversos estados caóticos que resultaram em auto-organizações, com emergências que variaram da alteração dos gêneros textuais das apresentações, do incremento dos softwares de gerenciamento do evento, da alteração de periodicidade, de público, de formação dos debatedores, dentre outras. O aumento da audiência e, consequentemente, da abrangência do EVIDOSOL, é objeto de estudos do próprio grupo, que divulgou um gráfico desse incremento, conforme a FIG. 3 a seguir:

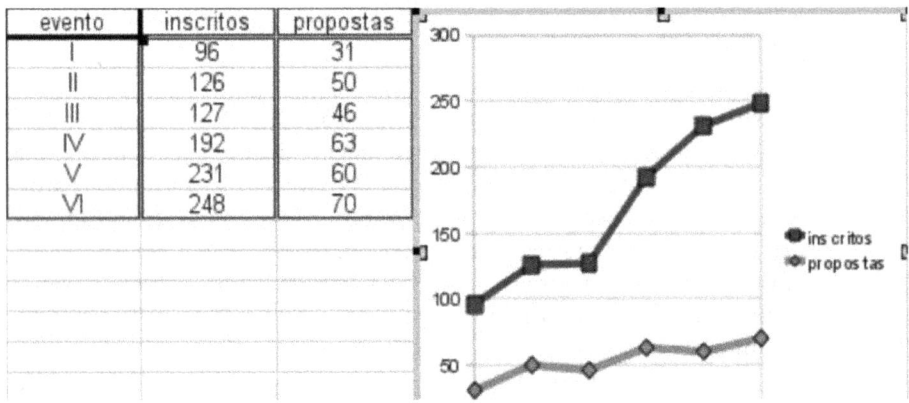

Figura 3: Evolução quantitativa do EVIDOSOL Fonte:
<http://portugueslivre.org/Evidosol_numeros.pdf>

Nas seis edições contempladas no gráfico, vê-se um crescimento maior que 100 por cento, se compararmos a primeira e a sexta edições. É de se esperar, então, muitas emergências nesse período. A fim de exemplificá-las, selecionei uma palestra referente aleatoriamente na qual constato a emergência de uma nova imagem da enciclopédia digital Wikipédia[38], objetivo de estudo do apresentador. No referido trecho, há clara reconstrução de sentido no que se refere ao entendimento dos mecanismos de funcionamento da enciclopédia, como se observa no primeiro excerto de apresentação selecionado, que apresento a seguir:

---

38 <http://pt.wikipedia.org/>

> **Seções de chat – excerto 1 – palestra do III EVIDOSOL**
> [19:20:25] [ouvinte] se não é obrigatório seguir as regras, podemos então burlar estas regras
> [19:21:09] [ouvinte] posso escrever no Wikipédia da forma que achar conveniente ...
> [19:21:32] [palestrante] oi, xxx, poder pode
> [19:22:09] [palestrante] mas se não se enquadrar nas regras, é bem provável que a alteração seja desfeita

Nesse pequeno trecho da palestra, a emergência se dá no entendimento de que a Wikipédia, como enciclopédia aberta a edições pelos usuários, não é uma enciclopédia que aceita tudo o que se escreve nela. Como esclarece o palestrante, "[...] se não se enquadrar nas regras, é bem provável que a alteração seja desfeita". Logo na sequência da palestra, um outro ouvinte apresenta uma questão que vem representar o caos no entendimento dos mecanismos da Wikipédia. Dessa vez, o ouvinte faz um questionamento que tem fundamento na padronização do gênero textual adotado pela enciclopédia, como se observa no excerto a seguir:

> **Seções de chat – excerto 2 – palestra do III EVIDOSOL**
> [19:22:35] [ouvinte] A padronização não pode esvaziar um pouco a potencialidade e diversidade dos wikis?
> [19:23:29] [palestrante] Pode esvaziar, mas é uma tentativa de cristalizar em um gênero específico
> [19:24:11] [palestrante] por exemplo, a Wikipédia é uma enciclopédia, o texto deve seguir o padrão verbete, e não definição de dicionário ou matéria jornalística
> [19:24:48] [palestrante] XXX, as regras são um ponto de tensão
> [19:25:07] [palestrante] entre a "liberdade" da colaboração e a padronização
> [19:25:15] [ouvinte] Sempre acho contraditória essa relação.
> [19:25:33] [palestrante] é obrigatório segui-las, pero no mucho...
> [19:26:20] [ouvinte] acabo acreditando-as necessárias
> [19:26:54] [palestrante] tb acho, XXX
> [19:27:24] [palestrante] ao menos tempo, não segui-las tão rigidamente é uma estratégia de expansão

Já nesse excerto, noto que o debate passa a focar a rigidez que tais regras representam e as partes concordam que elas são necessárias porque têm a função de cristalizar o gênero e, ao mesmo tempo, alertam para o fato de que o não-cumprimento de todas as regras pode funcionar como uma "estratégia de expansão" da enciclopédia. Há, então, um novo significado construído a partir da interação, que podemos denominar emergência. O que constato, em várias palestras observadas, é que essas emergências são recorrentes. Essa constatação me leva à conclusão de que o aumento dos números de inscritos aumenta a possibilidade de diálogo e, como resultado, de emergências de novos saberes. Assim, os padrões emergentes da CoP EVIDOSOL podem ser representados da seguinte forma:

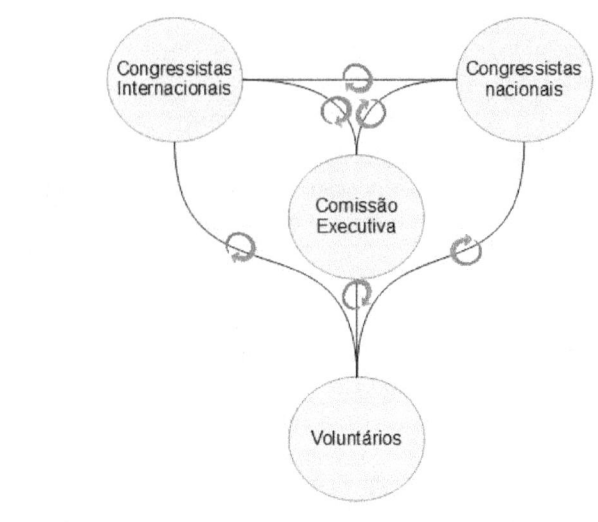

Figura 4: *Padrão da complexidade da CoP EVIDOSOL.*

A figura ilustra todas as interações identificadas nos dados, a saber: comissão executiva e congressistas nacionais e internacionais; comissão executiva e colaboradores; voluntários e congressistas nacionais e internacionais; e congressistas nacionais e congressistas internacionais. As setas circulares indicam as emergências identificadas no sistema, que estão presentes em todas as conexões interativas observadas. Assim como identifiquei na análise da CoP UNI003, concluo que as auto-organizações são resultado da construção de significados pelo grupo a partir da interação, sempre em prol de algum objetivo de interesse da CoP EVIDOSOL. Uma vez que se abre o sistema, a propensão à emergência aumenta exponencialmente. A próxima abdução é dos dados da revista Texto Livre.

As culturas da revista Texto Livre

A revista Texto Livre emergiu a partir da necessidade de se publicarem os textos apresentados no EVIDOSOL Em entrevista concedida pela coordenadora do evento, cujo uso foi devidamente autorizado, há pistas sobre a emergência dos novos objetivos do periódico, ligados à publicação de artigos nos moldes de uma revista acadêmica, como exigem os órgãos de indexação de periódicos. Nas palavras da entrevistada, "[…] além do grande número de textos que teríamos de avaliar (...), em geral, os textos que recebemos para o evento são curtos e sem muito aprofundamento teórico". Parece, então, que a revista, como veículo de circulação e promoção dos textos apresentados no evento, perdeu o sentido. Emerge, assim, a revista Texto Livre acadêmica. A partir dessa primeira constatação, confirmo a comunidade como um SAC que se auto-organiza e continua suas transformações a partir das interações entre seus membros.

Essa revista é publicada semestralmente, online, e o entendimento dos pontos relevantes em aberto depende, então, da leitura do seu *website*. É nesse espaço que a interação entre o leitor, os autores e a equipe editorial acontece de duas formas bem distintas. A primeira delas refere-se à interação entre leitor e autor, no âmbito dos limites do texto escrito e publicado na revista. A segunda forma de interação é a que acontece entre os membros encarregados das práticas que levam ao produto final. Para a leitura das culturas do periódico, esse é o *corpus* de interesse. Toda essa interação é mediada pelo software do sistema de edição do periódico, via *e-mails*, com acesso a partir do *website*. Esse *website* funciona, também, como depósito dos arquivos digitais da revista. A capa do *website* pode ser vista na FIG. 5, a seguir:

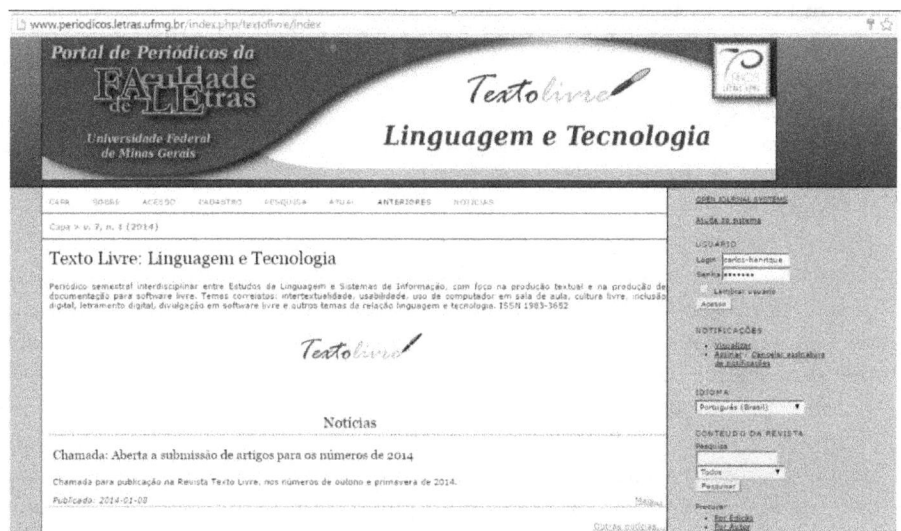

Figura 5: website da Revista Texto Livre

O alcance do diálogo que a revista propõe pode ser parcialmente entendido a partir da análise de dados estatísticos disponíveis na página denominada "Estatísticas". Dois conjuntos de dados apresentam resultados em números inteiros e em percentuais, referentes aos anos 2013 e 2014, conforme TAB. 1 a seguir:

Ano	<< 2013 >>	Ano	<< 2014 >>
Edições publicadas	2	Edições publicadas	1
Itens publicados:	28	Itens publicados:	18
Total de submissões:	100	Total de submissões:	98
Avaliados pelos pares	51	Avaliados pelos pares	42
Aceito	27 (53%)	Aceito	16 (38%)
Rejeitado	24 (47%)	Rejeitado	26 (62%)
Submeter novamente	0 (0%)	Submeter novamente	6 (14%)
Tempo de avaliação	44	Tempo de avaliação	35
Tempo até a publicação	81	Tempo até a publicação	93
Usuários cadastrados	546 (172 nova(s))	Usuários cadastrados	649 (103 nova(s))
Leitores cadastrados	351 (160 nova(s))	Leitores cadastrados	442 (91 nova(s))

Tabela : Estatísticas da Revista Texto Livre. Fonte:
<http://www.periodicos.letras.ufmg.br/index.php/textolivre/about/statistics>

Conforme os dados de 2013, houve 172 novos cadastros de usuários e 160 novos cadastros de leitores. Já em 2014, com a publicação de apenas um número e o segundo número em vias de ser publicado, há 103 novos cadastros de usuários e 91 novos cadastros de leitores. Houve 160 novos cadastros em 2013 e 91 em 2014. Esses números podem causar estranhamento, por ser um número de leitores próximo ao de autores. Contudo, o acesso ao periódico para leitura, como posto anteriormente, é aberto e, portanto, o número de leitores cadastrados não reflete o número real de leitores dessa revista. Em 2013, em duas edições, houve 100 submissões que resultaram em 51 avaliações pelos pares. Já em 2014, com uma edição publicada e outra em processo de edição, houve 98 submissões das quais 42 foram avaliadas pelos pares.

Ainda de acordo com dados do *website*, os atores do sistema são: Editora-chefe; Comissão Editorial Executiva, composta por cinco membros; Comissão Científica Internacional, composta por nove membros de seis países; Comissão Editorial Científica, composta por 55 membros; Comissão de Leitura, composta por 79 membros; Comissão de Publicação, composta por dois membros, 16 editores de texto, dois editores de layout de capa e outros dois responsáveis pelo layout de artigos. A soma simples desses números resulta em 184 atores envolvidos nesse processo. Trata-se de um grupo de atores bastante diverso, no entanto, cabe ressaltar que o número de voluntários nesse processo é menor do que a soma dada, tendo em vista que um voluntário pode participar de mais de uma comissão.

Considerando-se que a prática é todo o processo interativo que envolve o trabalho para um objetivo final; para termos a descrição de uma prática temos que nos atentar ao processo editorial. A aprovação de um texto inicial, sem revisão, por exemplo, de acordo com o fluxograma apresentado no *website* do periódico, envolve os seguintes passos: solicitação de avaliação, por parte do editor de seção; realização de avaliação às cegas e envio do trabalho de volta ao editor de seção; realização de edição de texto e de *layout*; preparação da edição completa; e publicação. Todos esses passos para a prática são feitos, isoladamente, por um ator. O contato com a rede interativa se dá ao receber a atividade, via *e-mail*, e, ao final de sua realização, também via *e-mail*, em uma caixa de *e-mails* interna do servidor do periódico. Considerando-se apenas a interação mediada pelo *website*, não há como identificar a formação de uma CoP, que pressupõe um processo interativo em um grupo engajado na discussão de suas práticas. Há, contudo, em todos esses passos, o trabalho de um autor que se comunica com a cadeia interativa a fim de dar continuidade ao processo de revisão.

A fim de esclarecer se há ou não interação entre os colaboradores do periódico para a formação de uma CoP, ao final da pesquisa, enviei *e-mail* à líder do TL questionando a respeito da existência de um canal formal de interação entre todos os membros. A resposta foi negativa e, como justificativa, encontrei as questões contextuais que envolvem a edição e publicação de um periódico científico no Brasil. Esse contexto exige uma avaliação às cegas dos artigos submetidos ao periódico. Diante dessas considerações, ficam esclarecidas as razões de eu não ter constatado a formação de uma CoP nesse espaço interativo.

Considerações finais

Apresento agora o terceiro momento de análises que tem por objetivo contrastar os dados obtidos na grande e nas miniturnês, realizadas com o objetivo se elucidar quatro pontos relevantes que, por sua vez, são parte da leitura das culturas do grupo Texto Livre.

O primeiro ponto relevante refere-se à interação entre aluno e cultura livre, que se deu a partir da disciplina UNI003. A UNI003 constitui uma CoP uma vez que há engajamento dos membros a partir do diálogo construído em prol das práticas que resultaram em momentos de disjunção do grupo e emergências diversas de novos conhecimentos, fenômenos da complexidade. O diálogo entre estudantes e cultura livre é fomentado com práticas que envolvem o estudo e a discussão da cultura livre e a finalização desse processo em uma apresentação de artigo sobre temática que envolva cultura livre, em evento acadêmico de nível nacional.

O segundo ponto relevante refere-se à extensão universitária para um diálogo sobre cultura livre e educação envolvendo comunidades externas à universidade. Visando elucidar pontos obscuros nesse processo, dediquei a segunda miniturnê do trabalho às culturas da CoP EVIDOSOL. Diante dos exemplos de engajamento em prol das práticas do grupo, sobressaíram-se, como característica mais marcante da CoP EVIDOSOL, a interação entre membros e entre congressistas, que resultam em emergência de conhecimento para as práticas dos membros, nas áreas de discussão. Esse fato comprova o padrão emergente das CoPs do TL. O estudo dessa CoP levou-me à comunidade da revista Texto Livre como uma emergência a partir daquela.

O que identifiquei no estudo da comunidade do periódico foi uma continuidade rica de interação entre cultura livre e academia, mediada por um periódico consolidado. A leitura teórica dos dados, no entanto, não comprovou a existência do engajamento e diálogo conjuntos necessários a uma CoP. Contudo, a análise de todo o grupo e da forma horizontalizada com que conduzem suas práticas levaram-me a considerar a hipótese de uma CoP se efetivar de outras formas, tendo em vista que os membros da equipe também participam de outros projetos do TL, com os quais interagem, e nos quais outras CoPs se formam, como o EVIDOSOL.

O terceiro ponto relevante refere-se às ferramentas de interação do TL. Como visto, a maioria das interações entre os membros se dá por mediação eletrônica. São as ferramentas utilizadas que permitem engajamento em prol de práticas, a fim de se alcançar os objetivos do grupo, o que caracteriza uma comunidade de prática (Wenger *et al.*, 2002).

O quarto ponto relevante trata das relações interativas entre as comunidades do TL. Como expus na miniturnê referente ao trabalho com a CoP EVIDOSOL, há engajamento dos membros do TL no sentido de se incentivar as pessoas a participarem dos projetos de todo o grupo. Aos novos participantes, é apresentada a cultura livre, bem como seus benefícios para a coletividade, como os ganhos em construção de conhecimento a partir da colaboração e da meritocracia. As conexões entre as comunidades internas do TL se dão, na maioria das vezes, por *e-mail* e pelo uso de outros aparatos de mediação, ou encontros presenciais, que emergem de acordo com a necessidade que as rotas do SAC apontarem.

O trabalho com pontos relevantes levou à construção de uma grande fotografia com raízes e rotas, em um sistema adaptativo complexo e, naturalmente, de evolução. A busca desses pontos relevantes atendeu os objetivos definidos para a pesquisa, tal como o objetivo geral de identificar padrões e emergências em ambiente comunitário. Para tanto, segui três objetivos específicos. O primeiro buscou descrever os padrões interacionais do grupo a partir da leitura das práticas das comunidades em estudo. Nesse sentido, descrevi os padrões interacionais do TL ao longo de todo o trabalho, separados em uma grande turnê e em três miniturnês de estudos distintos dos dados. Nas miniturnês da CoP UNI003 e do EVIDOSOL, foi identificado um padrão de emergências e todos os elementos que configuram uma CoP. Na última miniturnê, dedicada aos dados da revista Texto Livre, no entanto, não exemplifiquei a ocorrência de formação de CoP nas interações promovidas entre os membros, mas assumi a hipótese de que o processo de emergência comunitária segue os padrões das CoPs do EVIDOSOL e da UNI003, já que ocorrem interações diversas às quais não obtive acesso.

O segundo objetivo específico buscou identificar a existência de emergências nas comunidades em estudo. O terceiro e último, por sua vez, buscou verificar como aconteciam essas emergências. Toda a seção quatro foi dedicada a atender tais objetivos. Para atender aos três objetivos específicos, todo o trabalho apresentou uma leitura etnográfica das culturas complexas do TL, com destaque especial para as emergências como um padrão.

Ao longo deste trabalho, deparei-me com diversas questões que podem fomentar novas pesquisas na área. Parecem ser de maior relevância: o trabalho para o letramento acadêmico; a formação de comunidades de prática em agrupamentos sociais onde o trabalho não fornece muitas possibilidades de interação; estratégias de estímulo a comunidades de prática a partir de interações online em ambientes acadêmicos; estratégias de ensino e pesquisa a partir da convivência em comunidades de prática; outros trabalhos de viés etnográfico com dados online; a cultura livre nos ambientes acadêmico, empresarial e escolar; dentre outras.

Creio que essas e outras questões, bem como este estudo, contribuem para a promoção de reflexões sobre o ambiente comunitário, a educação a distância, a cultura livre no ambiente acadêmico, a linguagem e a tecnologia, a linguística aplicada e a complexidade intrínseca ao ser social, entre outros temas. Assim, abre-se espaço para novos trabalhos que busquem elucidar os pontos ainda obscuros na aprendizagem *online*.

Bibliografia

Agar, Michael. "An Ethnography By Any Other Name". *Forum: Qualitative Social Research*, vol. 7, no. 4, art. 36, set. 2006a. Disponível em: <http://www.qualitative-research.net/index.php/fqs/article/view/177>. Acesso em: 24 mar. 2014.

_____. Culture: "Can you take it anywhere?" *International Journal of Qualitative Methods*, vol. 5, no. 2, jun. 2006b. Disponível em: <http://www.ualberta.ca/~iiqm/backissues/5_2/pdf/agar.pdf>. Acesso em: 24 mar. 2014.

Green, Judith L.; Dixon, Carol N.; Zaharlick, Amy. "A etnografia como uma lógica de investigação". *Educação em Revista*, Belo Horizonte, Universidade Federal de Minas Gerais, vol. 42, pp. 13-79, 2005.

Larsen-Freeman, Diane; Cameron, Lynne. *Complex systems and applied linguistics*. New York: Oxford University Press, 2012.

Matte, Ana Cristina Fricke; Castro, Carlos Henrique Silva de. "As diretrizes e o professor na internet: uma proposta de acesso a aplicativos livres por meio do Portal do Professor Livre na Rede". *Linha Mestra*, Associação de Leitura do Brasil, ano VI, pp. 645-649, 2012. Disponível em: <http://linhamestra21.files.wordpress.com/2012/08/lm_21_18_c_ole.pdf>. Acesso em: 25 jun. 2014.

Morin, Edgar. *Introdução ao pensamento complexo*. Tradução de Eliane Lisboa.

Porto Alegre: Sulina, 2005.

Odell, James. "Agents and Complex Systems". *Journal of Object Technology*, vol. 1, no. 2, jul-ago, 2002, p. 35-45. Disponível em: <http://citeseerx.ist.psu.edu/viewdoc/download?doi=10.1.1.95.698&rep=rep1&type=pdf>. Acesso em: 25 jun. 2014.

Spradley, James P. *Participant observation*. New York: Holt, Reinhart and Winston, 1980.

Paiva, Vera Lúcia Menezes de Oliveira e. Comunidades virtuais de aprendizagem e colaboração. In: Travaglia, L.C. *Encontro na Linguagem*: estudos linguísticos e literários. Uberlândia: UFU, 2006. pp. 127-154. Disponível em: <http://www.veramenezes.com/comunidades.doc>. Acesso em: 26 abr. 2012.

Palazzo, L. *Complexidade, caos e auto-organização*. 2004. Disponível em: <http://algol.dcc.ufla.br/~monserrat/isc/Complexidade_caos_autoorganizacao.html>. Acesso em: 27 de set. 2014.

Texto Livre. Apresentação. 2011. Disponível em: <http://www.textolivre.org/site/index.php?option=com_content&view=article&id=46&Itemid=53>. Acesso em: 18 abr. 2012.

Wenger, Etienne; McDermott, Richard; Snyder; William M. *Cultivating Communities of Practice*. Boston: Harvard Business School Press, 2002.

ABORDAGENS, MÉTODOS E TÉCNICAS DE ENSINO DO PORTUGUÊS COMO SEGUNDA LÍNGUA EM ESCOLAS PÚBLICAS DO ESTADO DE GOIÁS

Layane Rodrigues de Lima Santos
Universidade Federal de Goiás, Brasil
Universidade de Brasília, Brasil

Introdução

No Brasil, o ensino da língua portuguesa como segunda língua (L2) é um direito dos surdos, conforme disposto no Decreto n°. 5.626/2005 (Brasil, 2005). É consenso entre pesquisadores dessa área que não cabe nesse processo de educação o desenvolvimento da mesma metodologia utilizada com os ouvintes, em que o português é primeira língua (L1). Sendo assim, é necessário que se utilizem abordagens, métodos e técnicas apropriadas para esse ensino e que considerem o uso da Língua Brasileira de Sinais (Libras) como língua de instrução em uma perspectiva bilíngue.

A proposta bilíngue tem sido defendida como a mais apropriada na educação de surdos. Nesse sentido, para Salles et al, a educação bilíngue é uma "proposta de ensino que preconiza o acesso a duas línguas no contexto escolar, considerando a língua de sinais como língua natural e partindo desse pressuposto para o ensino da língua escrita" (57). Essa proposta leva em consideração os aspectos sociais e culturais envolvidos na condição sociolinguística das pessoas surdas. Nesse ínterim, no que se refere ao ensino da língua escrita, a educação bilíngue para surdos compreende o seu desenvolvimento com base nas experiências de ensino de segunda língua (Quadros, 1997).

Diante desse quadro, no ano de 2015, realizamos uma pesquisa, intitulada *Abordagens, métodos e técnicas no ensino de português para surdos em escolas públicas do Centro-Oeste*, com a participação de onze estudantes da Faculdade de Letras (FL) da Universidade Federal de Goiás (UFG), no âmbito do projeto *Prática como Componente Curricular* (PCC), em dez escolas públicas do Estado de Goiás, a fim de identificar os tipos de abordagens, métodos e técnicas utilizados por professores da disciplina de língua portuguesa para surdos. Com essa pesquisa, nosso objetivo é contribuir com o trabalho desses professores ao propormos o uso de metodologias inovadoras que considerem as especificidades linguísticas e culturais dos surdos.

Apresentamos, portanto, neste artigo, os principais resultados obtidos nessa pesquisa e compartilhados por ocasião do V Encontro Mundial sobre o Ensino de Português (V EMEP)[39]. Para isso, o artigo está dividido em cinco seções (além das considerações iniciais). A primeira e segunda seções trarão breve debate acerca dos pressupostos teóricos envolvidos nas abordagens, métodos e técnicas e nas contribuições da Linguística no ensino de português como L2 para surdos; a terceira seção apresentará os procedimentos metodológicos adotados na investigação; a quarta seção analisará alguns dos resultados alcançados; e a quinta seção apontará algumas reflexões, implicações e desdobramentos relativos ao nosso projeto.

Ensino de português como L2 para surdos: abordagens, métodos e técnicas

A tarefa de ensinar uma língua é orientada pelas concepções teóricas que levam ao planejamento e ordenamento das atividades implementadas pelo professor. Nesse sentido, a busca pela melhor metodologia foi sempre um dos temas centrais no ensino de segundas línguas/línguas estrangeiras. Em decorrência disso, diversas abordagens, métodos e técnicas foram desenvolvidas para esse fim, cada uma com o propósito de corrigir os "erros" das anteriores.

Durante a segunda metade do século XX, os termos *abordagem*, *método* e *técnica* foram amplamente (re)definidos, sobretudo por Anthony (1963), Richards e Rodgers (1986), Leffa (1988) e Almeida Filho (1993).

Embora as propostas de delimitação terminológica se diferenciem entre os autores acima citados, nesta pesquisa, adotaremos a de Anthony, por ser a base das demais e a mais empregada nos trabalhos pedagógicos, como defendem Salles et al. (2004). Na visão de Anthony (1963), a *abordagem* diz respeito às concepções teóricas sobre o que é uma língua e sobre o seu processo de ensino e de aprendizagem. O *método*, por sua vez, é o estágio intermediário entre a abordagem e a técnica, e se refere aos procedimentos ou às etapas adotadas para ensinar/aprender, derivado da abordagem escolhida. Já a *técnica* está ligada à prática docente em sala de aula, em outras palavras, são as atividades, os exercícios ou os recursos empregados pelo professor a partir de um método previamente escolhido. Na figura 1, a seguir, exemplificamos a concepção de Anthony:

---

[39] O V EMEP foi realizado nos dias 19 e 20 de agosto de 2016, na University of California, em Berkeley, na Califórnia, nos Estados Unidos.

Figura 1: Modelo de abordagem, método e técnica de Anthony (1963)

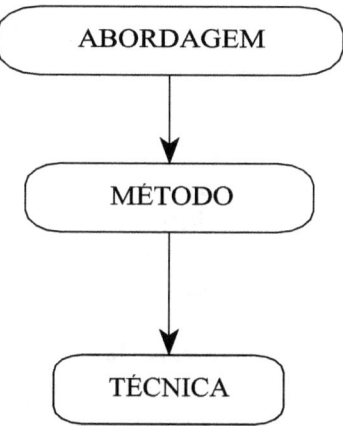

A figura 1 indica que a relação entre os elementos propostos por Anthony ocorre de forma hierárquica, na qual a abordagem se refere ao elemento mais amplo e à técnica ao mais específico.

No que concerne à abordagem, Salles et al. explicam que as diversas "posturas teóricas das abordagens apoiaram-se com frequência em correntes linguísticas" (98). As autoras descrevem que no século XX foi possível identificar três abordagens associadas a correntes linguísticas que fundamentaram os métodos desenvolvidos naquele século: a estruturalista (anos 50 e 60), a funcionalista (anos 70) e a interacionista (anos 80 e posteriores). Nesse caminho, buscava-se o *método perfeito*. No entanto, a busca pelo "método perfeito" transformou-se na busca pelo "método mais adequado", como aponta Vilaça (82). Segundo o autor, hoje vivemos na "Era Pós-Método" (81), em uma espécie de *ecletismo* no ensino de línguas, em que o professor faz as escolhas metodológicas que sejam mais coerentes e adequadas à sua situação de ensino. Destacamos, assim, a atuação do professor-pesquisador. Esse professor-pesquisador precisa estar em constante aprimoramento profissional e também conhecer profundamente os métodos comumente empregados ao proceder em sua atividade em sala de aula.

A respeito dos métodos de ensino de línguas estrangeiras desenvolvidos no século passado, Farias e Lustosa (2016) analisaram quais desses métodos são eficazes no ensino de português para surdos, embora, a princípio, esses tenham sido utilizados no ensino de língua estrangeira oral aos ouvintes. As pesquisadoras concluíram que os métodos *direto, abordagem oral* e *audiolingual* são inadequados por enfatizarem a prática da oralização. Por outro lado, para as autoras, os métodos *gramática e tradução, silent way, suggestopedia* e *resposta física total* são adequados para o ensino de português para surdos se forem consideradas algumas adaptações voltadas à prática da escrita, como no caso da elaboração de diálogos, de histórias e de outros exercícios.

Ainda no que se refere ao campo da abordagem, Salles et al. (2004) defendem a adoção da *abordagem interacionista* no ensino de português escrito para surdos, pois, segundo elas, esta proporciona ao aprendiz um maior envolvimento e interação com o texto escrito. Por isso, as pesquisadoras indicam o uso de textos autênticos, com temas relacionados à experiência dos aprendizes e associados à imagens. Uma forma sugerida pelas autoras para alcançar a interação se dá pelo uso da internet em sala de aula, tendo em vista que esta rede mundial contém estratégias conversacionais típicas dos diálogos orais em salas de bate-papo, que caracterizam a negociação do significado, conceito central da abordagem interacionista.

Nesse mesmo sentido, Grannier (2007) apresenta um programa linguístico escolar para surdos, com foco no uso da Libras como L1 e no português escrito como L2. Nesse programa, a autora explica que o acesso às páginas da internet permite um aumento significativo das oportunidades de contato com a língua portuguesa em uso, o que reflete diretamente na aprendizagem do português escrito pelo surdo. Tal prática possibilita um novo tipo de interação entre professor e aluno e permite novas formas de trabalho com a leitura e a produção de textos.

Quadros e Schmiedt (2006) também propõem atividades de português como L2 para surdos a partir do uso da Libras, utilizando-se a *abordagem bilíngue*. Elas sugerem que se invista na leitura da própria língua de sinais. Segundo as autoras, "ler os sinais vai dar subsídios linguísticos e cognitivos para ler a palavra escrita em português" (Quadros e Schmiedt 30). As oportunidades que os aprendizes têm de expressar suas ideias, pensamentos e hipóteses sobre suas experiências com o mundo são fundamentais no processo de aquisição da leitura e da escrita em língua portuguesa.

Com efeito, Salles et al. (2004) recomendam que, ao conduzir o aprendiz à língua escrita, deve-se situá-lo dentro do contexto da abordagem bilíngue, valendo-se da sua L1, que, no caso em discussão, é a Libras. É nessa língua que deve ser dada uma visão geral do assunto. É por meio dela que se faz a leitura do mundo para depois se passar à leitura da palavra em língua portuguesa.

Deste modo, é importante que o professor, na qualidade também de pesquisador, tenha conhecimento das abordagens e dos métodos existentes e faça as escolhas adequadas ao contexto de aprendizagem dos surdos. Neste processo, é essencial considerar o fato de esses aprendizes já possuírem uma L1 de natureza visual-espacial e, por isso, deve-se partir dela para o ensino da L2 em sua modalidade escrita. Sendo assim, defendemos ser imprescindível o uso da abordagem bilíngue no ensino de português para surdos. Para isso, o professor precisa ser proficiente e conhecer profundamente a estrutura linguística das duas línguas. Percebemos, dessa forma, que a reflexão sobre o conhecimento linguístico contribui diretamente no ensino de línguas e, notadamente, no ensino de português para surdos.

Contribuições da linguística para o ensino de português como L2 para surdos

A introdução da ciência Linguística nas universidades brasileiras se deu por volta dos anos 60, segundo Pilati et al. (397). Esta medida causou impacto direto na área do ensino de línguas, sobretudo no campo da língua portuguesa. Surgiram, nesse cenário, pesquisas no campo da Linguística que passaram a repensar a tradicional concepção prescritiva de língua e de gramática adotadas, tendo base a abordagem estruturalista, dando-se lugar, assim, a outras abordagens, como a funcionalista e a formalista, de cunho descritivo.

Na abordagem funcionalista, questões pragmáticas e sociais são evidenciadas e a língua passa a ser concebida não só em sua perspectiva estrutural, mas como um "meio para a expressão de significados funcionais" (Salles et al. 100). Como consequência, as dimensões semântica e comunicativa são enfatizadas no processo de aprendizagem de línguas.

A abordagem formalista, por sua vez, adota o conceito de que os seres humanos nascem com um aparato biológico inato para adquirir língua, conforme primeiro postulado pelo linguista Noam Chomsky (1957). Como efeito para o ensino de línguas, essa abordagem parte do pressuposto de que o aprendiz já possui um conhecimento internalizado a respeito de sua L1 e que esse conhecimento influenciará diretamente no processo de aquisição da língua-alvo, inclusive com o surgimento da *interlíngua*. Segundo Ellis (1997), a interlíngua é um sistema linguístico construído pelo aprendiz de L2, que conta, em parte, com o seu conhecimento de sua L1.

Além disso, investigações na área da sociolinguística ampliaram esse debate acerca de um novo modo de se pensar o ensino de gramática, que considere a presença das variações linguísticas como parte desse ensino em uma perspectiva "bidialetal" (Pilati et al 397).

Dessa forma, o quadro atual dessa discussão caminha para a adoção de um ensino epistemológico e reflexivo, mais precisamente, para uma *educação linguística* (cf. Ilari, 1985; Possenti, 1996; Salles, 2005; Travaglia, 2009; Pilati et al., 2011; Vicente & Pilati, 2012; Lobato, 2015), que valorize o conhecimento prévio do estudante.

Pilati et al. defendem que um objetivo fundamental do ensino de língua é desenvolver no aprendiz uma "habilidade de reflexão sobre a língua que se torne cada vez mais refinada, com implicações para sua produção em língua portuguesa – e nas diferentes línguas a que tenha acesso, seja no caso das comunidades bilíngues, seja em relação à língua estrangeira" (400). Para as autoras, uma educação linguística implica que a formação do professor de língua contemple um tipo de abordagem em que o conceito e as questões de gramática sejam discutidos a partir do pressuposto de que o estudante carrega consigo um conhecimento internalizado sobre a língua em funcionamento, conforme propõe a abordagem formalista da Linguística Gerativa. Diante disso, um dos papeis do professor é justamente o de tornar explícito esse conhecimento linguístico internalizado, possibilitando ao estudante fazer uso consciente das estruturas e dos recursos gramaticais que possui.

Lobato esclarece, no entanto, que a Linguística traz "uma contribuição indireta, que não pode servir de texto para uso em aula de língua, podendo, entretanto, servir de fundamento para a elaboração de tal manual" (44). Desse modo, para a autora, esse modelo deve considerar o contexto linguístico e a situação extralinguística e dar conta das variações da língua. A autora propõe ainda o uso da "metodologia de *eliciação*" (20), que direcione o aluno a tirar conclusões e desenvolver o seu conhecimento sobre a língua. No caso do ensino de português como L2, Lobato sugere também o uso de uma gramática contrastiva a partir das línguas envolvidas, ou seja, a língua portuguesa como L2 e a L1 do aprendiz.

Posto isso, propomos que, no ensino de português escrito como L2 para surdos, seja adotada uma educação linguística, tendo em vista que esse aprendiz já possui uma L1, a Libras, e, portanto, o seu conhecimento linguístico deve ser valorizado nesse processo. É importante também o uso da gramática contrastiva Libras X Português, como sugerido por Lobato. A gramática contrastiva deve evidenciar as diferenças e as semelhanças das duas modalidades de línguas, visual-espacial, no caso da Libras, e oral-auditiva, no caso da língua portuguesa, em seus aspectos gramaticais: fonológicos, morfológicos, sintáticos, semânticos e pragmáticos.

Acrescentamos ainda a necessidade de o professor de português como L2 para surdos depreender como é o processo de aquisição da linguagem tanto da L1 como da L2, bem como conhecer especificidades da cultura e comunidade surdas, a fim de desenvolver melhor sua prática pedagógica, principalmente na organização e no planejamento do material didático.

Metodologia

O nosso projeto teve como eixo metodológico a *pesquisa de campo*, que, segundo Marconi e Lakatos (2011), tem o objetivo de obter informações acerca de um problema para o qual procuramos descobrir novos fenômenos, com a observação dos fatos e a coleta de dados tal como ocorrem espontaneamente. Sendo assim, a pesquisa de campos se deu em dez escolas públicas, municipais e estaduais, sendo nove escolas inclusivas e uma escola bilíngue, do estado brasileiro de Goiás. Na figura 2 abaixo, temos o perfil das escolas visitadas e já é possível perceber que, no caso das escolas que utilizam a educação inclusiva[40], não há o uso de metodologia de L2 no ensino de português para surdos:

Figura 2: Perfil das escolas

Escolas	Local	Metodologia do(A) professor(A) de português
Escola A – Município	Goiânia	Educação inclusiva: não uso de metodologia de L2
Escola B – Estado	Goiânia	Educação inclusiva: não uso de metodologia de L2
Escola C – Asg	Goiânia	Educação bilíngue: uso de metodologia de L2
Escola D – Estado	Goiânia	Educação inclusiva: não uso de metodologia de L2
Escola E – Estado	Goianira	Educação inclusiva: não uso de metodologia de L2
Escola F – Estado	Aparecida de Goiânia	Educação inclusiva: não uso de metodologia de L2
Escola G – Município	Goiânia	Educação inclusiva: não uso de metodologia de L2
Escola H – Estado	Goiânia	Educação inclusiva: não uso de metodologia de L2
Escola I – Estado	Goiânia	Educação inclusiva: não uso de metodologia de L2
Escola J – Estado	Goiânia	Educação inclusiva: não uso de metodologia de L2

Nessas escolas, onze estudantes da Faculdade de Letras da UFG, colaboradores de nosso projeto, coletaram um questionário semi-estruturado, composto de dezoito questões, com a finalidade de identificar se o(a) professor(a) conhecia e utilizava metodologia de ensino de português escrito como L2 para os seus alunos surdos. Para isso, foram feitas perguntas do tipo: O que você compreende sobre ensino de segunda língua? Qual/Quais a(s) abordagem/abordagens você utiliza em sua prática de ensino de português como L2 para surdos? Como é o seu processo de planejamento de suas aulas de português para surdos? Você prepara material didático específico para o ensino de português aos seus alunos surdos? Como? O questionário foi aplicado aos professores da disciplina de língua portuguesa durante o segundo semestre do ano de 2015 e, a seguir, apresentamos alguns dos resultados obtidos.

Resultados

Para esta análise, selecionamos duas perguntas propostas no questionário: (1) Qual/Quais a(s) abordagem/abordagens você utiliza em sua prática de ensino de português como L2 para surdos? e (2) Você prepara material didático específico para o ensino de português aos seus alunos surdos? Como? Assim sendo, apresentaremos as respostas dos professores conforme foram produzidas originalmente. Eis os relatos relativos à primeira pergunta:

Professor da escola A: *"Livros, no caderno e leitura labial"*.
Professor da escola B: *"Olhar no olho, fazer alguma mímica similar ao que queremos*

---

[40] A política de educação inclusiva, no Brasil, compreende a educação especial dentro da escola regular e transforma a escola em um espaço para todos. O público alvo da educação especial, na perspectiva da educação inclusiva, abrange educandos com deficiência (intelectual, física, auditiva, visual e múltipla), transtorno global do desenvolvimento e altas habilidades.

falar".

Professor da escola C: *"Depende do nível do aluno, tanto na Libras quanto no português. Contudo, procuro partir da língua dele com imagens e textos em Libras e trabalho com diferentes gêneros textuais, já que estes textos materializados no dia-a-dia ajudam o aluno surdo a perceber o papel social da escrita".*

Professor da escola D: *"Na verdade, as intérpretes é que auxiliam os professores de Língua Portuguesa".*

Professor da escola E: *"Nenhum, pois é impossível ministrar duas aulas em 50 min, porque não tem como explicar os conteúdos nas duas línguas, contudo há professora intérprete de Libras que "traduz" minhas explicações".*

Professor da escola F: *"Nenhum método específico".*

Professor da escola G: *"Para realizar o ensino de português, sempre peço para que o intérprete adapte as atividades".*

Professor da escola H: *"Não utilizo nenhuma abordagem, pois não tenho formação específica".*

Professor da escola I: *"Não é realizado de forma diferenciada. Os textos são os mesmos dos alunos ouvintes, pois trabalhamos a inclusão".*

Professor da escola J: *"O ensino de segunda língua exige do professor uma abordagem diferenciada; é preciso considerar as competências adquiridas na língua materna para melhor assimilar o ensino da nova língua".*

As respostas acima, de um modo geral, são preocupantes, pois nos indicam que, dos dez professores das escolas visitadas, oito não utilizam, ou até mesmo desconhecem, as abordagens, os métodos e as técnicas aplicadas ao ensino de português escrito como L2 aos seus alunos surdos.

Os professores das escolas A e B, por exemplo, acreditam que o uso do contato visual ou da leitura labial são suficientes neste processo. No entanto, tais "recursos" são limitados, pois a comunicação estabelecida se dá sem o uso da Língua Brasileira de Sinais. Ressaltamos a importância da utilização da abordagem bilíngue nesse processo de ensino.

Em relação à proposta de educação inclusiva, como apontado pelos professores das escolas E e I, em que, neste caso, alunos surdos e ouvintes convivem no mesmo espaço de ensino, as aulas são ministradas, em sua maioria, por meio de diálogos orais e atividades escritas sobre temas abordados que, muitas vezes, não englobam a forma de aprendizagem do aluno surdo. Fica evidente uma exclusão do aluno surdo, tendo em vista que esta metodologia não realiza a *inclusão linguística* necessária, como relatou o professor da escola E, pois é impossível, em um contexto de educação inclusiva, com surdos e ouvintes na mesma sala de aula, ministrar uma aula em duas línguas, a Libras e a língua portuguesa, por um único professor. Dessa forma, é essencial que as aulas de português para surdos sejam separadas das aulas dos ouvintes, até mesmo porque a metodologia para cada grupo é diferente: metodologia de ensino de português como L1 para ouvintes e metodologia de ensino de português como L2 para surdos.

Percebemos também a constante atribuição ao intérprete de língua de sinais da atividade de "adaptar o material didático" da aula de português, como indicado pelos professores das escolas D, E e G. Identificamos, então, que o trabalho exercido pelo intérprete em sala de sala de aula acaba sendo confundido com o papel do próprio professor. Porém, cumpre esclarecer que o intérprete de língua de sinais, dentro da sala de aula, atua como canal comunicativo entre o aluno surdo e o professor ouvinte. Diante disso, a responsabilidade de preparar o material didático e utilizar metodologia adequada ao aluno surdo é função do professor.

Uma possível explicação para esses resultados pode ser vista na resposta do professor da escola H ao indicar a falta de formação acadêmica para esse ensino. De fato, a obrigatoriedade da inclusão da Libras como disciplina curricular nos cursos de formação de professores e do ensino da língua portuguesa, como segunda língua para pessoas surdas, ocorreu recentemente com a promulgação do Decreto n°. 5.626, no ano de 2005 (Brasil, 2005). Por isso, muitos professores, especialmente aqueles que concluíram o curso superior antes de 2005, não tiveram formação acadêmica no que se refere à abordagem bilíngue na educação de surdos. Vemos, então, a necessidade de oferta aos professores de formação continuada na área de português como L2 para surdos nesse contexto de ensino.

Por outro lado, os professores das escolas C e J demonstram conhecer as especificidades do ensino de português escrito como L2 para os seus alunos surdos e aplicar técnicas apropriadas nesse processo. O professor da escola C explica que é necessário conhecer o perfil linguístico do aluno surdo, ou seja, quais os domínios da Libras e do português esse aluno surdo possui, e utilizar metodologia que considere o canal visual no processo de aprendizagem, em uma abordagem bilíngue e bicultural, por meio do uso de diferentes gêneros textuais, como sugerem Salles et al. (2004). Para o professor da escola J, o ensino de L2 exige uma abordagem diferenciada daquela usada no ensino de L1 e, para ele, deve-se partir do conhecimento da L1 no processo de aquisição da nova língua, como apontado por Quadros e Schmiedt (2006) e Salles et al. (2004).

Sobre a segunda pergunta, Você prepara material didático específico para o ensino de português aos seus alunos surdos? Como?, obtivemos os seguintes resultados:

Professor da escola A: *"Não. A professora intérprete flexibiliza o conteúdo para o educando".*
Professor da escola B: *"Não. A intérprete auxilia nas atividades quando necessário".*
Professor da escola C: *"Sim. Trabalho com gêneros porque são textos presentes no dia-*

a-dia desse surdo. Fica mais fácil ele perceber a função social do que ele está aprendendo".

Professor da escola D: *"Eu escolho os textos e as intérpretes fazem as devidas adaptações e também muitos vídeos sinalizados ou com legendas, Power point, com imagens".*

Professor da escola E: *"Não faço distinção entre surdos e falantes".*

Professor da escola F: *"Da mesma forma que trabalho com os ouvintes".*

Professor da escola G: *"Não".*

Professor da escola H: *"Deixo para o intérprete".*

Professor da escola I: *"Não há adaptação".*

Professor da escola J: *"Já realizei atividades diferenciadas, visando uma melhor compreensão do conteúdo e não para tornar fácil o trabalho. Quanto à avaliação, esta é feita equivalente a atividade proposta".*

É possível identificarmos nas respostas acima novamente a clara referência à atribuição ao intérprete de Libras da adaptação do material didático utilizado nas aulas de português para os alunos surdos ou até mesmo a afirmação de que não há qualquer adaptação, conforme relatado pelos professores das escolas A, B, D, E, F, G, H e I. Nesse ínterim, os professores das escolas E e F afirmam não distinguirem atividades feitas em sala de aula entre alunos surdos e ouvintes. Esses resultados reiteram a necessidade de se repensar e modificar as abordagens, métodos e técnicas comumente usadas por esses professores. Não obstante, metodologias eficazes como as empregadas pelos professores das escolas C e J precisam ser estimuladas e conhecidas pelos demais professores que possuem estudantes surdos em suas classes. Outras medidas, todavia, são necessárias como as que propomos nos desdobramentos do projeto *Abordagens, métodos e técnicas no ensino de português para surdos em escolas públicas do Centro-Oeste,* particularmente no estado brasileiro de Goiás, foco de nossa pesquisa.

Desdobramentos do projeto

Propomos a implantação de mais escolas bilíngues Libras/Português e a oferta, pela Faculdade de Letras da UFG, de oficinas aos professores dessas e de outras instituições do estado de Goiás, com foco:

(1) no conhecimento do processo de aprendizagem de línguas pelos surdos, por meio do estudo de referencial teórico nessa área e

(2) na produção de material didático, com base no processo de aprendizagem do português escrito pelo surdo, em seus aspectos morfossintáticos, semânticos e pragmáticos.

Também indicamos as seguintes medidas para o ensino de português para surdos nesse estado brasileiro:

- Uso de abordagem bilíngue e educação linguística no ensino de português para surdos.
- Capacitação de professores de português em formação e em formação continuada.
- Parceria entre a Faculdade de Letras/UFG e a Secretaria de Educação do Estado de Goiás.

Além disso, é urgente a criação de curso de especialização no estado de Goiás, ministrado pela UFG, em *"Português como segunda língua para surdos"*, a fim de capacitar os professores de português da região no que se refere à oferta de um ensino de qualidade e que atenda às especificidades linguísticas e culturais do público surdo, conforme disposto no Decreto 5.626/2005 (Brasil, 2005).

Bibliografia

Almeida Filho, José Carlos Paes. *Dimensões comunicativas no ensino de línguas.* Pontes Editores, 1993.

Anthony, Edward. M. *Approach, Method and Technique.* ELT Journal, 17(2), 1963.

Brasil. Decreto nº 5.626, de 22 de dezembro de 2005. Regulamenta a Lei nº 10.436, de 24 de abril de 2002, que dispõe sobre a Língua Brasileira de Sinais - Libras, e o art. 18 da Lei no 10.098, de 19 de dezembro de 2000. *Diário Oficial [da] União*, Brasília, DF, 23 dez. 2005.

Ellis, Rod. *Second Language Acquisition.* Oxford University Press, 1997.

Farias, Francisca Neuza de Almeida e Lustosa, Ana Valéria Marques Fortes. Ensino de língua portuguesa para surdos novas propostas metodológicas. In: Gonçalves, Luis. *O ensino de português como língua estrangeira*: reflexões sobre a prática pedagógica. Boavista Press, 2016.

Grannier, Daniele Marcelle. A jornada linguística do surdo da creche à universidade. In: Kleiman, Ângela e Cavalcanti, Marilda (orgs.). *Linguística Aplicada:* suas faces e interfaces. Mercado de Letras, 2007. pp. 199 – 216.

Ilari, Rodolfo. A. *Linguística e o ensino da língua portuguesa.* Martins Fontes, 1985.

Leffa, Vilson. Metodologia do ensino de línguas. In: BOHN, H. e P. V. (Org.) *Tópicos de Linguística Aplicada.* Editora da UFSC, 1988.

Lobato, Lucia; Pilati, Eloisa et al. (org.). *Linguística e ensino de línguas.* Editora Universidade de Brasília, 2015.

Marconi, Marina Andrade e Lakatos, Eva Maria. *Técnicas de pesquisa.* 7. ed. Editora Atlas S.A., 2011.

Pilati, Eloisa et al. Educação linguística e ensino de gramática na educação básica. In: *Linguagem & Ensino*, v. 14, n. 2, 2011, pp. 395-425.

Possenti, Sírio. *Por que (não) ensinar gramática na escola.* Campinas, SP: Mercado das Letras, 1996.

Quadros, Ronice Müller. *Educação de surdos*: a aquisição da linguagem. Porto

Alegre: Artmed, 1997.
Quadros, Ronice Müller e Schmiedt, M. L. P. *Ideias para ensinar português para alunos surdos*. Brasília: MEC, SEESP, 2006.
Richard, Jack. C. and Rodgers, Theodore S. *Approach, Design and Procedure*. Cambridge University Press, 1986.
Salles, Heloisa Maria Moreira Lima. *A língua portuguesa na escola: por uma educação científica*. Brasília: SBPC, 2005.
Salles, Heloisa Maria Moreira Lima et al. *Ensino de língua portuguesa para surdos:* caminhos para a prática pedagógica. MEC/SEESP, 2004.
Travaglia, Luiz Carlos. *Gramática e interação: uma proposta para o ensino de gramática*. São Paulo: Cortez, 2009.
Vicente, Helena Guerra e Pilati, Eloisa. Teoria Gerativa e "ensino" de gramática: uma releitura dos Parâmetros Curriculares Nacionais. In: *Verbum* – Cadernos de PósGraduação, São Paulo, n. 2, pp. 4-14, jul./dez. 2012. Disponível em: http://revistas.pucsp.br/index.php/verbum/article/view/12793/9279 Acesso em 20 de agosto de 2015.
Vilaça, Márcio Luiz Corrêa. Métodos de Ensino de Línguas Estrangeiras: fundamentos, críticas e ecletismo. *Revista Eletrônica do Instituto de Humanidades*. Volume VII Número XXVI, Jul- Set, 2008. Disponível em: http://publicacoes.unigranrio.com.br/index.php/%20reihm/article/view/43/78 Acesso em 20 de junho de 2015

BOAVISTA PRESS

www.ingramcontent.com/pod-product-compliance
Lightning Source LLC
Chambersburg PA
CBHW070733160426
43192CB00009B/1422